日本語の文法 3
モダリティ

日本語の文法 3

【仁田義雄・益岡隆志 編集】

モダリティ

森山卓郎
仁田義雄【著】
工藤 浩

岩波書店

第 1 章　森山卓郎
第 2 章　仁田義雄
第 3 章　工藤　浩

〈日本語の文法〉へのいざない

文法とは何か

　私たちは，外的世界や内的世界との関わりの中で，言語を利用することによって，考えや感じを明確にしたり，また，考えたことや感じたことや意志や要求などを相手に伝えたりしている．このような活動を言語活動という．私たちの言語活動の所産が，たとえば，「あれっ？」や「おーい！」といった一語文的存在から，「ここに置いてあった僕の本，どこに行ったんだろう．」「山田君，こちらへ来てくれ！」に発展したとき，下位的構成要素・構成材としての単語と，統一体的全体としての文との分化が起こり，それをつなぐ存在としての文法が立ち現れ，文が内部構造を持つようになる．
　文法をどのように捉えるかは，立場や考え方によって異なってくるが，ここでは，上のことを受け，次のように捉える．もっとも，この捉え方は常識的ですらある．しかし，常識的であるということは，また一方ではその分それだけの確かさを持っている，ということでもある．文法とは，単語から文が形成されるにあたっての法則・きまりである．言い換えれば，単語を材料にして，当該言語（たとえば日本語）の適格な文を組み立てる組み立て規則・法則性が文法である．したがって，文法分析・文法記述の務めは，単語から文への組み立て規則を，なるたけ包括的かつ明示的に抽出することにある．究極的には，その組み立て規則に従って単語を組み立てていきさえすれば，誰でも，当該言語の適格文のみを形成し，不適格な文を形成することのないような規則群の総体を取り出すことである．これも，文の有している適格性を，どのように，あるいはどのレベルのものとして捉えるかによって，適格性（したがって不適格性）を生み出す要因として取り出さなければならない規則性の広狭が異なってくる．
　私たちは，日々必要に応じて，文を作り発話・伝達を行うとともに，与えられた文の示している表現形式の異なりを捉えながら，その文の表している意味

内容を解釈し理解している．このことが可能になるのは，私たちが，文がいかに単語から形成されるかを知っているとともに，与えられた文の解釈のされ方を知っているからである．したがって，上で述べた組み立て規則は，また，文の表現形式が担い表している意味内容のありようを説き明かし解析するものとしても，働きうるものでなければならないし，働いてもいる．

　日本語の文を作ったり解釈したりするとき，そこにどのような規則が働いているのかを，いちいち意識することは通常ない．母語話者にとって，文法は無意識的な存在である．文法分析・文法記述の務めは，通常意識の上に昇ることのない，文形成や文解析にさいして働いている規則性総体を，より十全に明るみに出すことにある．具体的には，単語の結合能力や単語が文の中に現れるときに取る形の変化のさまざま，形式の表す意味や使用条件，単語や形式の出現によって作り出される文の(意味的)構造や，単語や形式の出現によって生じる構文環境に対する変容や共起成分に対する影響などを，なるたけ包括的かつ組織的・体系的に分析・記述することに努めることになる．

日本語の文の基本的な構造

　文は，独立語文(「あれっ？」「車！」など)と述語文とに分けることができる．文の中心は述語文にある．上で触れたように，一語文的な独立語文から述語文に発展したとき，単語と文との分化が起こり，文法が立ち現れる．

　すでに触れたように，文は言語活動の所産であり基本的単位である．言語活動の所産であり基本的単位であることによって，文には，話し手が外的世界や内的世界との関わりにおいて描き取ったひとまとまりの事態・対象的な内容が表されているとともに，描き取られた事態・対象的な内容に対する話し手の立場からした捉え方，および話し手の発話・伝達的な態度のあり方が表されている．通例，前者を命題，後者をモダリティと呼ぶ．

　文はさまざまな対象的な内容を表しうる．文の表す対象的な内容のタイプの基本的なあり方を決めるのは，述語の語彙的意味のタイプである．動きや状態を表す述語と，動きや状態の参画者として述語の表す動きや状態を実現・完成するために，述語に要求されるいくつかの名詞句とによって，文の表す対象的

な内容の中核部分が形成される．たとえば，「贈ル」と，「贈ル」という動きの実現・完成のために要求される名詞句「博ガ」「花ヲ」「洋子ニ」との結びつきによって形成される[博ガ洋子ニ花ヲ贈ル]ｺﾄが，おおよそ対象的な内容の中核にあたる．

　対象的な内容の中核は，さらに，事態の成り立ちをさまざまな観点・側面から修飾・限定する成分を付け加えることによって，拡大していくことができる．たとえば，「塀が<u>こなごなに</u>崩れた．」「笠原は<u>ゆっくりと</u>受話器を取り上げた．」「彼は<u>わざと</u>表に出ていかない．」「雪が<u>すごく</u>積もった．」「<u>同じような人間が</u>うじゃうじゃいる．」などがこれである．事態の成り立ちを修飾・限定する成分は，副詞を中心としながらも，「若い刑事が<u>緊張した様子で</u>椅子に座った．」「男は<u>にやにやしながら</u>私の方に近づいてきた．」「道代は<u>たじろいだように</u>顔をふせた．」のように，名詞句や従属性の高い節によっても表される．

　文は，また，独立語文から述語文へと展開することによって，話し手の眼前から解放されることになる．言い換えれば，発話時に眼前に生起している事態だけでなく，過去に生じた事態をも，未来に生じると期待されている事態をも描き出すことが可能になり，さらに，生起していない事態をも対象的な内容として捉えることが可能になった．いわゆるテンスや肯否が出現することになる．また，述語文は，事態形成に参画する参画者が複数である対象的な内容を表すことによって，参画者をどのように表現形式に実現・配置するかの選択の可能性を生むことになる．さらに，述語文は，対象的な内容としてさまざまな時間的な特性を持つ事態を表すことによって，事態の時間的なありようを表す必要が生じそれを可能にした．通例，いわゆる前者がヴォイスと呼ばれるものであり，後者がアスペクトと言われるものである．

　文は，独立語文から述語文へと展開することによって，ヴォイス，アスペクト，肯否，テンスなどといった文法的意味を担い表すことを必要とし可能にした．こういったさまざまな文法的意味は，日本語においては，述語の形態変化によって実現されることになる．たとえば，「走ル―走ラナイ」の対立によって肯否が，「走ル―走ッタ」の対立によってテンスが表し分けられている．さらに，日本語文の述語は，丁寧さという文法的意味を，「走ル―走リマス」の

対立によって担い表し分けている．ここに取り出した文法的意味は，文法カテゴリと呼ばれるクラス的な文法的意味である．たとえば，テンスという文法カテゴリは，非過去という文法的意味を表す形式である「走ル」と，過去という文法的意味を表す「走ッタ」を，対立メンバーとして成り立っている一つのクラス的な文法的意味である．

　上で触れた文法カテゴリは，その作用領域の大きさにおいて，包み包み込まれるという関係にある．日本語の文は，このように作用領域の異なる文法カテゴリが集まって，一つの層状の構造を形成している．たとえば，「まだ店は開け＋られ＋てい＋なかっ＋た＋かい．」からも分かるように，おおよそ，

　　　　　［［［［［ヴォイス］アスペクト］肯否］テンス］モダリティ］

のような層状構造をとって，日本語の文は成り立っている．

　文は，構成要素からなる一つの統一体的全体である．構成要素は，統一体的全体形成のために他の構成要素と統合的（syntagmatic）な関係を取り結ぶとともに，文構造の同一位置を占めうる他の要素との系列的な（paradigmatic）な関係を含んで存在する．たとえば，「彼だけウオッカさえ飲んだ．」の，動作主体を表す「彼」や動作対象を表す「ウオッカ」が，動作主体や動作対象を占めうる他の要素に対して有している関係のあり方が，系列的な関係である．取り立ての基本的な働きは，系列的な関係の付与にある．

　私たちの言い表したい内容が一つの事態でつきる，ということはむしろ稀である．文は，複数の述語を有し複数の事態を表す複文として現れることも少なくないし，通例，文章・談話（これらを総称してテキストと呼ぶ）の中に存在する．文は，テキストの中にあることによって変容を受けるし，また，テキストの前後の文との連なりを作るための工夫を有している．たとえば，「鯨が泳いでいる．とてもでかいやつだ．」の第2文は，先行文との関わりにおいて，ガ格成分が省略されている．また，「本が机の上に置いてある．表紙はつるつるだ．」は，本に表紙があることを知っていることによって，第2文の「表紙」を「机の上に置いてある本の表紙」として解釈しうることになる．接続詞は，文と文とのつながりの表示を担う単語である．

本シリーズの概要

〈日本語の文法〉と題された本シリーズは、『文の骨格』『時・否定と取り立て』『モダリティ』『複文と談話』の4巻からなる.

第1巻『文の骨格』は、単語とは何かを論じ単語の語形変化や単語の類別を述べた章と、文の骨格に近い部分を扱った3章が含まれている. まず、文の表す対象的な内容の中核に位置する格の問題に迫った章、格と密接に関わるヴォイス的現象を分析・記述した章、さらに対象的な内容の中核を拡大する副詞的修飾の諸相に迫った章である.

第2巻『時・否定と取り立て』では、文の対象的な内容の中核部分に付け加わり、それを拡大する文法現象が扱われている. テンス・アスペクトを中心に時に関わる表現を分析・記述した章、否定のさまざまに迫り、否定の現象を説き明かそうとした章、基本的には系列的な関係の付与である取り立てという現象を組織的に捉えようとした章が含まれている.

第3巻『モダリティ』は、命題とモダリティという文を構成する二つの部分のうち、モダリティを扱った巻である. モダリティを表す形態を有標叙法と無標叙法に分けながら、モダリティに関わる現象を広く観察した章、認識のモダリティと呼ばれるものの体系化を試み、それに関わる形式の意味と使用条件を分析・記述した章、および副詞的表現からモダリティにきめ細かくかつ鋭く迫った章が含まれている.

第4巻『複文と談話』は、これまでの巻が単文を対象にしていたのに対して、複文およびテキストにおける文法現象を扱った巻である. 単文から複文へ、文からテキストへの拡大を捉え、単文と複文・テキストに現れる文法カテゴリのあり方の異なりを分析・記述した章、複文を構成する従属節を分類し、それぞれの従属節を概観し、条件節と連体節を詳しく分析・記述した章、文と文をつなぐ形式・工夫を接続詞を中心に具体的に詳しく考察した章、テキストの中にあることによる名詞の使用のされ方を捉え、そのことを通して逆にテキスト的現象の解明に迫った章が含まれている.

このシリーズは、当該の文法現象を以前から、あるいは目下精力的に研究している代表的な研究者が、自らの最新の研究成果をなるたけ分かりやすく分

析・記述したものである．特徴の一つは，特定の理論を展開するのではなく，文法現象の掘り起こしに努め，それを包括的に捉え，組織的に分析・記述することによって，日本語の文法に対する良質な記述文法構築のための重要な基礎資料となることをめざしたことである．本シリーズは，驚きと発見に満ちた日本語文法の豊かな世界に，私たちをいざなってくれるだろう．本シリーズが，読者に，日本語文法の新しいそして興味深い景観を与え，さらにそのことが，新たな研究の契機になれば，執筆者一同望外の幸せである．

2000年5月

仁田義雄
益岡隆志

はしがき

　本巻は，近年研究の進展のめざましいモダリティを取り扱った巻である．ただ，研究が近年大きく進んだということは，なにも近接ないしは類似の領域・現象への考察が以前にはなかった，ということを意味しはしない．山田孝雄以来，「陳述」という名で文成立論というあり方をとって行われていた研究が，モダリティの研究と深く関わりを持っている．

　本巻は，「基本叙法と選択関係としてのモダリティ」「認識のモダリティとその周辺」「副詞と文の陳述的なタイプ」の3章から成っている．

　第1章「基本叙法と選択関係としてのモダリティ」では，モダリティ全般に対する論者の立場からの説明が与えられている．つまり，形態レベルでの対立として現れる基本叙法を取り出し，「ナケレバナラナイ」などの価値判断的事態選択付加形式群と名づけられている類，「カモシレナイ」などの推量付加形式群と呼ばれている類，「ノ」などの形式名詞群に，位置づけを与え説明を加え，さらに終助詞についても触れている．基本叙法は，命令形・意志形・「ダロウ」が，非現実を表す有標叙法として無標叙法から取り立てられ，さらに，命令形と意志形が事態制御類として一類化され，「ダロウ」と無標叙法が認識タイプとしてまとめられている．本章では，発話時の判断形成を重視し，「ダロウ」や意志形を，判断や意志の形成過程の中にあるものとして捉えている．また，価値判断の付加形式や推量付加形式や疑問の表すモーダル的な意味を，事態の選択関係の設定として捉えるのも，本章の特色である．

　第2章「認識のモダリティとその周辺」では，次のことが扱われている．モダリティのうち，いわゆる認識のモダリティを取り上げ，認識のモダリティを表すさまざまな形式に対して，具体例の分析を通して，比較的詳しい分析・記述が施されている．確かなものとして捉える，想像の中で捉える，生起の可能性のあるものとして捉える，ある状況を根拠にして捉える，事態の成立を疑う，

などといった，事態成立に対する話し手の認識的な態度・捉え方が，認識のモダリティである．本章の特徴は，認識のモダリティを表すさまざまな形式が体系的・組織的に捉えられ，認識のモダリティが体系と構造のもとに描き出されている点であり，特に，認識のモダリティを表す形式を積極的に持たない，いわゆる無標形式が表す認識のモダリティのあり方が，詳しく分析・記述されていることである．

第3章「副詞と文の陳述的なタイプ」では，次のことが考察されている．一般に平叙文とか疑問文とか命令文とか呼ばれる，文のモーダルな陳述的な側面に注目した文の類型，本章でいうところの「文の陳述的なタイプ」との関係・絡み合いにおいて，副詞および副詞的な成分の働きを見ていこうとしたものである．つまり，文のモダリティとか陳述性とか呼ばれる文の特性を表現する手段として，述語と副詞的成分とがどのように役割を分担し，文全体の組み立てに協力しているかを，おもに副詞的成分の方に重点を置いて考察したものである．考察対象である陳述副詞は，副詞全体の中において取り出され，叙法副詞・評価副詞・とりたて副詞に分けられ，それらの，述べ方に関わる働きが考察されている．また，程度副詞や時の副詞の，陳述的側面への絡みにも触れられている．本章の特色の一つは，具体的な記述を行うことによって，記述の方法への検討・主張が行われていることである．

本巻が考察の対象とするモダリティは，その用語においても，取り扱い対象・取り扱いのあり方にあっても，いまだ完全な一致を見ているとは言いがたい．用語にあっても，モダリティ，ムード，叙法などいろいろある．第1章には，モダリティや叙法という用語とともに，ムード形式という用語も出てくる．第3章でも，モダリティや叙法(性)という用語とともに，陳述的という用語が出てくる．一般的には，述語の形態論的カテゴリに対してムードという用語を使用し，文のレベルでの文法カテゴリに対してモダリティという用語が使われることが多い(第3章でもその種の説明がなされている)．もっとも，後者を指してムードという用語が使われないわけではない．

モダリティ(叙法性)について，本巻の三つの論文がどのように規定を行っているかを見ておく．第1章では，「述べ方」(基本的に「話し手」の「発話時」

における「述べ方」)「発話の様式」を表す部分，と説明されている．第2章では，「言表事態をめぐっての話し手の捉え方，および，それらについての話し手の発話・伝達的態度のあり方を表した部分」と規定され，第3章では，「話し手の立場から定められる，文の叙述内容と，現実および聞き手との，関係づけの文法的表現」と規定されている．第3章が「文の叙述内容と現実との関係づけ」をはっきりとモダリティの内実の一つとして挙げているのは，現実の，文の内容への取り込みのあり方・様式への配慮である．もっとも，これも，命題をどのように捉え記述していくのかということと連動している．命題といえども，話し手が現実との関係において描き取った客体的・対象的な内容であれば，当然，現実そのものではない(能動と受動の関係なども，すでにこれに関わろう)．現実の，文の内容化へのあり方・様式についても，命題の側であれモダリティの側であれ，いずれにしても注意が払われ記述される必要があろう．

　また，第1章にも第3章にも，基本叙法という用語で切り取られている部分が存在する．何を取り込んでいるかにおいて，これらは，重なりつつも，異なりを有している．第1章では，「形態レベルで意味が決定されるものを基本叙法と呼んで，命令終止，意志終止，そして単純終止といった形態の最終文末で，まず文の基本叙法を整理する」とある．したがって，「シロ・シヨウ・スル」が含まれることは確かである．「スルダロウ」も，単純終止ではないものの，最終文末であり，やはり基本叙法なのである．それに対して，第3章の基本叙法は，第1章より広く，以上のものにさらに「スルソウダ・スルカ」などが含まれる．これは，仁田のいう真正モダリティ形式に基本的に一致する．

　それぞれの研究は，当該現象のどこに注意を引かれ，どこに焦点を当てるかによって，用語のあり方にもその外延にも，異なりが生じてくるだろう．そうではあるものの，それらは，内部にあっては，それぞれ体系性をめざして構築されている．各章は，考察の対象とするところを，それぞれに分担しながらも，モダリティについて，それぞれの見た景観を差し出している．

　最後に例文に付されている記号について説明を加えておく．「*」は，その文が非文法的な文であることを表している．逸脱性を有するものの，「??」は，

「*」に比べて容認度が上がり，「？」は，さらに容認度が高いことを示している．また，「＃」は，文脈の上から何らかの逸脱性を持つ文であることを示している．

   2000年5月

仁 田 義 雄

目　次

〈日本語の文法〉へのいざない

はしがき

1　基本叙法と選択関係としてのモダリティ

　1.1　モダリティとは …………………………………………………… 3
　1.2　従来の研究の流れと問題点 ………………………………………… 5
　　(a) 陳述論の流れ ……………………………………………………… 5
　　(b) ポスト陳述論 ……………………………………………………… 7
　1.3　モダリティが問題になる環境 ……………………………………… 11
　　(a) 独立度の高い節 …………………………………………………… 12
　　(b) 文の独立性とテクストの問題 …………………………………… 13
　1.4　モダリティの形態に関する基本叙法 ……………………………… 14
　　(a) 述語完備文 ………………………………………………………… 15
　　(b) 述語完備文における独立終止系形態 …………………………… 16
　　(c) 独立終止系形態における有標叙法と無標叙法 ………………… 17
　　(d) 事態制御類と「だろう」 ………………………………………… 20
　　(e) 無標叙法の機能 …………………………………………………… 25
　　(f) 無標叙法における「断定」の意味 ……………………………… 26
　　(g) 文末の最終形態の整理 …………………………………………… 27
　1.5　形式の整理 …………………………………………………………… 28
　　(a) モダリティの形式としての付加形式群 ………………………… 28
　　(b) 付加形式群の段階 ………………………………………………… 31
　　(c) 形式名詞群 ………………………………………………………… 32

(d) 広義終助詞類 …………………………………………… 34
　　(e) 形式の整理 ……………………………………………… 36
　1.6　価値判断的事態選択形式群と選択関係 ………………… 39
　　(a) 価値判断的事態選択形式群 …………………………… 39
　　(b) 価値判断的事態選択形式群とその下位類 …………… 42
　　(c) 価値判断的事態選択形式群と選択関係 ……………… 47
　1.7　推量表示形式群と選択関係 ………………………………… 47
　　(a) 推量表示形式群の下位類 ……………………………… 48
　　(b) 「推量」の付加形式 …………………………………… 49
　1.8　疑問文(不確定)と選択関係 ……………………………… 50
　　(a) 疑問文の基本的意味 …………………………………… 50
　　(b) 否定疑問文による「考え方」の導入 ………………… 54
　　(c) 疑問文にならない叙法・付加形式 …………………… 55
　　(d) 疑問型情報受容文 ……………………………………… 56
　　(e) 広義終助詞類化した否定疑問の「ではないか」 …… 59
　1.9　選択関係の仮説 ……………………………………………… 60
　1.10　「だろう」と判断形成過程 ……………………………… 62
　　(a) 「だろう」は推量か …………………………………… 62
　　(b) 「だろう」疑問文 ……………………………………… 63
　　(c) 「だろう」の確認用法 ………………………………… 64
　1.11　意志形のモダリティと判断形成過程 …………………… 67
　　(a) 意志形 …………………………………………………… 67
　　(b) 無標スル形による「意志告知」 ……………………… 68
　　(c) 「するつもりだ」と意志決定の三段階説 …………… 69
　1.12　命令形と命令表現 ………………………………………… 71
　　(a) 命令形 …………………………………………………… 71
　　(b) 命令と利益 ……………………………………………… 72

(c) 命令と現場状況 …………………………………………… 73
　　　(d) 転用形式 ………………………………………………… 74
　　　(e) 命令表現と命令形 ………………………………………… 77
　1.13　まとめと展望 ……………………………………………… 77

2　認識のモダリティとその周辺

　2.1　命題とモダリティ …………………………………………… 81
　2.2　命題めあてのモダリティの体系と構造 …………………… 82
　2.3　認識のモダリティの体系と構造 …………………………… 87
　2.4　判定のモダリティ …………………………………………… 89
　　　(a) 説明のモダリティ ………………………………………… 89
　　　(b) 判定のモダリティの体系と構造 ………………………… 93
　　　(c) 判定のモダリティ形式の真正度 ………………………… 96
　2.5　確言の下位種としての確認と確信 ………………………… 97
　2.6　確認のタイプ ………………………………………………… 100
　　　(a) 感覚器官による直接的な捕捉 …………………………… 100
　　　(b) 既得情報 ………………………………………………… 104
　2.7　確　信 ………………………………………………………… 111
　2.8　推　量 ………………………………………………………… 116
　　　(a) 推量とは ………………………………………………… 116
　　　(b) 推量と確からしさの度合い ……………………………… 121
　　　(c) 確認要求へ ……………………………………………… 123
　　　(d) 様々な「ダロウ」 ………………………………………… 127
　　　(e) 「と思う」 ………………………………………………… 128
　2.9　蓋然性判断 …………………………………………………… 130
　　　(a) カモシレナイ …………………………………………… 130

(b) ニチガイナイ ………………………………………………… 133
　　(c) 蓋然性判断の特性 …………………………………………… 136
　2.10　徴候性判断 …………………………………………………… 139
　　(a) 徴候性判断の特性 …………………………………………… 139
　　(b) ヨウダ ………………………………………………………… 142
　　(c) ラシイ ………………………………………………………… 149
　　(d) ミタイダ ……………………………………………………… 152
　　(e) (シ)ソウダ …………………………………………………… 154
　2.11　疑　い ………………………………………………………… 156
　2.12　伝　聞 ………………………………………………………… 158

3　副詞と文の陳述的なタイプ

　3.1　副詞の概観 …………………………………………………… 164
　　(a) 通念としての副詞 …………………………………………… 164
　　(b) 「副詞」研究史略 …………………………………………… 176
　3.2　陳述性・叙法性の概要と陳述副詞・叙法副詞の概観 … 179
　　(a) 陳述性 ………………………………………………………… 179
　　(b) 叙法性(モダリティ) ………………………………………… 181
　　(c) 基本叙法と副次叙法 ………………………………………… 185
　　(d) 叙法副詞 ……………………………………………………… 187
　3.3　「どうぞ」の呼応する形式
　　　　──「形式」とはどんなものか ……………………………… 192
　3.4　副次叙法の副詞をめぐって ………………………………… 197
　　(a) 「ぜひ」について …………………………………………… 197
　　(b) 「主体」的な推量と「客体」的な蓋然性 ………………… 203
　3.5　単語の多義性・多機能性と
　　　　その「やきつけられかた」 ………………………………… 208

(a) 呼応と共起 ………………………………………… 208
　　(b)「きっと」と「かならず」………………………… 210
　　(c)「ぜひ」について ふたたび …………………… 215
3.6 「下位叙法」の副詞(成分)について ……………… 219
3.7 その他の副詞と文の陳述的なタイプ …………… 222
　　(a) 評価副詞(成分) …………………………………… 222
　　(b) 評価的な程度副詞 ………………………………… 226
　　(c) とりたて副詞 ……………………………………… 227
　　(d) その他の副詞 ……………………………………… 230
3.8 陳述副詞の品詞論上の位置 ……………………… 231

参考文献・資料一覧………………………………………… 235
索　引……………………………………………………… 245

1
基本叙法と選択関係としてのモダリティ

1.1 モダリティとは

　我々は言語によって，さまざまなコミュニケーションをしたり，いろいろな思考活動を展開したりしているが，その際，わからないことについて推測したり，断定的に主張したり，ものを尋ねたり，依頼をしたり，というように，いろいろな種類の述べ方で文を作っている．

　今，様々な文の述べ方を「先生が歩く」という事態をもとにして具体的に考えてみよう．まず，その事態だけを文として独立させた場合，
　(1)　先生が歩く．
という文が考えられる．しかし，これは単に「先生＋歩く」という事態をそのまま言語化しただけのものではない．というのは，独立した文として「述べる」ならば，「断定」というとらえ方をすることになるからである．

　さらに，これに「なければならない」のような形式を付加して，
　(2)　先生が歩かなければならない．
のように言えば，「先生＋歩く」ということは同じことでも，それに対する必要性を認識するという要素が付け加わっている．また，別に，
　(3)　a. 先生が歩くに違いない．（推量）
　　　　b. 先生が歩くか．（疑問）
といった文も考えられる．それぞれ，「先生＋歩く」という事態を中核としつつも，それに様々な形式がついたり，つかなかったりすることで，推量，疑問，必要，断定といった意味を表す文になっている．これらが共起した（一緒に使われた）文もある．
　(4)　先生が歩かなければならないに違いない．（必要と推量）
　(5)　先生が歩かなければならないか．（必要と疑問）
といった複合的な文末の文もあり得るのである．

　さらに，命令・依頼の文として，
　(6)　先生，歩いてください．
といった文や，意志・勧誘の文として，

4―1 基本叙法と選択関係としてのモダリティ

　(7)　先生，歩きましょう．

といった文も考えられる．命令(以下，依頼も含む)，意志(以下，勧誘も含む)といった文は，現実世界に対してはたらきかけるという意味があるのだが，やはりこれも「先生＋歩く」という事態をもとにした文という点では共通している．

　我々が，一定の内容について述べる文を構成するには，その内容となる事態に対して，文としての様々な「述べ方」，すなわち**発話の様式**(mode)を選択しなければならない．言い換えれば，話し手が独立した言語行為をするなら，その事態に対する話し手の把握の仕方は必ず表示されなければならないのである．そこで，文は二つの要素に分けることができる．一つは，述べる内容として文の中核を構成する**事態**(言表事態)である．これは「コト」あるいは**命題**(proposition)とも呼ばれる．もう一つは，「述べ方」「発話の様式」を表す部分である．これは**モダリティ**(modality，ムード mood という用語を同じ意味で使う研究者もある)と呼ばれる．

　モダリティは，文の発話行為的な意味を規定するものであるから，基本的に，「話し手」の「発話時」における「述べ方」を表す．例えば，

　(8)　犯人はこの近くにいると思う．

というとき，話し手の発話の瞬間でのとらえ方が表されており，「と思う」は，スル形で現在の話し手の思考を表す(中右(1994)などを参照．なお小説の「語り」など，テクストによっては厳密には当てはまらない場合もある)．

　「文」という単位が話し手のとらえ方の表示になるという点は，次のような相づちの現象からも首肯できる．例えば，

　(9)　彼はね(うん$_1$)すごくね(うん$_2$)うどんがね(うん$_3$)好きだね(うん$_4$)．

と言う場合，「うん」という相づちは，文末以外では，いずれも「聞き取りの表示」として機能しているにすぎず，内容の認定はしていない．しかし，最後の「うん$_4$」だけは，文全体の内容に関わる認定を表す．文が一定のまとまった「主張」を表すものになる以上，そこでの相づちは，内容に対する認定という意味を必然的に帯びることになる．

1.2 従来の研究の流れと問題点

具体的な分析に入る前に，これまでの研究の流れを検討し，研究の現状を整理しておく．

「文」とは何かという問題は，非常に重要な問題として多くの研究者たちによって検討されてきた．国語学研究史の中で，「陳述論」と呼ばれる一連の研究があるが，これは，まさに，「文」とはなにか，「文として一定の独立性をもって述べる」ということはどういうことか，についての本格的な議論であった．一定の独立性をもつ文では，その内容となる事態について，必ず話し手のとらえ方が表示される，といったことを前節で述べたが，こうした議論は，基本的にこの「陳述論」の成果と言える．

(a) 陳述論の流れ

「文として述べる(陳述する)とはどのようなことか」を追求する「陳述論」の出発点は，山田文法である．山田(1908)は，文成立の契機を主語と述語の結合ととらえ，同時に，その機能が述語にあるとした(このような結合作用を山田孝雄は「統覚作用」と呼ぶ)．「主語」の存在は，一定以上の独立性をもつ節構造の前提にもなるものであり，文成立にとって重要な観点であるが，日本語では，欧米の言語での「主語」ほど，形態論的，統語論的に明確な位置づけができないこともあって，日本語研究の流れでは，むしろ，「助動詞の相互承接」などの述語形態との関わりが主に議論されてきた．

述語の機能の分析としてまず重要なのは，文の「述べ終わり」がいかにしてもたらされるかといったこと，言い換えれば，文としての自立性，独立性の問題であった．この問題の解決の手がかりの一つとなったのが，「不変化助動詞」論である(金田一1958)．これは，簡潔に言えば，「う」「だろう」などの主体的把握の助動詞は不変化(無活用)であるということに着目して，無活用すなわち文の最終位置，つまり文としての自立，という図式を考えるものである．こうした現象をもとにすれば，言語における話し手の主体的把握が，文の自立性,

独立性の主要な要素であるという議論が考えられる．この背景には，言語における主体と客体という観点が見て取れるのであるが，言語表現，言語理解のダイナミズムに注目し，「言語過程説」を提唱した時枝文法の言語観の影響が大きいと言える．

こうした議論を経て，渡辺(1971)は，「思想や事柄の内容を外形化してととのえる」という「叙述内容の統合」(叙述機能)と，「叙述内容に対する言語主体の関係構成」という「話し手の把握」(陳述機能)という2要素から「文」成立の要件を整理した．文は，述べる内容(事態)の統合と話し手の把握による陳述の完成(モダリティ)によって成立する，といった基本的な枠組みができあがったと言える．

この陳述機能の議論は，助動詞の相互承接の議論を一つの手がかりとしている．(10)は「助動詞」の意味を形式上の並び方と関連させて整理したものであるが(渡辺1971:113)，ここで，より主観的なものが後ろの方に出現するという現象が指摘できる(なお「甲種」は名詞に付く助動詞類，「乙種」は動詞，形容詞などの用言に付く種類)．

(10)

	第1類	第2類	第3類
甲種	だ	らしい	だろう
乙種	せる　れる　たい　そうだ　まい	ない　た	う

こうした議論は，形態的な現象を手がかりにしつつ文の意味構造を分析するものであって，さらに北原(1981)において整理されている．

さらに，これに終助詞も含めて考えた場合，

(11)　雨が降るだろうね．

のように，「だろう」は文の内容に対してのとらえ方を表し，「ね」は，聞き手へのとらえ方，すなわち，「伝達」を表すと見ることができる．こうした点に注目して，さらに，「話し手のとらえ方」に当たる部分が，話し手の内容把握という側面と聞き手への伝達という側面として分離されることになった(芳賀1954)．

以上を整理して得られるのが次のような文の構造のプロトタイプである(仁

田 1991 による).これは,述語を中心としつつも,

 (12) ねえ, たぶん, 雨が降る だろう   ね
    [[[言表事態] 言表事態めあて] 聞き手めあて]

のように,呼びかけや修飾などの成分とも呼応する.こうした文の基本構造は,文の三層構造観と呼ぶことができる.かくして,述べる内容と述べ方は,文成立の条件と相俟って,一定の形態論と結びついた整理が与えられるようになったと言える.

(b) ポスト陳述論

 文成立論としての「陳述論」以降,モダリティの研究はある意味で質的な転換を迎える.「文はいかに成立するのか」ということからもう一歩踏み込んで,具体的に「どのような形式がどのような文を表すのか」「述べ方としての違いは何か」といったことが問題になるのである.そこで,以下,具体的に研究の問題点を整理し,それに対する本章の立場も簡単に述べてみたい.

(1) モダリティに関わる形式の整理の問題

 不変化助動詞「だろう」は,前述のように,形態的にも「話し手の把握による陳述の完成」という意味が非常に見えやすい.しかし,「～する」のように何の形式もつかない終止や他の文末形式をどう整理するかという問題は残っている.いわゆる「主観的」な形式とそうでない形式とに連続性を認め,それを「助動詞の相互承接」として位置づけたにしても,それらを文の意味の構成に実際にどう関与させていくかという分析は,陳述論ではなされていないのである(そもそも,それぞれの文末形式の意味的な違いも,陳述論の議論では本格的に取り上げられることはなかった).例えば,

 (13) 入ってはいけない.

における「てはいけない」は,表現としては禁止を表す(もちろん,禁止といっても,後述するように「入るな」などとどう違うかといった問題もある).しかし,

 (14) 入ってはいけないかもしれない.

という文になれば,文全体の意味は禁止ではなくなる.この例では「てはいけ

ない」を挙げたが，この形式は，文全体の意味を決めるように見えることもあればそうでないこともある．従来の陳述論では，形式の固定的な位置づけはなされているにせよ，何もつかない形も含めて，さまざまな形式がいかに相関して文を構成するかということについて，必ずしも十分に検討されているわけではない．

そこで，モダリティに関わる形式を，その特質に着目して整理する必要がある．これは大きく二つのタイプに分けられる．一つは，命令形，意志形(「～しよう」という形)，「だろう」などのように，述語部分の活用形態に関わる形式である．これらは，話し手の心的態度だけを表す点で，仁田(1991)において真正モダリティと呼ばれたものである．ただし，いわゆる終止形も，特別な意味を付与するわけではないが，文末の述語形態の選択に関わる点で，ここに位置づけることができる．ここでいう終止形とは，後述するようなモダリティの付加的な形式における終止形文末も含むのであって，

(15) 彼は来るかもしれない．

のような文も，最終述語形態は終止形となっている．こうした，述語形態のあり方に関連した文のタイプを**基本叙法**と呼ぶ．これは，文の終止に関して必ず選ばねばならない対立関係である(この整理と位置づけは，1.4節において述べ，「だろう」，意志形，命令形などの具体的な特性をめぐっては1.10節以下で他の形式との関係も含めて分析する)．

一方，文の述べ方の構成に参画する形式には，「てはいけない」「かもしれない」など，述語部に付加する形式もある．これらは述語の活用上の形態ではなく，必ずしも話し手の主体的な把握だけを表すわけではないが，文の述べ方を構成する重要な形式である点に違いはない．これらの形式と，疑問文になる要素(疑問詞や「か」など)について，1.5節において形式の整理を行ったあと，1.6節から1.8節にかけて意味・用法の具体的な分析をする(これらの形式の意味は，広い意味での選択関係としてまとめることができるが，この点は1.9節において述べる)．

(2) **文の表現機能の問題**

この議論は，もう一歩進めると，文が最終的にどのような伝達的な表現意図

を担うかという問題にも関連してくる．例えば，依頼という発話行為をするためには，命令形態を含む文以外にも，

(16)　a. どうか，今回は，行って貰いたい．
　　　b. どうか，今回は，行って頂けませんか．

のような文もあり得る．いずれも，「どうか」と共起しているように，事実上依頼表現になっている．このような文のモダリティとその表現としての機能はどう考えればよいのだろうか．

　文の意味が現実のコミュニケーションでの使用において問題になる以上，形式そのものの意味とコミュニケーションの現場における表現の意味とは必ずしも固定的とは限らない．様々な発話意図に応じた形があるからである．そこで，文の意味を問題にするには，ある発話意図に対していかなる表現があり得るかという，表現機能的な意味についても考える必要がある．語用論的な解釈も勘案し，文の表現機能として，一定の発話意図を共有する様々なタイプの文について分析することが必要である．

　従来，記述の中心となってきたのは，形式の整理であり，形式の意味用法の記述であった．しかし，実際に文を表現している立場を考える場合，その「表現意図」に対して，どのような形式がありうるのか，それはどう違うのかという情報は不可欠である．言語が「生きている」以上，固定化された文法形態のみならず，様々な表現形式が文の意味の決定に参画していく．そこに文法形式の通時的変化もあるのだが，形式として固定化した部分を中心にしつつも，語用論的な観点を含め，表現機能に即した様々な文も対照する「柔軟な」分析が必要である．表現機能を同じくする形式として，ほかに，「思う」「頼む」のような語彙的形式による表現も含める必要もあろう．

　本章では，1.11節で意志に関わる表現，1.12節で命令に関わる表現を取り上げ，表現機能に即した文の分析を試みる．

(3) 記述モデルの問題

　「形式整理の問題」とも密接に関わる問題として，形式の基本的な意味をどう記述すればよいのかという重大な問題もじつは残されている．例えば「てはいけない」を「禁止」を表す形式として記述したとしよう．しかし，これだけ

では不十分である．「禁止」とはどういう意味かということが，言語現象と関連づけられて説明されていなければいけないからである．その点で，従来の研究のいくつかは，用語や概念に違いはあっても，そうした「気の利いた用語による意味のラベル貼り」になるという側面がなかったわけでもない．言語を言語によって説明しようとする以上，これは永遠の問題ではあるのだが，具体的な言語形式の意味用法に関連づけられた，何らかの記述上のモデルが必要であるという側面は否定できないであろう．これを「記述モデルの問題」と呼ぼう．

本章では，必要，推量，疑問といった文のモーダルな意味を，当該文が取り上げる事態に対して，それに対立する事態がどう想定されているかという複数の事態のあり方の関係づけという観点から整理することを提案する（「選択関係の仮説」）．選択関係として取り上げられるもののレベルに違いがあるが，さまざまなモーダルな意味を言語現象に照らしつつ統一的なモデルで分析することをめざす．例えば，推量という概念も，

(17) *先生は歩くかもしれないか．（疑問と推量）

のような文が不自然だという現象などと関連づけて考える必要がある．

(4) 「聞き手めあて」の問題

最後に，文の三層構造において特に問題となる「聞き手めあて」の扱いについても検討しておきたい．例えば，

(18) 彼は来るね．

などと言う場合，「ね」のような終助詞は，聞き手めあてとして特に分離して考えることができる．しかし，終助詞という形式の特性と「聞き手めあて」という意味とは，当然のことながら，決して同一ではない．例えば，

(19) 僕は帰る．

(20) 彼はおかしいと思う．

のような文は，独り言で言うことはできない（森山1998）．これらの文は，それぞれ，話し手を主語とした意志動詞スル形，そして，「思う」というスル形の思考動詞の言い切りであるが，その特性が聞き手への発話伝達態度を決定づけることになっている．これらの例では，いずれも，「内容めあて」と「聞き手めあて」との分別が非常に難しいといわなければならない．

また，当然ながら，

(21) 今日はいい天気だなあ．

のように，終助詞の中には「聞き手めあて」とは考えにくいものもある．この文は，独り言でも発話できるのであり，むしろ，話し手の，事態に対する認識を表すと考えた方がよさそうである．

その点で，「聞き手めあて」という機能上の特性と終助詞という形式の位置づけについて，単純な対応関係は仮定できない．形態とその意味機能には重要な相関はあるが，文の構造を考える上で絶対的なものではない．

これと関連して，「です」「ます」のような丁寧形態について断っておきたい．丁寧形態は，益岡(1991)のように，「聞き手めあて」のモダリティとして取り上げられることがあるが，ここでは，文体の選択として，一応，別扱いをする．確かに丁寧形態は，聞き手めあての形式であるが，例えば，

(22) 彼は来るよ．

の「よ」が聞き手に呼びかけるような機能(いわば注意喚起機能)を持つのに対して，

(23) 彼は来ます．

という丁寧形態は，文体の選択という以上の機能は持たない．この違いは無視できないと思われる．また，そもそも，「彼は来る．」のような「常体」も，その限りでは，「聞き手めあて」としての「常体としての文体的意味」を持っていることにも注目したい．そこで，本章では，丁寧語は文体選択の議論として位置づけ，話し手の心的操作の形式と文体選択とは，モダリティの基本的な議論の段階では分別しておくという立場をとる．

1.3 モダリティが問題になる環境

文のモダリティに関する具体的な検討に入る前に，「文の独立性」について考察し，モダリティが問題になるのはどのような部分なのかという点を明らかにしておきたい．文の独立性の問題は二つの問題に分けられる．一つは，複文構造になっていても述語としての独立性が高い場合にはモーダルな形式が入る

という問題であり，もう一つは，逆に，独立した「文」であっても，テクストの特質やテクスト上の位置の特質によって，モダリティの分化の仕方に違いがあるという問題である．

(a) 独立度の高い節

モーダルなとらえ方が問題になるのは，基本的に，独立した文末か，独立性の高い節に限られる．

独立性の高い節とは，「〜が，」「〜から」「〜し（並列）」といった節である．これらは独立の度合いが高く，文を連結するのとあまりかわらない構成になることが知られている．例えば，「は」は，

(24) a. *[お金はあると，]太郎は毎日いろいろな酒を飲み続けた．
　　　b. *[花子は先に帰った一方，]太郎はそのまま酒を飲み続けた．

などと言えないように，「と」「一方」などの独立度の低い接続形式の内部には入らない．これに対して，

(25) a. [太郎は指揮をとったから，]彼には責任がある．
　　　b. [花子はさきに帰ったけれど，]太郎はそのまま酒を飲み続けた．

のように，「から」「けれど」の節の内部には入ることができる．したがって，例えば，(25a)における「から」という接続節は，

(26) 太郎は指揮をとった．だから，彼には責任がある．

のように，独立した文に，ほとんど同じ意味で言い換えられるわけであり，構造上は独立してはいなくても，意味的には独立度の高い形式になっていると言える（南(1974)は，これをＣ段階，田窪(1987)は「判断」として位置づけている）．

この節は独立的であり，

(27) [不幸なことに花子は知らないだろうが，]太郎はまだ酒を飲んでいる．

のように「だろう」などの話し手の判断を表す形式や，「不幸なことに」といった評価を表す形式が，節内部に共起することができる．ここでは，「独立文」に対して「独立的な環境」と呼んで，こうした独立度の高い節構造も考察の範囲に入れることにする．ただし，当然ながら，完全に独立した文でない以上，

1.3 モダリティが問題になる環境――13

入れるのは認識的な文だけであり,命令文や意志文などの現実を制御して世界に働きかける性質の文(事態制御類,後述)は入らない.

独立性がそれほど高くない節では,節の性質とモーダルな形式の性質の両方の要因が絡み,現象は複雑である.例えば,「かもしれない」は,

(28) *感冒に罹ったかもしれないと,大変だ.
(29) *太郎が感冒に罹ったかもしれない一方,次郎も骨折してしまった.

のように,純然たる事態内容の関係を示す環境である,「と」「一方」などの内部に入れないが,

(30) 感冒に罹っているかもしれないことを,彼は思い出した.
(31) 感冒に罹っているかもしれないなら,薬を飲んでおいたほうがいい.

のように,「こと」という名詞節や「なら」のような節には入れるようである(もっとも実例はあまり見られない.益岡(1999)も参照).

(b) 文の独立性とテクストの問題

テクストそのものの性質として,文のモダリティの分化がない場合もある.例えば,

(32) 彼は病院へ行く.

と会話で言う場合には,確実な未来のことを述べるという話し手の態度が表現されるが,

(33) 彼は病院へ行く.医師におそるおそる聞く.

のような脚本のト書き部分などは,事態の概念だけを並列するものであって,中立的な終止の形式として,「断定」という意味が認められるにしても,話し手が確実な未来のことを主張するというわけではない.そのため,こうしたテクスト環境では,逆に,「かもしれない」「だろう」などの不確かなとらえ方は出現しない.

同様の現象が文連続上の問題として現れる場合もある.例えば,

(34) 雨は降る.風は吹く.そんな夜だった.

の第1文と第2文は,第3文と同じ時制関係になるにもかからわず,時制形態の点で過去の表現とはなっていない.また,例えば,丁寧語で言う場合,

(35)　a．?雨は降ります．風は吹きます．そんな夜でした．

などと言いにくいように，文体としての分化がない．この例は，「そんな」などの指示語を使って引用内容を切り離した一種の間接引用で，事態の概念だけを表すことになっている．複数の文が並列して異質な文連続を構成し事態概念だけを提示するという場合もあり，

(36)　雨は降る．風は吹く．本当に大変な夜だった．

のように，指示語や「というように」といった成分がないこともある．

こうした文は，完全に独立した文として，主張という機能を持っているとはいえない．これをモーダルな形式の分別に関連させる考え方もあるが(野田(1989)は「真性モダリティをもたない文」と呼ぶ)，こうした非独立的な部分がモーダルな成分を必ず持たないというわけではない．

(37)　彼はやがて帰って来るだろう．そんな判断が首脳部にはある．

(38)　早くふるさとに帰れ．こんな呼びかけが盛んになされている．

のように，命令形やいわゆる「だろう」のような，モーダルな成分を含めた取り上げ方もできるからである．したがって，ここでは，ト書きで動きを羅列する場合や事態の内容描写をするような間接引用など，事態概念だけを提示するテクスト環境があるということをおさえておくにとどめる．無標終止は形態的に断定を表すものと言えるが(後述)，不確かということに対立する「確かな断定」の主張を常に表すわけではない．無標の断定としての形態は，いわば，真偽認定の対立を有しないようなテクスト環境でも使うことができるのである．

1.4　モダリティの形態に関する基本叙法

以下，本論として，さまざまなタイプの文におけるモーダルな形式を抽出し，整理していくことにする．まず述語構造の完備した文を取り上げ，その文末のあり方を整理する．いわゆる終止形も含め，文末形態には一定の形態しか出現しない．

1.4 モダリティの形態に関する基本叙法 — 15

(a) 述語完備文

我々の周囲にある文が，すべてその意味に応じた一定の述語構造をもっているというわけではない．例えば，

(39) 水！

という文は，「水である」という認定のほかに「水がほしい」「水をくれ」というように，さまざまな意味で使われる可能性がある．さらにイントネーションの問題も加えれば，

(40) 水？

のような上昇イントネーションは，「(これは)水であるか」，あるいは聞き返しなどといった解釈ができるプリミティブな疑問文となっている．また，

(41) 水は？

は，「水はどこか」「水は要らないか」など，いわば述語を省略した形と考えられるが，事実上「水」を話題とするプリミティブな疑問文となっている(森山1997c)．

さらに，こうした独立的な1語での発話のさらに未分化なものとして，「わあ」「ああ」などのいわゆる感動詞があるが(使い分けについては森山(1996)を参照)，いずれもこうした未分化な「文」(非完備文)は，その述べ方の様式を分化させていないのであって，その意味解釈は状況に大きく依存する．「水！」が状況の如何によらず「水を持ってこい」という「文」として解釈されるという保証はない．この点，「水をくれ」といった構造が分化した文は，解釈を一定以上限定的に指定することができる．そこで，述語構造が分化した文と未分化な文とを区別して，

(42) 述語不完備文　述語構造が未分化な文
　　　述語完備文　　述語構造が分化し，文の解釈を指定できる文

の二つを分類しておく必要があろう．我々が正確に発話の意図を伝達するためには，文末形式の使い分けによって発話様式を細かく指定しなければならないのであって，まず研究対象としてここで取り上げるべきは構造分化のある述語完備文である．以下，述語不完備文の存在を視野にいれつつも，言語形式としてのまとまった構造を備えた述語完備文を中心に分析していく．

(b) 述語完備文における独立終止系形態

述語完備文においては，基本的に述語に一定の構造がある．文のモダリティを実証的に考える場合，この述語形態に注目することが必要である．

完備文の述語形態は基本的に独立的である以上，そこで文が終わるという形（独立終止系の形態と呼ぶ）になっている．これには次の四つの形がある．すなわち，

(43) 行こう（意志形）・行け（命令形）・行く（終止形）・行くだろう

まず，「しよう」という意志形や命令形は，現代語では，原則として独立終止を表す形態である．また，「行く」という終止形も，文を単純に終止させる形態と言える．（「行く」という形は文の最終が「終止形」であるという趣旨で挙げている．後述するように，これに付加形式がつく場合もある．その場合，その付加形式が終止形になる．）「行くだろう」という形式も，基本的には，以降に終助詞類以外の形式がつかないのであって，やはり，最終文末と言える．

基本的に，完備文の述語形式は，いかなる助動詞がつくにせよ，必ずこのいずれかの形態をとる．例えば，

(44) 彼は来るかもしれない．

という文は，「かもしれない」という付加形式で文が終結されているが，あくまでも述語形態としては終止形の叙法である．こう考えることで，

(45) 彼は来るかもしれないだろう．

のような文と(44)との違いも扱うことができる．

いわゆる終止形は，特定の「述べ方」を表示するわけではなく，無標形式として文を独立・終止させるという機能だけをもつ形態である．無標形式であるからこそ，文脈環境によって，様々な意味で使うことができる．一方，命令形態と意志形態は，有標の形態であり，形態として文の意味を決定する．これらは，母音交替があるレベルでの語形変化を持っている．それだけ，より根元的なモダリティ上の位置づけを与えることができる．最終文末の述語形態の選択である以上，必ず話し手の心的態度が表示されるのであり，これを**基本叙法**と呼ぶ．

なお，形態論的に見れば，独立終止系の形態以外は，接続系の形態である．

いわゆる連用形や仮定形のような形態，すなわち，

 (46) 行き・行って・行けば・行くなら

のような形態は接続系の形態であり，後の形式を省略して使われる場合はともかく(白川(1995)の「いいさす文」)，基本的に，完備した文では独立した終止を表すことはできない．したがって，述べ方を取り上げるモダリティの議論には直接関与しない．

(c) 独立終止系形態における有標叙法と無標叙法

独立終止系の形態のうち，命令形と意志形と「だろう」は，述語形態として特別な意味を表す形態であり，いずれも，述語の最終文末の形態としてその文の意味を決定づける．例えば，

 (47) 帰れ．

という命令形による文は，聞き手に「帰る」行為(それ自体は現実とはなっていない)を要求すること(行為指示)が基本的意味となっているし，

 (48) 帰ろう．

という意志形による文は，話し手が「帰る」行為をするべく考えている，あるいは，勧誘として，聞き手に動きを提案するというように，まだ現実とはなっていない行為を宣言するという基本的意味がある．

「だろう」は後述するように，非現実という認識を表す形式である．例えば，

 (49) 彼は死んだ．

に対して，

 (50) 彼は死んだだろう．

のように言えば，「もし彼が現場に居れば彼は死んだだろう」のように現実から離れた仮想を言う場合や「何をいっているんだ，彼は死んだだろう」のように，伺いや確認の強制を表し，いずれにせよまだ現実としてそれを完全に認めるには至っていないという意味を表している(後述)．

これらの形態は，いずれも「た／る」というテンスの対立をこの後にもたず，その最終語尾が過去に成立してしまったことという述べ方にはならない．また，「のだ」のような形式名詞類がこれらの形態の後に現れることもない．つまり，

述語の終止として命令形，意志形，「だろう」のいずれかがあれば，文の最終的意味として，過去のこととして確定した現実を表すことができないということであり，また，それ自体を一つの事情として取り上げることができないということである．

この，現実としての表し方ができない，ということは，逆に言えば，必ず非現実であるということを表示することである．そこで，命令形，意志形，「だろう」を，広い意味で非現実を表す**有標叙法**と呼ぶことにする．有標叙法は非現実の述べ方という標識がある述語形態である．

これに対して，同じ独立終止系の形態でも終止形の叙法は，文の意味に特別な指定はせず，「た／る」というテンスの対立を最終的な形式としてとることができ，その意味で，現実を表すこともできる（つねに現実を表すというわけではない）．これは非現実の標識がないという点で**無標叙法**と呼ぶ（後述）．

ここで，若干の注釈をする必要があろう．まず，命令形態であるが，主文末でない場所に，状況を設定し，想像するという，仮定の意味で出現する用法もある（命令によって想定させるという意味からの派生が考えられ，「てみる」が出現する．長野(1995)参照）．例えば，

(51) 彼が結婚式に来てみろ，大変だぞ．

は，状況の仮想的設定を表し，実際には条件文の前件を構成する．しかし，あくまで命令形態にこうした用法もあるというだけでのことであって，主文末での命令形態は，必ず命令文を構成するという点に違いはない．

もう一つ，本来，「う」という形式そのものも，文末以外に出現することはある（現代語での意志を表す意味ではない）．そもそも，古典語では，非現実を表すだけの標識と考えられ，現代語でも，一部の固定的な形式においてだけ，

(52) あろうことか，

(53) 反対しようものなら，

のように，文末以外の部分での用法が残っている．

また，

(54) 賛成するだろう人々

のような言い方もないわけではない．現代語では，文末の独立部分での「述べ

方」の表示に限定され，しかも認識を表す「だろう」と事態制御を表す意志形としての「う」とが分化してきているのであるが（例えば佐伯1993），古典語では，「う(む)」は，未来の標識ということも含めいわば広義の非現実の標識として文末以外でも多用されている．(52)(53)のような用法は，言語変化の過程における，そうしたかつての用法の残存として位置づけるべきものであろう．

さて，非現実を表す有標叙法の形式は，現代語の共時態として見た場合，おもしろいことに，否定に関して独立の形態をも備えている．すなわち，命令形の場合には，

(55) しないでくれ．

のように，否定形式が命令文の内部に位置することができるが，同時に，

(56) するな．

のように，否定命令（すなわち禁止）専用の終助詞によって，「命令＋否定」という意味が一体化して表された形式も備えている．

意志形の場合でも，

(57) しないようにしよう．

のように，内部に否定を備えた表現が可能であるが，同時に，

(58) するまい．

のような，否定と意志とが一体化した形式を備えている．「だろう」においても，

(59) 彼は来ないだろう．

に相当する表現として，

(60) 彼は来るまい．

という否定を一体化させた形式がある．

いずれもこれらは「なければならない」と「なくてもいい」のような形態的な否定形式の存否とは別に，いわば否定の意味を内包した形式になっているということである．このことを逆からみれば，否定形式において，これらの叙法に応じた特別な形式が存在するということである．これは，最終文末の叙法としての有標叙法の特別な位置を示すものと見ることができる．

もっとも，あくまでこれは共時態の体系としての一つのあり方にすぎない．「た＋だろう」に相当する「まい」の用法はない点で，体系自体に綻びがあり，形態的にも，命令形に対する禁止の「な」は終助詞であるというように，対立関係というには異質な側面もある．さらに，通時的に見た場合，古典語の体系では「む」の否定として「じ」が対応し，「まい」のもとの形式である「まじ」は「べし」の否定という対応関係であり（いずれも終止形に接続），そこにもずれがある．ただし，方言によっては「べい」（「べし」が変化した形），「まい」（「まじ」が変化した形）などがほぼ「う」に相当する機能を持つことがあるようであり，体系の交錯に関して歴史的にも地理的にも今後の検討が必要である．

考えるべき問題点は残っているが，否定という「そうでない」世界を描くための専門の形式が，「ない」以外にも，これらの叙法に関連しては別個にそれぞれ存在するということには注目しておく必要があろう．

(d) 事態制御類と「だろう」

非現実を表す有標叙法のうち，命令形と意志形の叙法は，世界に働きかけて世界を制御していこうとするタイプの文として特別な扱いが必要である．ここでは，これを事態制御類という叙法として特にまとめることにする．言うまでもなく，「だろう」は同じく有標叙法ではあっても，事態制御ではなく，認識を表す．そこで，ここでは有標叙法をさらに事態制御類と認識を表す「だろう」とに分類する．

(1) 事態制御類

命令形と意志形による叙法は，世界に働きかけて制御していこうという文である．この叙法形態を**事態制御類**としてまとめる．事態制御類，すなわち命令形と意志形は，いくつかの文法的な性質を共有しており，それらは事態制御というモーダルな意味から一応の説明が可能である．

まず第一に，主語の人称に関する棄却不能な制約である．命令形の主語は，

(61) *彼が行け．cf. 君が行け．

のように，二人称でなければならず，また，意志形の主語は，

(62) *君が行こう．*彼が行こう．cf. ｛わたしが／君も｝行こう．

1.4 モダリティの形態に関する基本叙法

のように、一人称を含まねばならない。こうした人称の制約は、例えば、

(63) *君はうれしい.

のような断定の人称制限とは違っており、いかなる環境でも棄却できないという特性がある。すなわち、感情形容詞などでは、「君はうれしいはずだ.」のように、不確実な述べ方をすれば人称の制限は消滅し、二人称でも使えるが、命令形や意志形には、そういった現象はない。これは、叙法が文のありかたを絶対的に決定するからである。

では、なぜ一人称と二人称だけがこのタイプの叙法の主語として現れうるのだろうか。これも、現実を制御するという意味から説明できる。つまり、当該文によって現実を制御するのであって、発話の場に関わる人称しか主語とならないと言える。発話の現場で事態をコントロールできるのは、話し手と聞き手であり、話し手が自分でやることを決めるか、聞き手がその主体となるしかないのである。言うまでもなく、こうした理由のため、

(64) 彼がやろう.

のように、三人称主語が「う」と共起しても、「う」は意志や勧誘の意味ではなく、「だろう」に相当する意味しか表すことができない(基本的にこれは古い語法).

第二に、事態制御という意味は、主語の人称の制約のほかに、動詞の意味も規定する。現実の事態を制御していくという意味の関係から、通常、主語は行為を意志的に制御できなければならず、その点で、意志動詞が使われなければならない。意志主体であるにもかかわらず意志的に達成できない行為を共起させると、命令や意志勧誘といった発話行為の構成要件の違反となる。したがって、例えば、

(65) a. *いい人に出会いなさい.
   b. *いい人に出会おう.

のような文は、非文法的な文となる。ただし、命令文は、

(66) 雨、雨、降れ、降れ.

のように、非情物に呼びかける場合に許容される場合があるが、これは一種の擬人化によるものと位置づけておく。

第三に，事態制御という意味は，他の評価的形式類との非共起という特性も共有している．すなわち，

(67)　a. *幸い，行こう．
　　　b. *幸い，行け．
(68)　a. *非常にがんばれ．
　　　b. *非常にがんばろう．

のような評価副詞や程度を大きく評価する副詞は命令や意志に共起しない．これは，評価やある種の主観性を含む程度認定の前提として，事態が成立していなければならないということがあり，それと，本来的に未実現の事態を取り上げて世界のあり方を変えていくという事態制御という意味とが符合しないことによる．

　第四に，一部の複文形式や接続形式との非共起関係という現象もある．

(69)　a. 雨が{*降ると／降ったら}，傘をさそう．cf. さした．
　　　b. 雨が{*降ると／降ったら}，傘をさせ．
(70)　a. 雨が降ってきた．{*それで／だから}，傘をさそう．cf. さした．
　　　b. 雨が降ってきた．{*それで／だから}，傘をさせ．
(71)　a. 外は雨だ．{*ところが／しかし}，出発しよう．cf. 出発した．
　　　b. 外は雨だ．{*ところが／しかし}，出発しろ．

などというように，「〜すると」や，「ところが，それで」のような接続詞は，事態制御類の叙法とは共起しないことが知られている（例えば甲田1994）．こうした現象については詳細な検討が必要であるが，さしあたって大きくまとめれば，これらの共起不可能な形式は，意外性のある場合なども含め，事態の推移だけを表す形式としてまとめることができる．事態がどのようになっていくかという成り行きを描写する形式には，現実をコントロールする事態制御類のモダリティは共起しない．

　第五に，言うまでもないことであるが，事態制御類の形式は，最終文末の形態として，独立度の高い接続形式も承接させない．「う」が機能分化してできた「だろう」が，「が」を承接させて，

(72)　彼は来るだろうが，彼女は来ない．

1.4 モダリティの形態に関する基本叙法

のように言え，独立的な環境であれば完全な最終文末でなくても出現できるのに対して，事態制御の形態にはいかなる接続系の形式もつかない．仮に，

(73) 飲もうが，

のような形態があった場合，この「う」は事態制御を表す意志勧誘の意味ではない．現実と直接的な関係を取り結び，現実世界に対して働きかけていくという意味のために，事態制御の形式は接続系の形式を後接しないのである．

最後に，命令形と意志形という事態制御類は，応答としても同じタイプのものをとるということにも触れておく．すなわち，

(74) a. 帰って下さい→いやです．／結構です．／いいです．／わかりました．
b. 帰りましょう→いやです．／結構です．／いいです．／わかりました．

のように，応答として，「いやです・いいです・結構です」のように好悪，善悪，あるいは「わかりました」のような服従が表示され，

(75) 帰って下さい．→*違います．／*そうです．

のように，情報の認定に関する応答は直接的応答としては不自然である．ただし，これは，叙法の問題に直接対応するのではなく，表現の解釈の問題が入り，

(76) 君はこの仕事をやる義務があります．→わかりました．

のような対応も可能である．

以上述べたように，命令形と意志形は，有標の非現実叙法の中でも，現実世界に働きかける特別な文のタイプとして別扱いする必要がある．そこでこれらのタイプを事態制御類としてまとめるわけである．ただし，現実の事態制御の効果を持つ文は，この叙法を基本としながらも，この叙法に限るわけではない．例えば，「出発しろ．」という命令文に対して，

(77) 出発するんだ．

のような他形式も行為指示として使用可能であるが，こうした関連形式も含めた意味用法の具体的な検討は形式の一通りの位置づけが終わった後で1.8節，1.9節において述べる．

(2) 認識を表す叙法としての「だろう」

　一方，非現実叙法でも「だろう」は認識だけを表す形式である．「だろう」の後にタ形は出現しないが，その前にはタ形が出現でき，

　　(78)　彼がいたらこんなことは起こらなかっただろう．

のように，文全体を現実の事態として提示することはできないにしても，「だろう」の取り上げる内容としては過去のことが入り得る．また，言うまでもないことであるが，「{私が／君が／彼が}～だろう」と言えるように，事態制御類のような主語の人称制約はない．また，

　　(79)　幸い明日は晴れるだろう．
　　(80)　彼が居ると大丈夫だろう．

などと言えるように，評価的成分や事態推移を表す形式との共起制限もない．さらに，認識を表す形式の特性として，後述するように，

　　(81)　彼は行かなければならないだろう．

のように価値判断的事態選択の付加形式や，

　　(82)　彼は行くかもしれないだろう．

のように，推量の付加形式が共起することができる．また，

　　(83)　彼は来るだろうが，気にするな．

のように主文末以外でも出現できるほか，応答関係としても，

　　(84)　「君は誰かとあそこへ行っただろう．」「うん．その通りだ．」cf.「*いやだ．」

のように，事態制御類とは違い，認定に関わる応答形式が対応する．

　前述のように，「だろう」は，基本的に「る／た」の対立が後続することはなく，その意味で非現実を表す有標叙法ではあるが，認識を表す叙法として，命令形態や意志形態とは違った特性をもつのである．ただし，この形式は意志勧誘を表す「う」と共通した側面ももっている．「だろう」は，不確かなとらえ方のほか，聞き手への確認や押しつけといった用法をもつが，聞き手を巻き込む判断過程をもつことは，意志ばかりでなく勧誘をも表すという点で，「う」と共通しているのである．これは，結論を出す途中である，言い換えれば，考え中であって確定的な結論ではないというとらえ方を表すものとして「だろ

う」「う」に共通して抽出できる意味である（後述 1.10 節）．

（e）無標叙法の機能

　非現実叙法に対して，終止形という述語形態は，単純に文を終止させるという機能だけをもつ．これは，独立終止系の形態の中でも，非現実という標識をもたない叙法であるといえ，**無標叙法**とよぶ．

　独立した文として話し手の主張を表すテクストにおいて，この無標叙法は，基本的に話し手の断定を表す．無標叙法においては，「た」による文の終止があり得，現実時間の中で「実際にあったこと」として位置づけられる述べ方を選ぶこともできる．例えば，

　（85）　彼は行った．

　（86）　彼は死んだかもしれなかった．

などと言う場合，いずれも文は過去のこととして，つまり，現実にあったこと，あるいはそういう可能性があったという事態が現実にあったこととして述べることになっている．

　また，ここでいう無標叙法には，文末に別の形式が共起する場合も含まれる．例えば，

　（87）　彼は来なければならない．

の「なければならない」ような必要などを表す形式（価値判断的事態選択形式群），

　（88）　彼は来るに違いない．

の「に違いない」ような推量を表す形式（推量形式群）が，それぞれ共起する場合もある．いずれも，文末の最終形態（基本叙法）としては，文を終止させるという無標の叙法となっている．表面的には，それぞれの付加形式や疑問要素が「文の意味の決定」をするように見えるが，基本叙法という述べ方が変質しているわけではない．

　なお，さらに，述語に付加形式もまったく付加しない，文字通りの「ゼロ形」もある．これには，これも副詞が共起する場合と，本当の意味での断定を表す場合とがある．

前者の場合，例えば，

(89)　彼はきっと来る．

のように言えば，副詞によって，モーダルな意味が表され，文末形式としては無標のままであるが，不確実なことを表す(ただし，過去のことについて，推量の副詞だけの無標形式は，「彼はきっと来た．」のようにそれだけで終わると少し言いにくい．過去という時制は，すでに現実となった事柄を表すからと見られる)．

　一方，後者の場合，つまり，無標形態で，付加形式や推量の副詞がない場合，そして，疑問要素などの不確定要素を含まない場合，つまりまったくのゼロ形による独立した述べ立ては，認識を表す用法としては(つまり遂行動詞などを除く)，いわゆる断定を表す．断定の意味については次節で述べるが，基本的には無標としての形であり，断定としての積極的な形態になっているわけではない．すなわち，無標の終止は，狭い意味での認定作用，すなわち，確かな知識を表すというだけではないのである．無標の終止は，必要な事態の提示という文脈条件があれば，

(90)　さっさと歩く！

のように，事態制御というモーダルな意味になることがある(この場合は命令)．また，発話行為を表す文の場合，

(91)　救助を頼む．

のように，特に命令・依頼を表す動詞において，現在形で話し手が主語で聞き手へと発話するという条件で発話されれば，スル形の終止が依頼としての発話行為を表す(いずれも後述)．

(f) 無標叙法における「断定」の意味

　ここで，何の付加形式もない場合の終止である「断定」の下位類，すなわち「意見」と「事実報告」(状況を描写するものも含む)の区別についても述べておきたい．例えば，

(92)　主犯は彼である．

という文は2通りの意味があり得る．一つは当該情報がすでに客観的に成立し

た事実であるという場合で,例えば,事実確認が終わった情報である.もう一つは何の事実確認もなされていない段階で,話し手が勝手に決めつける場合である.この場合も,断定文には違いないが,事実情報ないし知識の表明というわけにはいかない(この点では,田野村(1990a)が推量判断実践文と知識表明文という位置づけをしているが,「推量」ではないので,ここでは仮に「事実」と「意見」と呼んでおこう).例えば,同じ断定であっても,

(93) 彼は悪い.
(94) 彼は20歳である.

には情報の質に違いがある.

意見とは基本的に主観的情報であり,聞き手が無条件に共有することが考えられていない情報である.一方,事実とは客観的情報であり,聞き手が共有することを前提とした情報と言える.

こうした違いは,「と思う」の付加によって確かめることができる(森山1992a).例えば,(93)のような主観的情報の場合,

(95) 彼は悪いと思う.

というようにそのまま「と思う」をつけて個人的な考えであることを表示しても基本的な意味は違わない.これに対して,話し手が既存の知識(特に客観的にみんなから正しいと認定されていること)を述べる場合は「事実」の報告となる.(94)のような事実報告の場合には,

(96) a. 彼は20歳だ.
　　　b. 彼は20歳だと思う.

のように,論理的意味が違い,後者は不確実を表す.「と思う」があれば個人的な情報だということが明示され,共有可能な事実という扱いにはならないからである.断定にも情報の共有性という観点から,主観的情報(「意見」としての断定)と客観的に受け入れられるべき情報(いわゆる「事実」としての断定)といった分別が必要である.

(g) 文末の最終形態の整理

以上から,文末形態に着目した整理をすれば,次のようになる.命令形,意

志形は，有標叙法であり，文としては非現実としての把握を表すが，特に事態制御を表す文である．その点「だろう」は，有標の最終文末形態を構成するという点で有標叙法であるが，また，同時に認識を表す叙法であるという点で，認識タイプの叙法としても位置づけられる．

(97)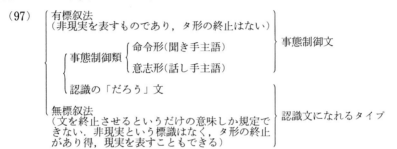

1.5 形式の整理

前節でみた最終文末の基本叙法は，あくまでも述語形態レベルでのモダリティの違いを整理したものである．これに対して，文末には様々な形式が共起する．そこで本節では，その共起関係をさらに整理したいと思う．

まず，認識の「だろう」文と無標叙法には，「なければならない」「かもしれない」などがそれぞれ共起し，文のモーダルな意味を決定する．ここではこれらの形式を**付加形式**と呼ぶ．また，命令形態以外の文では，不確定内容（疑問）が共起して，疑問文となることがある（疑問文と共起しない形式があるがその点については後述）．以下，モーダルな形式のあり方を整理するが，ここで，こうした付加形式や疑問文の意味のあり方を統一的に把握するためのモデルを提案したいと思う．

(a) モダリティの形式としての付加形式群

認識タイプの基本叙法，すなわち，無標叙法と「だろう」には，さらに，「～なければならない」「～かもしれない」のような，モーダルな意味を表す形式群が付加することができる．ここで取り上げる付加形式群とは次のようなも

のである．
 (98) 価値判断的事態選択群
　　　しなければならない，してはいけない，せざるを得ない，してもいい，しなくてもいい，するべきだ，する方がいい
　　　推量表示群
　　　かもしれない，に違いない，にきまっている，はずだ，ようだ，らしい，そうだ(伝聞)

いずれも，活用形態レベルではないが，それでも一つの文法形式として特別な扱いが必要なものである．ここでその基準の一つとして注目したいのは，当該形式を否定することはできないという点である．

　例えば，いわゆる必要を表すものとしても，語彙的な形式であれば，
 (99) 彼が来る必要がある．cf. 彼が来る必要はない．
のような否定ができるのに対して，モーダルな形式として確立したものは，
 (100) 彼が来なければならない．cf. 彼が来なければならなくない．
のように，形式自体を否定することはできない．

　認識系統の形式の場合でも，本来語彙的な形式である「可能性がある」ならば，
 (101) 彼が来る可能性がある．cf. 彼が来る可能性はない．
のような否定が可能であるが，一方，「かもしれない」のように付加形式として成立したものでは，
 (102) 彼は来るかもしれない．cf. *彼は来るかもしれなくない．
のような対応はない．「らしい」の場合でも，
 (103) 彼は来るらしくない．
のように不確実を表す意味としては，否定を後続させることはできない．

　ただし，この議論には若干の注釈が必要であろう．このうち，「べきだ」は，表面的な形態としてはあとに「ない」が続き，「べきでない」という形にもなるからである．しかし，意味的に，例えば，
 (104) 太郎は明日行くべきではない．
などと言うとき，「(行く)べきだ」の否定というよりは「行かない＋べきだ」

という意味として解釈する必要がある．このことは，例えば，

(105) *最善を尽くさなければならず，最善を尽くすべきではない．

などとそのまま言えないように，「べきだ」そのものの否定が基本的にできないところからも明らかである．

同様に，「はずだ」についても，

(106) *彼が来るはずではない．

というように形式そのものの否定はできないのであって，

(107) 彼が来るはずがない．

という形は，肯定の「来るはずがある」という対を欠く．この点で，否定に関わる別の形式として考えるべきである．

このように，価値判断的事態選択群，推量表示群の付加形式は，話し手の肯定，否定という認定の仕方の範囲外にある．基本的に，否定とはある事態に対してその補集合となる事態を取り上げるという論理操作であるが，これらの形式が否定形式を承接させないということは，すでに「事態」としてのあり方ではなくなっているということを示す．これらの形式は，述べられる内容の部分ではなく，「述べ方」ないし「とらえ方」をもっぱら表す認識上のオペレータとなったために，「事態内容」としての否定操作を受けなくなっているわけである．

テンス的には，そう判断される事情であるということを表す点で，

(108) 彼は来なければならなかった．

(109) 彼は来るかもしれなかった．

のように，その「る／た」の対立が，これらの付加形式に付加する（伝聞の「そうだ」の場合には獲得情報を現場で利用する時の標識という意味特性のために「た」はつきにくい．森山(1995a)参照）．あとに「た」がつく場合，もちろん，判断は話し手の発話時ではないことになるが，過去のある時点での判断を表す場合や，

(110) もう少しで，彼は逮捕できたかもしれなかった．

のように，過去における可能性を言う意味になる．そう判断される事情そのものは過去のものでもありうるわけである．

一方，これらの形式が，無標叙法で現在時制のまま使われる場合，その独立終止という意味が発話時の話し手の判断に関連づけられ，結果的にそう判断する事情が現在あるということを表す．ただし，これはあくまでそう判断される事情が現在のものであるということにすぎない．

これらの形式が事情を表すということは，後に「の」を伴うことができ，例えば，

（111） 彼は行かなければならないのだ．
（112） 彼は行くかもしれないのだ．

のように言える点にも現れている．いずれも「彼は行かなければならない」「彼は行くかもしれない」といった，付加形式の付加した段階が，そう判断されるべき一つの事情として扱われることになっている．これは，「彼が行くかもしれない場所」のような名詞修飾が原則として可能だということとも関連している（こうした点は本節(c)でも触れる）．

(b) 付加形式群の段階

ただし，これらの付加形式にはどれだけの要素を含むことができるかという段階の違いがある．ここで同じく付加形式群と呼んでいるが，「なければならない」の類と「かもしれない」などの類とではレベルが違う．

「なければならない」の前に「る／た」の対立がないように，この形式が付加しているのは「未実現段階の事態概念」である．ちなみに意志や命令といった事態制御のモダリティが共起するのも，このレベルである．ただし「なければならない」そのものは，文末に「る／た」の対立を持つことになる．

一方，「かもしれない」などが付加するのは，

（113） ｛行く／行った｝かもしれない．

のように，「る／た」の対立までを含んだ段階の「事態」である．これは「なければならないかもしれない」のような形式の相互承接関係にも対応している．

これは，事態評価の副詞が修飾するレベルの違いに反映している．

（114） 幸い，彼は来なくてもよい．
（115） 幸い，彼は来たかもしれない．

では,「幸い」という評価成分が評価する部分に違いがある．前者では,「来なくてもよい」までの部分であり,

　(116)　幸い＝来なくてもよい

という意味関係になっている．一方,「幸い,彼は来たかもしれない」では,「来たかもしれない＝幸い」ではなく,あくまで,

　(117)　幸い＝彼は来た

という意味関係である．その意味で,「かもしれない」は,話し手のとらえ方が入ることになり,評価のスコープの中には入らない．評価の対象としてそのスコープに入るレベルを「事態扱い」と呼ぶことにすれば,「なければならない」などの価値判断的事態選択形式は事態扱いの範囲内だが,「かもしれない」などの推量表示群は,事態扱いの中には入らないことになる．「かもしれない」などの推量表示群は,事態の存在そのものを不確実なものとして扱うことになっているからである(この形式を含むレベルは「事情」と呼ぶ．後述).

(c) 形式名詞群

基本叙法としての形では「のだ」,「だろう」形としては「のだろう」というように,「の」という名詞型の形式が述語に現れることがある．名詞節相当にするという構文機能だけをもつのが「の(だ)」であるが,「の」以外に,「わけ」「こと」「もの」などの形式もある．ここでは,これらを一括して,形式名詞群と呼ぶ．

「の」は,

　(118)　もしかすると,体はもうさなぎのようにカチカチに凍り始めているのかもしれないのだ．　　　　　　　　　　(藤原智美「運転士」)

のように,推量の付加形式の前にも後ろにも出現することができる．この例で言えば,前者の場合には,形式名詞によって統合された事情に対して推量の扱いがなされており,すでに成立した事情を推量するような意味になっている．一方,後者の場合,すなわち,付加形式の後についた「の」は,「〜かもしれない」という判断自体が一つの事情として扱われ,そういう判断がなされる事情が成立している,といった意味になっている．ただし,伝聞の「そうだ」で

は，
　（119）？彼は病気になったそうなのだ．
などとはあまり言わないようである．伝聞は情報の入り方の注釈を表し，認識判断そのものはあまり取り上げないということによると見られる．
　「のだ」は，一般的には，例えば，
　（120）（どうしてそんなに黙って飲み続けているの，と聞かれて）
　　　　　この酒，おいしいんだ．
　（121）あ，雨が降ってきた．cf. あ，雨が降ってきたのだ．
　（122）（通行人がハンカチを頭に載せて走り出している様子を見て）
　　　　　あ，雨が降ってきたんだ．
　（123）（どうして休むのか，という問いに答えて）疲れたのだ．
　（124）（相手が休むのを見て）疲れたのか．
のように，事態を前提として扱うところから，「背後の事情」(田野村1990b)を表す．これらの例では，文脈との関連づけができ，説明するような意味になっている．逆に，ある事態の存在を主張するだけの場合，
　（125）？ほう，この酒はおいしいのだ．
などとは言わないように，「のだ」は使わないのがふつうである(ただし，事態を発見するといった用法で使われる用法も最近は見られるようになってきている)．これと関連して，「なぜ」によって理由を問う疑問文では，
　（126）どうして，彼は酒を飲まないのか．cf. *飲まないか．
のように，通常，「の(か)」という形式が使われる．
　「の」にも様々な用法があるが，前提としての扱いをするという特性については，評価付けの述語での名詞節の現象が手がかりになる．すなわち，例えば，「太郎は(が)悪い」では，例えば，自分の判断として「太郎が悪い」という判断を組み立てることになっているが，「悪い太郎」といえば，「太郎＝悪い」ということがすでに前提として成立していることになる．同様に，「太郎が悪いのは～」などと言う場合でも，「太郎＝悪い」という関係はいわば前提扱いされるのである．述語を言い切りでなく，名詞相当の構造として収束することには，このような一種の前提化の操作が認められ，これが「のだ」などの形式名

詞の用法の基底にあると見てよいであろう．

ただし，「のだ」の意味と機能については様々な用例があり，ここでそのすべてについて議論をつくすことはできない．最近では，野田（1997）が，スコープの「のだ」とムードの「のだ」を分類し，後者を「対人的ムード」の「のだ」と「対事的ムード」の「のだ」にさらに分類する（さらにそれぞれにおいて，状況や先行文脈と関係づけをするものとしないものとがある）など，現在も盛んに議論が進んでいる．

なお，「の」以外の形式名詞では，その名詞によって，出現の仕方に制約がある．例えば，「もの」は，「ものらしい」という形はあっても，「*らしいものだ」などとは言わず，推量の付加形式の後には出現しない．形式名詞のモーダルな位置づけについては，今後さらに議論が必要である（例えば安達（1998）などを参照）．

以上述べたような付加形式との関係で事態と判断の段階をまとめれば次のようになる．

(127)　「未実現段階の事態概念」段階：事態概念だけであり，価値判断的事態選択付加形式群が付加する前のレベル．「る／たの」対立がない段階．

　　　「事態」段階：「る／た」の対立がある段階．価値判断的事態選択付加形式群が付加してもこのレベル．評価副詞の評価内容になれる．

　　　「事情」（推量判断を付加した扱い）段階：評価副詞の評価内容に入れない．ただし，「のだ」の内部には入れる．

　　　「判断」段階：最終文末形態を含むレベル．

(d) 広義終助詞類

文の最終述語は基本叙法によって決定され，それに付加形式などが共起するのであるが，終わりにはさらに終助詞などの文末の付加要素がつくことがある．終助詞は，話し手の認識を表すもののほか，聞き手へのもちかけなどを表すものもある．形式としては，次のような三つの段階に分けられる（全部が共起するわけではない）．「ぞ」などの最初に出現する系列は，「か」を除き命令や意

志といった事態制御の叙法では現代語ではふつう使われない．なお，「か」は疑問文の項で取り上げるのでここでは触れない．

(128) $\begin{pmatrix}ぞ\\わ\\とも\\か\end{pmatrix}\begin{pmatrix}よ\\(さ)\end{pmatrix}\begin{pmatrix}ね\\なあ\end{pmatrix}$

文末には，さらに別の形式が，同様の働きで付加することがある．例えば，

(129) じゃないか／だろう

などの形式も確認の用法で使われ，「ぞ」「わ」に並んで位置する．（厳密な意味での，「終助詞」ではなく，丁寧形がありうるなどの語形変化がある．そこで本章では品詞としての「終助詞」に限定せず，「広義終助詞類」と呼ぶわけである．）

この中で異質なのは，真偽判定のいわゆる yes-no 疑問を構成する「か」である．「か」そのものは，「A か B」と同じく，いずれかを選ぶという話し手の認識を表すものである．

(130) 彼は病院に行った＋だろう＋か．

(131) 行こ＋う＋か．

のように，基本叙法をそのものを疑問文として扱うことができる．これは，形態的に，基本叙法のレベルも含んだ承接をするということと関わっている．疑問文の意味と用法については後述する．

伝達機能から終助詞を分類すると，独り言で言えるかどうかで違いができる．「よ」「ね」「とも」は，独り言で言えないが，これらは聞き手に向かって使われ，「と思う」内部に入れない．

(132) *いいとも，と思った．

などとふつう言えないのである．「よ」は，典型的には聞き手の注意を向けるといった機能を持ち，「とも」は，ほかにそういう仮説があるという文脈で，当然のこととして強調するという機能を持つ．

「ね」は，聞き手の同意，肯定的な返答を求める確認の形式である．聞き手も同じ意見であるということを予想して，その返答を求めるのである．用法と

しては，

　(133)　今日はいい天気ですね．→そうですね．／＊そうです．

のように，聞き手と同じ立場で同意を求めたり，

　(134)　君は田中さんですね．→そうです．／＊そうですね．

のように，聞き手に確認して尋ねる用法をもっている．日本語では，相手がよく知っているような内容については，「ね」などをつかって，その知識を尊重するのが普通である（神尾（1990）はこれを「情報のなわばり」として位置づける）．その点で，

　(135)　あなたの生まれ月は3月です．cf. 3月ですね．

のような文は通常の状況では不自然になる（「だろう」「じゃないか」などの確認用法については後述）．

　一方，「ぞ」「わ」「さ」「なあ」は独り言で使え，話し手の認識過程に関する表示をする．そのため，思考内容としての引用部の内部に入ることができ，

　(136)　おかしいわ，と思った．

のように言うことができる．「ぞ」「わ」などは，その場で（強く）認識，再認識することなどを表し，「さ」は，そうでないという仮説や意見がある（ありうる）場合に，そうだということを強調する形式と見られるが，方言差の問題もあり，詳しい意味用法の分析は，その基礎となるモデルの開発も含め，今後の課題と言える．

(e) 形式の整理

　以上，文末に出現する諸形式を整理すれば次のようになる．認識を表す文と事態制御文とでは形式が違ってくるので分けて，前者の方から示すことにする．

　(137)

事態概念（コトの中核）
　　　　――――「未実現段階の事態概念」の段階――――
価値判断的事態選択付加形式群（未実現事態レベル）
　「なければならない」など〈＋T：た・φ〉

1.5 形式の整理 —— 37

```
――――――「事態」扱いのできる段階――――――
「の」などの形式名詞(だ＋T)
推量付加形式群(実現事態レベル：推量表示形式群)
  「かもしれない」など(＋T)
        ――――――「事情」扱いができる段階――――――
「の」などの形式名詞(だ＋T)
基本叙法(終止形(無形式)／ダロウ)
        ――――――「判断」扱いの段階――――――
広義終助詞群(疑問文の標識である「か」もここに位置づけられる)
```

ここで(＋T)としたのは，あとに「た」がつくことがあるという意味である．「た」がつかない場合には，発話時の判断を表すことになる．

　こうした整理は，次のような形式の順序による．例えば，

　(138)　彼は来＋なければならない＋の＋かもしれない＋のだ＋ね．

という文を考えた場合，「彼が来る」という事態概念に対して，「なければならない」が付加し，さらに，そのあとには「の」が出現している．さらにこの後に「かもしれない」という不確実を表す付加形式が共起できる．不確実を表す付加形式にさらに「のだ」がつくこともある．なお，この例では，基本叙法を表す最終文末は，「のだ」の「だ」という無標形態となっているが，「だろう」となる例も考えられる．

　付加形式が無標叙法で使われることもある．例えば，

　(139)　彼は来るかもしれない．

のような文は，現在形で使われれば，そのまま話し手の把握を表すので，「かもしれない」という付加形式によって，不確実なとらえ方を表す．同様に，付加形式には，

　(140)　君は来てはいけない．

のような「してはいけない」「しなければならない」などの価値判断的事態選択形式がある．これが最終文末形態として，無標叙法の現在形で使われれば，そのまま事態選択に関する話し手のとらえ方が表されることになる．

「だろう」という最終文末が付加形式と共起する場合もある．それぞれ，

(141) 彼は来るかもしれないだろう．

(142) 彼は来てはいけないだろう．

といった形になる．「だろう」は後述するようにまだ答えを出さないといった意味であるため，聞き手めあてにも内容把握的な意味でも使えるが，後者の場合では不確実なことを表す意味に近くなる．そのため，「かもしれない」という形式と共起すれば，「かもしれない」が「そうでない可能性を残す」という述べ方をするために，むしろ，「だろう」は聞き手に確認するという意味で解釈されることがふつうのようである．

以上，認識を表す文での形式の共起関係を見たが，一方，事態制御類では「かもしれない」「なければならない」などの付加形式や形式名詞類は共起しない．

一方，事態制御類の形式の共起関係は次のように整理できる．このタイプの文では「る／た」の対立は現れない．

(143)

```
事態概念（コトの中核）
        ————「未実現段階の事態概念」の段階————
基本叙法（命令形，意志形）
        ————「判断」扱いの段階————
広義終助詞群（疑問文の標識である「か」もここに位置づけられる）
```

これら事態制御類にも終助詞が次のように共起する．ただし，終助詞の体系でも，聞き手に対するはたらきかけを表すものに限られる．

(144) 行けよ．　cf. *行けとも．

(145) 行こうね．cf. *行こうわ．

1.6 価値判断的事態選択形式群と選択関係

　必要，推量，疑問といった意味は，いかに記述できるのであろうか．以下，各論を述べていく（ただし，「推量」の各論については次章を参照．ここでは簡単に枠組を提示するにとどめる）．そして，最後に，いわゆる必要，推量，疑問といったモーダルな意味は，事態間の関係づけという観点から統一的に分析できるということを示したいと思う．

(a) 価値判断的事態選択形式群

　価値判断的事態選択形式群は，まだ実現していないことについて，どのような事態を選ぶのかを取り上げる付加的な形式である．選ぶ以上，いい・悪いといった価値判断が問題になることが基本になっている（ただし，「せざるを得ない」のように価値を超えて当該事態しか選択できないという形式もある）．
　例えば「方がいい」は，

　（146）　するよりも～する方がよい

というように，事態の比較という意味が基本にある．これは，言うまでもなく，とるべき事態を選択関係の中で位置づける判断だと言える．また，

　（147）　しなくても　よい／しなければ　ならない

のような条件形式を含むものも，事態を仮定的に構築し，それに対する評価づけをするという意味になっており，未実現の事態の選択の仕方を表すものと言える．
　いずれも形態的に，「る／た」の対立を含む事態については使えず，当該形式の前，すなわち動詞句直後に「た」が意味的に有意のものとしては付加しない．例えば，「するべきだ」に対して「したべきだ」とは言えないし，また，「する方がいい」は「した方がいい」と言っても意味上の区別はない．まだ起こっていない事態についての「選び方」を表すからである．
　これらの形式は，未実現の事態の選び方を表す形式として考えることで，その特異な用法が説明できる．まず，これらの形式は，主語名詞に非常に興味深

い制約を持っている．というのは，

 (148)　*まもなくチョークが折れるべきだ．

のように非情物主語が不自然になる場合があるのである．しかし，単純に，常に非情物が主語になれないというわけではない．

 (149)　指導要録は第一に指導のための教師の大切な資料であり，正確に書かれなければならない．　　　　　　　　　　（朝日新聞1993.2.7）

のように言えるからである．これは，事態を誰が選ぶのか，という観点から考えれば説明できる．すなわち，(148)のように言えないのは，価値判断的事態選択の当事者が考えられない場合である．一方，見かけ上は非情物主語であっても，背後に事態を調整する当事者の存在が予想できる場合には，不自然にならない．(149)が成立するのは，背後に「指導要録をどう書くか」をコントロールする存在が予想できるからである．

 また，これらの形式は，主題の設定という点で特異な性格を持っている．まったくの無題文では使えないのである．例えば，

 (150)　彼が行かねばならない．

 (151)　彼が出る方がいい．

とだけ言う場合，ある種の情報の欠如を感じるのであって，例えば「今度の会議には」といった主題要素が文脈として必要である．これも，事態選択という意味から説明できる．というのは，選択ということの一般的な意味について考えれば，選択とは常に，「何かについて」のものだからである．例えば，

 (152)　彼は行くべきだ．

と言えば，「彼」にとって，「彼が行く」という事態が選択すべき要素として存在するという意味になるのであるし，

 (153)　今度の会議には彼が出る方がいい．

という文でも，「今度の会議」という主題について，「彼が出る」という事態が選ばれることになっている．

 さらに，共起関係でも，例示の「でも」や「～とか～とかする」のような選択的な並列形式との共起から，これらの形式の事態選択的意味が説明できる．

 まず，いわゆる例示の「でも」は，

1.6 価値判断的事態選択形式群と選択関係

(154) *僕は昨日育児書でも読んだ．

のように過去として言えないという現象があるが，一般には，デモが「暫定的に選択した例示」という意味を表すのに対して，確定した一つの過去の事柄という意味が不整合であることとして説明される．しかし，同じ過去のことでも，これらの価値判断的事態選択形式を共起させれば，

(155) 育児書でも{読むべきだった／読まなければならなかった}．

などのように，自然な文となる．これらの文末形式が表す事態選択という意味が例示のデモの「選択的例示」という意味に対応するからである（森山1998を参照）．

同様に，「～とか～とかする」という形式は，選択的な関係での並列を表すことから，

(156) *彼らは歩くとか走るとかした．

のように，無標のまま断定的に主張する場合には不適当である（思いついた表現を候補として挙げるような意味でない限り不適当といえる．森山（1995b）を参照）．しかし，これも，

(157) 彼らは歩くとか走るとか{しなければならない／すべきだ／せざるを得ない}．

というように，これらの形式が共起すれば，選択的な並列の意味に文末形式が対応することになり，自然な文になる．

以上から，価値判断的事態選択形式群は，基本的にテンスの分化（「る／た」の対立）を含まないレベルの「事態概念」における対立において，そのいずれを選ぶかに関するコメントを表すものとしてまとめられる．そのコメントとは，

(158) a. 矛盾選択テスト　それ以外の選択はあり得たか
　　　 b. 別選択許容テスト　それ以外の選択は「よい」か

といったテストによって分類できる．

なお，「ものだ」「ことだ」などは，益岡（1991）において，「価値判断のモダリティ」の中の「一次的モダリティ」として挙げられている（一方，「しかない」「ざるを得ない」などは挙げられていない）．しかし，前者では，「*彼はできたてのオムレツを食べるものだ」などと言えないように，主語には普通名詞

しか位置しないし,後者では,主語には通常聞き手しか来ない.こうした点で,いずれも,「義務・必要」類の形式というより,本来的性質の叙述,必要事態の提示というのが基本的意味であり,それが語用論的に必要な事態として解釈されているとみるべきだと言える.こうした性質叙述,必要事態提示といった意味のため,これらの形式は過去のこととして述べることはできない.そこで,以下,「ものだ」「ことだ」を除いて個々の形式をみていく.

(b) 価値判断的事態選択形式群とその下位類
(1)「ざるを得ない」

まず,「ざるを得ない」である.これは,

(159) *呼ばざるを得なかったが,そうしなかった.

という連結はできないように,選択の余地がまったくないということを表すのであるが,単に,その事態の存在だけを述べるのではなく,あくまで,事態の選択という意味が基本になっている.すなわち,

(160) 当日は雨で大会を延期せざるを得なかった.

(161) 当日は雨で大会を延期した.

という文では,「大会を延期した」ことは事実であり,真偽条件的な意味には違いはない.しかし,(161)は単にそういう事態があったということを主張するだけであるが,(160)では,「そうするか,しないか」ということを選択すべきものとして,いったん同列において検討し,その上でそれ以外の選択は不可能だったということを表す.つまり,この形式も基本には,事態の選択という意味があるのである.これは,コメント部分が,当該事態以外は選択できないということを表す.

(2)「なければならない」

一方,「なければならない」は,当該事態以外に価値付与ができないという意味である.

(162) 出頭に応じない以上,彼は逃げるつもりだと判断せざるを得なかった.

  cf. しなければならなかった.

1.6 価値判断的事態選択形式群と選択関係──43

のように,「なければならない」と「ざるを得ない」は,類義的な関係にあるが,矛盾選択テストにおいて違いは明らかになる.すなわち,「なければならない」は,ほかにどうしようもないという状況を表すわけではない.

(163) *出頭に応じない以上,彼は逃げるつもりだと判断せざるを得なかった.が,あえて私はそうは判断しなかった.

と言えないのに対して,

(164) 出頭に応じない以上,彼は逃げるつもりだと判断しなければならなかった.が,あえて私はそうは判断しなかった.

のように言うことは可能なのである.つまり,事実としてのあり方は矛盾してもよいのである.

しかし,一方で,価値が与えられる事態は一つに絞られており,「なければならない」は「なくてもいい」と,そして「てはいけない」は「てもいい」と,それぞれ共起しない(これを別選択許容テストと呼ぶことにする).

(165) *しなければならないが,しなくてもいい.

(166) *してはならないが,してもいい.

のように,選択の自由を付加するような判断は後続しないのである.つまり,価値判断的事態選択の価値の付与は一つの事態だけに絞られ,他の選択に対する許容性はないと言える.そこで,これらの形式の意味は絶対的価値付与型と呼ぶことができる(この点が「方がいい」などの相対的な価値付与の形式と違う点である.後述).また,絶対価値付与型は,

(167) しなければならないが,しなかった.

などと言える点で,「ざるを得ない」などと異なっており,当該事態以外の事態を選ぶことはあり得たという文脈で使える.ただし,選択そのものは,当該事態に絶対的な価値を置くものであって,それ以外の選択は「よくない」という価値判断を与えられる.

絶対的価値付与という意味のあり方は,あるべき事態を唯一的に指定するという点で,命令,特に否定命令,すなわち禁止に深く関わる.そこで,「するな」と「てはいけない」の違いも問題になる.

(168) ここに入ってはいけない./ここに入るな.

はどちらも置換できる場合が多いように思われる．しかし，この価値付与のあり方から予測されるように，価値づけとは無関係な，個人的な希望によって判断する場合は「てはいけない」は使えない．

(169)　ぼくを捨てないでくれ．（恋人に言う場合でも可能）

とは言えても，

(170)　*ぼくを捨ててはいけない．（恋人に言う場合は不適）

とは言わないのである．

　この事態選択の絶対的な価値付与という意味が，判断の適切性として拡張すれば論理的必然性を表す．この用法は，

(171)　彼は3時に出発した以上，もう着いていることが{*必要だ／*必要がある}．

が言えないように，「必要がある，することが必要だ」などの迂言的形式にはない．また，あるべき事態の選択という意味から離れ，単に論理関係だけを表すという点で，主語の制約もない．すなわち，

(172)　もし小川伍長の記憶に誤りがないなら，彼が戦ったのはヒンダンより少しホリタ寄りで，米戦車隊が382連隊の第1大隊と合流する前でなければならない．　　　　　　　　（大岡昇平「レイテ戦記」）

のように，まったくの非情物主語で価値判断的事態選択の当事者の想定できない文も成立する．

　この用法では，論理の必然的帰結という意味が基本にあるのであるが，話し手はいわばその帰結内容に距離をおいた判断を示すと言える．その意味で，用例を見る限り，

(173)　キリストのはりつけにつかわれたのが，ポプラであるとしたら，雄か雌かのどちらかになるね．すると罪に震え続けているのも，雄か雌かのどちらかでなければならない．　（辺見庸「自動起床操置」）

のように，通常，「記憶に誤りがないなら」「～，すると」のように，判断条件を示す文脈が共存するようである．

　付言ながら，「はずだ」も同様の判断根拠がある推量を表す（森山1995b）．しかし，「はずだ」の場合，話し手の記憶なども判断理由として使えるのに対

1.6 価値判断的事態選択形式群と選択関係──45

して,「なければならない」の論理用法ではそうではない.例えば,相手の思い違いを言う場面では,

　(174)　あのとき私はそう言っ{たはずだ／*ていなければならない}.

のように,「なければならない」は通常使えない.「はずだ」が話し手の推量を表すのに対して,「なければならない」は,事態の対象面に着目した論理的関係としての必然性を表すからである.その意味で,「なければならない」の必然性の用法は,話し手の認識から離れた論理関係を表すものと言える.

(3)「べきだ・がいい」

　さらに,「べきだ」「方がいい」は,相対的な価値を表すものであり(前者は無比較,後者は有比較という違いはある),これらは,矛盾選択テストも可能である.すなわち,

　(175)　～する方がよかった.が,しなかった.

　(176)　～するべきだった.が,しなかった.

のように言うことができる.また,さらに,別選択許容テストとしても,

　(177)　～した方がいいが,しなくてもいい.

　(178)　(本来は)～するべきだが,しなくてもいい.

も可能である.とくに,「本来」「建前としては」のように,価値基準を相対的なものとして設定しなおせることを表す副詞などは,こうした意味関係ではよく出現する.その意味で,ここでの事態の選択の仕方は相対的だと言える.

　さらに,選択の価値付与が相対的であるということは,選択者自身にとって,選択事態はほかにも可能性が開かれているということである.つまり,事態選択は未決定状態である.しかし,一方で,選択に対するコメントとしては,話し手自身が一つの事態に価値をおくということになっている.こうしたところから,主語(特に主題として取り上げられる場合)が話し手になれば,不自然な文になるということも説明できる.例えば,

　(179)　*私は明日5時に起きる方がいい.

　(180)　*私は明日5時に起きるべきだ.

などとは通常言えないが,この理由は,「私」についての事態選択であるところから,どのような事態がいいかを選ぶ当事者が話し手になっている一方で,

その話し手が「明日朝5時に起きる」ことをあるべき選択として勧めるという，いわば無理な一人二役になっていることによる．事態を選ぶ当事者と，そこに価値付けをする判断者は，通常，重なってはいけないのである．もっとも，

　(181)　込み入った話だ．私が相談に行った方がいい．
　(182)　僕はそろそろ寝た方がよさそうだ．

のように，話し手が主題となっていなくて，事態を選ぶ当事者が話し手ではなかったり，また，価値付与の判断が話し手によって確定的なものとしてなされず，価値づけが与えられていないのであれば，そうした矛盾は回避され，不自然ではなくなる．

　なお意味的には，「べきだ」の方が「方がいい」のように比較対象を提示できず，より限定した価値判断をしていると言える．その意味で，「べきだ」は「なければならない」に文脈的に置換しやすい．

　(183)　住民，行政双方の努力によって，ここまで来た実績は評価されるべきだろう．　　　　　　　　　　　　　　　　　　（朝日新聞 1985.4）
　　　　cf. されなければならないだろう

「べきだ」には価値判断が道徳律などの一般的な基準によってなされるといった意味もある．

　なお，「べきだ」は，根拠としての一般基準の存在という語彙的意味もあるが，「方がいい」にはそのような意味はないようである．

(4)「てもいい」

　最後に，別選択許容テストそのもので利用した「てもいい」について考える．この場合，おもしろいことに，同形式での否定の並立が可能である．つまり，

　(184)　〜してもいいし，〜しなくてもいい．

のように言うことができる．

　これは，一つの事態選択だけに価値付与するという意味から離れ，選択の自由度を増やすという意味だからである．選択事態のリストに自由な選択を付加（選択の幅を狭めているわけではない）するという意味で，**別選択許容型**と呼ぶことができる．

　選択候補を付加するという意味が，判断の適切性として拡張すれば論理的可

能性(論理的に可能な事態の付加)を表す．論理的方向への拡張は「なければならない」の場合とほぼ同様で，論理的根拠の存在という点で「はずだ」に近いと言えるが，「てもいい」という意味から，可能性の有無を問題とするようなレベルで使える．それで，例えば，

(185)　3時に出たのだから，もう着いていてもいいね．

と言えば，強い確信をもっての判断というより，論理的にそういう可能性があるといった意味になる．

(c) 価値判断的事態選択形式群と選択関係

以上をまとめて表にすれば，(186)のようになる．未実現のコトという段階(事態概念)であるが，これらの形式は，いずれも，当事者にとってどの事態を選ぶ(選べる)かという事情を表すものとして位置づけることができる．特に，未実現の事態を選ぶという性質上，そこに価値判断が加わることになる．

(186)

	ざるを得ない	なければならない/てはならない	べきだ	方がいい	てもいい
意味	選択無余地	絶対価値	相対価値(無比較)	(有比較)	別選択許容
矛盾選択	—	○	○	○	○
別選択許容	—	—	○	○	○
否定並立	—	—	—	—	○
一人称主語	○	○	—	—	○

1.7　推量表示形式群と選択関係

推量表示形式群は，すでに実現したことについても，まだ実現していないことについてもその両方について使うことができる．すなわち，ここで問題となるのは，

(187)　彼は{来る／来た}かもしれない．
(188)　彼は{来る／来た}らしい．

のように，すでに起こったことでもよく，テンスの分化をもつ事態が問題に

なる。

　推量表示形式群の意味は，次のように様々な手段によって表示されるが，ここでは簡単な位置づけのみににとどめる（こうした形式の意味用法の詳しい分析については第2章を参照）。

(a) 推量表示形式群の下位類

　まず，大きくは，判断系と状況把握系とに分別することができる。

　判断系としては，

　（189）　かもしれない，に違いない，に決まっている／はずだ

などが挙げられる。このうち，スラッシュによって分別した「はずだ」は，話し手自身が経験した過去のことで，かつそれが不確実になってしまったような場合でも，

　（190）　僕は確かここに鍵をおいたはずだ。

のように使える。これは，「はずだ」が，当該事態を想定する理由があるという意味になっていることによる（なお，「と思う」という文末思考動詞もこうした状況で使える。森山（1992a）参照）。

　これに対して，他の形式，つまり，

　（191）　かもしれない，に違いない，に決まっている

などは，いくら不確かになったことでも，基本的に話し手自身が経験した過去のことについては使えない。例えば，

　（192）　私はここに鍵を置いたかもしれない。

　（193）　私はここに鍵を置いたに違いない。

のように言うと，あたかも別人の行動について推測するような意味になる。これらの文を使うとすれば，例えば，酩酊していて，そのときの記憶がないためにいろいろと推測するといった状況が考えられる。これらの形式が表すのは，いわば，本質的に未知の内容に対する判断なのである。

　このうち，「かもしれない」は，当該事態が成立する可能性があるかどうかというレベル（したがってその実現の可能性は通常高く見積もられていない）を問題にする。一方，「に違いない」はその実現の可能性が未知のことがらにつ

いて，話し手が確信して「決めつける」ことを表す．いずれも，これらは，基本的に「未知世界」についての「思いこみ」を表すものとしてまとめられるが，同時に真実として認めるのではなく，そうでない可能性も保存するという意味になっている．

次に，状況把握のグループとしては，まず「らしい」「ようだ」などが挙げられる．これらは，証拠から未知の事態を推量するものと言える．すなわち，

(194) 彼の部屋に電灯がついている．彼は部屋にいる{ようだ／らしい}．

のように言えば，「彼の部屋に電灯がついている」という証拠があり，そこから，「彼が部屋にいる」ということを推量することになっている（ここでは詳述できないが，「ようだ」が何に似た状況かを考えるのに対し，「らしい」は直接的に事実に達することができず，事実を示す兆候として証拠（状況や情報）をとりあげるといった特性があり，互換できない場合もある）．

「らしい」には伝聞の用法もある．伝聞とは言語情報が判断根拠になっているという意味であるが，これも，事実ではなく，あくまで獲得情報であるという表現をすることで，そうでない可能性を保存するという広い意味での推量の意味が構成されている．代表的な伝聞形式には「そうだ」がある．

伝聞は，判断根拠が話し手以外による言語情報であるという点で推量としての意味がある．ただし，伝聞内容は，話し手の判断ではない．そのため，

(195) *グランドがこんなに濡れているから，今日の運動会は中止だそうだ．
　　　（グランドを見ながら，自分の判断として言う場合．「から」の節も
　　　伝聞内容に含める場合は別．cf. グランドがこんなに濡れているか
　　　ら，今日の運動会は中止のはずだ．）

のように，話し手の判断理由を表す節を共起させることができない．また，その伝え聞いた場面はとりだされず，いわばよそから聞いてストックしてあった情報を利用する時の標識となっているため，「そうだった」という形は普段使われない（森山1995a）．

(b)「推量」の付加形式

推量表示形式群の意味は，いずれも，基本的に，「そうでない可能性」の保

存としてまとめることができる．このことは，

(196) 彼は来るかもしれない．そうでない可能性もある．

(197) 彼は来るに違いない．そうでない可能性もある．

というように，そうでない可能性の付与としてテストできる．つまり，そうでない世界というものも同時に設定して，その可能性をも保存するわけである．つまり，推量という意味は，そこで主張される事態に対して，そうでない事態，すなわち矛盾する否定事態の成立も保存するという意味である．そのため，

(198) *彼は来るかもしれないか．

のように，疑問文との非共起という特性がある．後述するように，疑問文とは，「そうかどうか」の選択関係を表すのに対して，推量形式は，いわばそうでない可能性を保存し，選択関係を放棄するという意味をもつからである（その点，「だろう」は違っており，未決定，考慮中といった判断形成過程だけを表す叙法とみるべきである）．

1.8 疑問文（不確定）と選択関係

ここでは，疑問文の意味について，選択関係という観点から検討し，疑問形式を含むさまざまな形式についての分析を進める．

(a) 疑問文の基本的意味

疑問文のあり方も，選択関係によって考えることができる．まず，疑問文の基本的意味を yes-no 疑問文を例にして取り上げてみる．例えば，

(199) 彼は1年生ですか．

という文は何を表すと言えるのだろうか．

じつは，疑問文は肯定と否定が論理的な意味として中和するという非常に興味深い性質を持っている．すなわち，通常の平叙文であれば，

(200) 彼は来る．／彼は来ない．

は，まったく矛盾する関係であって，どちらもが同じ意味を表すということはない．しかし，疑問文においては，

1.8 疑問文(不確定)と選択関係 —— 51

(201)　a. 彼は来るか.
　　　　b. 彼は来ないか.
という二つの文は，論理的には同じ意味として使える(実際にはどちらを取り上げるかという違いはある)．したがって，疑問文に対して，矛盾対立する内容を付加した疑問文，すなわち，

(202)　彼は来ますか，あるいは，来ませんか.
という文も可能である．

　このことは，疑問文において，一つの内容だけが唯一的に主張されているわけではないということを表す．つまり，疑問文においては，述べられている内容に矛盾対立する内容は否定されず，そのいずれかが真になるという関係で並立しているのである．形態的にも，疑問を表す終助詞「か」は，「コーヒーか紅茶」のような選択的並列助詞と関連づけて考えることができる．その意味で，yes-no 疑問文においては，肯定と否定とが，どちらかが真として選択されねばならないという関係のもとで，いわば競合しているのであって，情報的にきわめて不安定な関係だと言える．したがって，談話では，無標の yes-no 疑問文は認否の応答を要請することになる．このことは，複文内部での疑問文の取り込みにも反映している．

(203)　彼は彼女が来るかどうか確かめた.
(204)　彼は彼女が来るか来ないか確かめた.
のように，判定型の疑問文を複文に取り込む場合，対立関係が表示されているのがふつうである．

　また，不定疑問(wh 疑問)の場合でも，文の一部が「不定」になっているのであるが，その「不定」ということの基本的は意味は，「aか，bか，cか，…」といった，あるべき要素が対立していて確定できないということだと言える．

(205)　あなたは誰ですか.
という文を学園祭の仮想行列の準備の場で言う場合と夜道での人影に言う場合とで，その要素の範囲が違うが，いずれにせよ，不定疑問文の「不定」とは，対立する要素どうしの中でいずれが真であるかわからないという状況を表す点

で違いはない．

　もっとも，論理的な意味だけではどちらも使えるのであるが，実際の用法には肯定か否定かの取り上げ方の違いがある．例えば，

　（206）　（痛そうな顔）痛いですか．

　（207）　（痛いと思うが平気な顔）痛くないですか．

のように，発話現場であらわになっている方の極性が取り上げられる（この点，言語によって違いもある．井上・黄（1996）参照）．

　以上述べたような疑問文の基本的な意味のあり方（これを不確定と呼ぶ）は，yes-no疑問の場合は肯定と否定，不定疑問の場合はその不定内容というように，矛盾対立する内容が，選択すべき関係のまま併存状態にある，としてまとめることができるであろう．ただし，形態的に「か」は，基本叙法のさらにその後に出現する．そのため，基本叙法のモーダルな対立を含んで並列関係で提示することができる．例えば，

　（208）　彼は行くだろうか．

は，「だろう」の非現実としてのとらえ方を含んで疑問としての対立関係を構成している．同様に，

　（209）　どこに行こう．

のように，「う」によって意志勧誘の意味をもったままで，不定内容の疑問文を構成することもできる．例えば（209）では，「aかbかcか，…に行こう」というように，不定内容によって対立する判断内容が複数個構成されるのである．

　以上述べたように，主張される判断とその否定とが未決定なまま併存する，あるいは最初から不定のものとして対立するという関係が疑問すなわち不確定という意味なのである．通常，このような不確定な状況は情報の持ち方として非常に不安定なのであり，聞き手に情報を要求することになる．通常の疑問文は，そのため，修辞的なものを除けば，基本的に聞き手の返答を要求する．ただし，

　（210）　これは必要なものだろうか．

　（211）　これは必要なものかしら．

　（212）　これは必要なものかなあ．

1.8 疑問文(不確定)と選択関係 — 53

による疑問文は，疑念があるということだけを表すので，聞き手に対して返答を要求しなくてもよい(特に「だろう」疑問文については1.10節を参照のこと).

付言ながら，ここで疑問的な修辞が関連する文のタイプとして，感嘆文と反語とについて，少し見ておきたい.

まず，いわゆる感嘆文は，疑問詞が程度修飾部に使われたものとして位置づけることができる．程度が無限であるということが疑問詞による程度修飾によって表示されるのであり，疑問詞は，「と」による引用を受けて形容概念を修飾している．なお，

(213) なんとすばらしい眺めだ.
(214) いたれりつくせりの，なんという便利なものができたものか，と思う． (国語1)

のように，文末は名詞述語か「のだ」や「もの」など，名詞相当の述語の構造をとることになっているが，これは，名詞として概念を一体化するということによると見られる(山田(1908)の感動喚体と関連づけられる).

次に，反語であるが，これは，

(215) 彼のような不勉強な学生が検定に合格するものか.
(216) あんなに遊んでいる彼がどうして受かるだろうか.

のような文である．前者は，あえて判定型の疑問形式を使うことによって，否定対極にある応答を想定させ，さらに強く主張するという修辞である(「ものか」は反語として定型化した表現と言える)．一方，後者は疑問詞疑問文であり，理由を考えても見あたらないという意味によって，やはりその否定対極にある主張を強くすることになっている.

感嘆文も反語も，文としては不確定な取り上げ方をしているが，話し手が本当にわからないという意味ではなくなっている点で，典型的な疑問文とは言えない．しかし，意味構造としてはやはり疑問文であり，いったんは当該情報が不確定であるという扱いをすることでそれぞれの修辞的効果を達成するものである(なお，否定疑問による形式については，後述する).

(b) 否定疑問文による「考え方」の導入

ここで，否定を含む疑問文について触れておく．例えば，

(217) 彼は犯人ではないか．

と言えば，発話現場で「彼は犯人ではない」という否定を含む内容があり，それを疑問として取り上げる場合もあるが，もう一つ，話し手が否定の疑問文によって自分の考えを提案することを表す場合もある．特に問題になるのはこの後者の場合である．明確に否定を含む内容があるわけではないが，その内容がまだ明らかなものとして共有されていないということを前提として，話し手の考え方を提案する場合に，その考え方が当該文脈でまだあらわなものとなっていないということを否定を含んで表し，それが成立するかどうかを疑問文として提示することになっているわけである．形式的には，名詞に「ではないか」という形が続くのであり，否定の認定の仕方に違いはあるが，基本的に否定のついた通常の疑問文として位置づけることができる．例えば，

(218) 彼がやったのではないか．

のような文は，話し手が「彼がやった」と思っていても，それが文脈内部であらわとはなっていないために「彼がやったのではない」という否定を含んで導入しつつ，その判定を要求するのである．

したがって，この形式は，自分が情報上の権威者でない場合の仮説の提出といった意味で使うことができる．例えば自動車の故障を調べている場合に，まったく専門的知識がない人が，専門的知識のある権威者に，

(219) エンジンの電気系統の故障かもしれない．

と言うことはできず，神尾(1990)の指摘するように「ね」などをつけて同意を求める形にしなければならないが，

(220) エンジンの電気系統の故障ではないか．

のような形ならば不自然さはない．この文は，仮説提示という点で典型的な疑問文とは違うにしても，基本的に疑問文としての応答要求力もある．そのため，それを一つの結論として述べてしまうのではなく，さらにもっとよい仮説があればそれを採用するという文脈で使われることが多い．こうした特性も含めて，否定疑問のこの用法は，矛盾対立する内容部分の併存関係を表すという疑問文

の意味から位置づけられるのである.

なお,付言ながら,この否定疑問文と関連するものとして,願望を表す定型形式もある.

(221) 早く太郎が治らないかなあ.

のような文である.これは,現実にまだ実現していないことがらを否定疑問の形で仮想的に描き出すことによって,話し手がコントロールできない願望を表すことになっている.

(c) 疑問文にならない叙法・付加形式

疑問文とは,それ以前の内容が,矛盾対立するものとして併存しているということを見たが,これはさらに,いくつかの叙法や,文末形式群との共起関係を説明する.

まず,命令形態の場合,意味的に聞き手に対して行為を指示するわけであるから,指示内容は確定している必要があり,命令形態と疑問文とは共起しない.(疑問文による意向の質問が結果的に命令として転用されるが,いうまでもなく,問題としては全く別である.) そのため,

(222) *どこに行け.

のような文は成立しない.なお,事態制御のモダリティであっても,意志形態の場合は,話し手自身がどうしようかと考えることができる点で,このような不確定な文はあり得る.また,「だろう」においても,聞き手の情報に依存しない疑問文を構成することは見た.

一方,推量表示形式群の場合,前述のように,

(223) *彼は誰かもしれない.

のように言えない.また,

(224) *たぶん,彼が学校に来たか.

のように,文末形式以外でも,蓋然性を表す副詞が疑問文と共起することはない.こうした現象は次のように考えれば説明できる.すなわち,推量の表現とは,「ある内容を述べるとともに,それに矛盾対立する内容も成立する可能性があることを暗示する」ものである.一方,疑問文は,「yes-no 疑問の場合は

肯定と否定，不定疑問の場合はその不定内容というように，矛盾対立する内容が，選択すべき関係として並列される」という関係である．そのため，疑問文の内部で，矛盾対立する内容の成立の余地を残す形式という態度を示すことは，背反する意味を構成することになり，論理的に不適切な文になるのである．

(d) 疑問型情報受容文

さらに，内容の選択関係として疑問文を見ることで，

(225) （勉強していて，ふと時計を見て）あ，もう 10 時か．

のような，形の上では疑問文でも意味的に疑問を表さない場合についての説明も可能である．この文は，実際は情報の導入という意味になっており，

(226) （勉強していて，ふと時計を見て）あ，もう 10 時だ．

という文と同じ文脈でも使える．しかし，

(227) #もう 10 時か，10 時ではないか．

のように対立する内容を続けられないほか（#は当該状況としての不適切を表す．以下同），原則として下降イントネーションでなければならない．また，

(228) 果たして，もう 10 時か．

「果たして」のような疑問文に共起する副詞が共起しないことなどの特徴もある（森山 1992c，後述）．こうした特徴がある文を，**疑問型情報受容文**と呼ぶ．

まず，ここで問題になるのは，なぜ疑問文と同じ形式が情報の受け入れという局面を表すのかという点である．興味深いことに，この疑問型情報受容文は，新情報との遭遇においていつも使えるというわけではない．例えば，偶然，太郎がけがをしたということを発見した場合，

(229) （遠くから太郎がけがをしたことを見て）あ，太郎がけがをした．

と言うことはできても，

(230) #あ，太郎がけがをしたか．

と言うと不適切である．仮にこの文が成立するとすれば，それは，例えばいかにも太郎がけがをしそうな予測があって，危惧していたとおり，やはり太郎がけがをした，といった何らかの先行する認識がある場合なのではないだろうか．

ここから，疑問型情報受容文は，それまで自分が疑問視したり推測したりし

1.8 疑問文(不確定)と選択関係 — 57

ていた認識(先行認識)を前提として，新情報を導入することで，自分の認識を書き換えることを表すという意味になっていると言える．つまり，(事実扱いの)情報を受け入れることで，それまでの先行認識と現実の新しい情報とが，いったん対立関係を構成するのであり，そこに疑問文という形式が使われる理由があると言えるのである．これは，情報受容の一つの過程としての一時的な対立関係と言い換えてもよいだろう．突如発見するような「新情報」との遭遇が，情報受容疑問文とはならないということは，それ以前の推測的認識との対照という意味関係が構成されないことによると説明できる．こうした意味は，選択関係意味論として提案した，疑問文の不確定という意味から説明できる．ここでも，「か」の基本的意味は，同じでないものがあって完全に一つに絞れていない，という意味としてまとめることができるわけである．

我々は，さまざまなことを無秩序に新しいこととして経験していくだけではなく，一方で世界のあり方について，ある種の認識上の枠のようなものを持っていて，未確認の推測も含め，ある種の見方を持っていると考えられる．そして，現実世界と対応して，我々は新たな認識を構成していくのである．自分の推測的な認識がある事柄について，事実的情報を受容する場合，そのまま瞬間的に認識の本体を書き換えるのではなく，ある種の対照の過程を経ることになる．そうした過程を表すのが，疑問型情報受容文の，自ら発見する用法である．このような情報の受容は基本的に個人の認識に関する発話であり，まさに，発話の現場での認識を問題にする．

付言ながら，情報の受容に対して，現実世界が我々の認識上の枠を外れてきわめて大きくずれている場合，我々は単純には受け入れられなくなる．これは話し手自身が疑うのであり，まさに疑問文の範疇に入ることになる．例えば，

(231) 彼は(本当に)先生か．

は，自分自身が疑念を持つと言える．情報の受容か疑問かの違いは，自分の認識と現実としての情報とのギャップの大きさの違いであり，疑問型情報受容文と疑問文とは連続性を持っていると言ってよい．

なお，ここでの議論は，例えば，意志や評価の暫定的な決定を表す疑問形にも関連する．すなわち，

(232) じゃあ，ま，今日は遊ぶか．

(233) 行こうか．

のような意志を表す動詞無標形（終止形）や意志形に「か」がついた形は，聞き手への疑問ではなしに，自分自身の意志決定の際の，対立する事態との一時的選択関係を表す．これも，我々の意識の一部で，対立する内容をいわば秤にかけるというダイナミックな心理状況として説明できるであろう．同様に，例えば，

(234) ま，いいか．

のように評価づけをする場合も，「か」があればそれが発話時では一種の仮の判断として扱うことになる．取り上げられている内容が事実としての扱いではない点で，情報の「受容」とは違っているが，対立内容の痕跡といった基本的な機構は同様である．

疑問型情報受容文にはもう一つの用法がある．例えば，

(235) A:「もう10時ですよ．」
B:「ああ，もう10時になりましたか／なったのですか／*なりました．」

のような，聞き手から情報を伝達される場合である．このように，当該情報を他から伝達された場合には，発見用法のように，先行する推測的認識がなくても，伝達用法の疑問型情報受容文が使える．相手が言ったことを取り上げるにすぎず，自分がどう思っていたかということは問題にならないからである．

これは，人から伝達された新情報は，自分で直接認定していない以上，論理的に，話し手にとって真偽の判断ができないということから説明できる．話し手にとって真偽の判断ができない以上，その現場の認識としては疑問文と同様，対立する内容の存在を含意せざるをえないのである（新情報受信における断定留保の原則とでも呼べる）．

もっとも，あまりに自分の認識上の枠から外れた情報が入って来た場合，その情報そのものを疑うことになる．例えば，

(236) A:「大変！あなたの家が焼けていますよ．」
B:#「あ，そうですか．」

のような応答は通常は考えにくいであろう．「え？　何だって」のように聞き返して伝達内容をチェックするか，いったんは情報を否定したりするのではないだろうか．新情報の受容は，自らの判断として断定しないという判断のあり方において，さらにその外側に問い返し的な疑問文と連続しているのである．

(e) 広義終助詞類化した否定疑問の「ではないか」

また，以上の議論に連動して，

(237)　おお，あれは太郎ではないか．

(238)　太郎があそこで本を読んでいるではないか．

のような，文末の「ではないか」(口頭語では通常「じゃないか」，以下同)にも少し触れておく必要があろう(田野村(1990b)に詳しい議論がある)．この形式は，文末付加形式として熟合しており，本来名詞に続くはずの「で」という形があるにもかかわらず，

(239)　彼が来たではないか．

のように，名詞以外の形式にもそのまま共起できる．

　意味的には，当該内容を主張し，さらに反語的な否定疑問でその確認を迫るような意味，すなわち再確認を表す形式と言える．いわば，

(240)　[主張内容]＋そうではないか

のような意味関係ととることができるが，

(241)　あ，ハンカチがよごれているじゃないか．(独り言・聞き手に対して)

のように，話し手自身の再確認としても，聞き手への確認要求としても使える．

　疑問型情報受容文との違いは，例えば，一人でビールを入れていて，

(242)　あ，溢れてしまったか．

(243)　あ，溢れてしまったではないか．

と言う場合に現れている．(242)は，それなりの危惧や懸念か，逆にそうはならないだろうという予想とがあったにしても，その情報をそのまま受け入れることを表す．一方，(243)は，特に先行する推測的な認識がなくても使え，また，その事態をそのまま受け入れているのではなく，非難や驚きといったニュ

アンスが読み込まれる．これは，「ではないか」が，話し手にとってすでに真としていったん認定されている内容に対して，「そうではないか」という再確認を付加するということから説明できるように思われる．再確認せざるを得ないような，あるいは，再確認したくなるような特別な内容であるという意味が，一つの文末形式として熟合していると見られるのである．したがって，例えば，

(244) やあ，太郎君じゃないか．（久しぶりに偶然会った場合）

という場合でも，単に「やあ，太郎君か」などと言うのと比べると，「じゃないか」はある種の意外性を感じさせる．これは単なる情報の受け入れではなく，再確認を経た情報の導入となっているからである．

「ではないか」は，モーダルな形式にそのまま付加することもあり，

(245) 行こうではないか．

のように意志形式にも共起する．この場合も，「行こう」という意志の形成に関して，「ではないか」によって再確認し，意志なり勧誘なりを強く表すことになっている．したがって，例えば，通常の文脈では，

(246) （「昼休みに食事に行こう」と誘われて）「そうだね．？行こうではないか．」

と言うのはあまり自然ではない．「じゃないか」が使われると，意志形成について再確認が必要な場合だという解釈になり，あらためて強く決意するようなニュアンスになってしまうからである．

以上，情報受容型疑問文や，熟合して文末付加形式となった「ではないか」のように，文字通りの「疑問」の枠がはずれるように見えるものも，選択関係の構成という疑問形式の基本的な意味とその派生として位置づけられるということを見てきた．

1.9 選択関係の仮説

以上，必要，推量，疑問といった形式の意味を分析したが，いずれも，大きく見れば，当該事態とそうでない事態の選び方のコメントとして，まとめることができる．

1.9 選択関係の仮説 ── 61

　価値判断的事態選択形式群では，まだ実現していない段階での事態，つまり「た／る」の対立がない段階での事態を当事者がどう選択するかというコメントとして，善し悪しの価値評価があること，といった特性がある．

　一方，推量表示形式群の意味は，否定的な想定事態の保存を表すものではあるが，やはり真偽の選択関係としてまとめることができる．すなわち，

　(247)　彼は来るかもしれない．

　(248)　彼は来るに違いない．

は，「彼は来る」という想定事態に対して，そうでない可能性もあることを導入する（そうでない可能性の度合いやその想定の様式は形式によってもちろん違っている）．その意味で，推量というのは，事態の真偽性に関わる広義の選択関係をベースにし，その真偽の唯一性をいわば放棄する（決めてしまわない）関係として把握できる．

　こう考えれば，価値判断的事態選択形式群と推量表示形式群との相互交渉も説明できる．例えば，「てもいい」において，選択候補を付加するという意味が，判断の適切性として拡張すれば論理的可能性（論理的に可能な事態の付加）を表し，可能性の有無を問題とするようなレベルで使うことになる．それで，例えば，

　(249)　3時に出たのだから，もう着いていてもいいね．

と言えば，論理的にそういう事態が成立し得るという判断（確実なことの表現ではない）になる．英語でも，'may'，'must' などが許可，必要などの意味と推量などの認識的な意味との両方を表示できるが，この論理関係は同様の説明が可能であろう．

　さらに，疑問という意味も，判断と判断の併存状態という，選択関係として整理できる．疑問文では，yes-no 疑問の場合は肯定と否定，不定疑問の場合はその不定内容，というように，矛盾対立する判断が，選択すべき関係にあるのである．つまり，

　(250)　彼は来るか？

　(251)　彼はどこへ行く？

のような文は，それぞれ，「彼が来るか，来ないか」「彼が $x_1, x_2, x_3, \cdots$ に行

く」というように，それぞれ対立することがらが，対立関係としてそのまま提示されており，不確定という意味を構成している．ただ，

(252)　a．彼は来るだろうか．
　　　　b．どこへ行こう．

のように，疑問文においては，「だろう」「う」のような判断形式を含めての扱いができる点で，「判断」段階での選択関係として把握する必要がある．

　以上のように考えれば，必要などを表す形式，推量，疑問は，それぞれのレベルの違い（テンスレスの事態概念，テンスを含む事態，判断レベルといった自立性の違い）があるが，いずれも，想定される内容とそうでない内容との広義の選択ないし選択放棄の関係として，統一的に把握することができる．こうした提案を，本章では**選択関係の仮説**と呼ぶことにしたいと思う．

1.10　「だろう」と判断形成過程

　以上の議論をふまえて，ここでもういちど有標叙法の「だろう」について検討してみたいと思う．

(a)　「だろう」は推量か

　「だろう」は従来「推量」の助動詞とされてきたのであるが，他の推量の助動詞と大きく異なる点がある．問題点はおおきく二つの問題としてまとめることができる．一つは，前節で取り上げた選択関係の分析から明らかになってくることがら，すなわち，「だろう疑問文の問題」というべき問題である．前述のように，推量形式は疑問文にできない．例えば，

(253)　*きっとどこに違いない．

のように言うことはできないのであった．一方，

(254)　どこだろう．

のように，「だろう」は疑問文でも使える．「だろう」の用法は，この点で，他の推量形式と同じではないのであるが，この問題は，「だろう疑問文の問題」と呼ぶことができる．

もう一つは,「だろうの確認用法の問題」というべき問題である．すなわち，従来「推量」を表すと言われてきたにもかかわらず,「だろう」には，例えば，

(255) (高価なおもちゃをねだるとき)「このまえ買ってあげたでしょ.」と言われて…　　　　　　　　　　(さくらももこ「ちびまる子ちゃん」)

のような確認要求の意味もある．当然，これは推量とはまったく異なった意味である．同じ形式がどうして確認という意味をもつのかということも問題になるのである．

では，これらの「だろう疑問文の問題」「だろうの確認用法の問題」はどう統一的に説明できるのであろうか．

(b)「だろう」疑問文

まず,「だろう」疑問文の問題について考えることから始めたい．例えば，

(256) 今何時だろう．

の意味を考えてみると，必ずしも聞き手に対して情報の要求をしていなくてもよいということがわかる．例えば，相手が何も知らない場合に，通常の疑問文を「質問」として発することは，

(257) #(明らかに時間を知らない人に対して) 今何時？

と言えないように適当ではないが,「だろう」疑問文ならば適当である.「今何時だろう」という発話は独り言でも言える．つまり，無標の疑問文にあるような，聞き手の情報に依存するという意味が，この「だろう」疑問文の場合に出てこないのである(これを**聞き手情報非依存型の疑問文**と呼ぶことができる)．

この意味は，「だろう」が確定的な結論を出さなくてもよいという意味をもつということから説明できる．すなわち，ここでの「だろう」の意味とは，まだ考え中であって，現実としての結論を出さない述べ方をするといったものであり，疑問文としても，そういった非現実な述べ方を対立関係として示すことになる．そのため,「だろう」疑問文は考え中としての非現実な述べ方による疑問文を構成する．この考え中という非現実な意味は，判断を形成する過程(**判断形成過程**)と言い換えることができるのであるが，これは,「行こう」のような勧誘形式にも共通する特性である．

従来「推量」とされた意味も,「だろう」の本質的な意味は,判断形成過程にあって,最終的な結論ではない,というところから説明できる.また,そう考えると,「だろう」の意味も,推量としての意味,つまり,「そうでない可能性の存在」だけを表す形式と見るべきではないということになる.実際,「だろう」が話し手の不確実的な判断を表す場合でも,テンスによって叙述内容の事実性とでもいうべきものが規定され,「非過去条件」と呼ぶべき条件が必要である.

すなわち,「だろう」が不確実な判断を表すように解釈できる場合,仮定文やテンス的に現在未来のことといった条件が必要である.例えば,朝起きて,

(258) #昨日,雨が降っただろう. cf. 明日,雨が降るだろう.

のように,過去の事象について言う場合,「だろう」の意味は,いわゆる推量の意味としては解釈しにくい.あえて過去のことを不確実なこととして判断する場合には,

(259) 昨日この地方で雨が降ったから,あの地方でも,雨が降っただろう.

(260) もし,台風が来ていれば,あの地方でも雨が降っただろう.

(261) 昨日雨が降ったのだろう.

のように,空間を別の未知のものとして設定したり,仮想したりするなどの条件,もしくは「のだ」「からだ」のように,事情や理由を推論するような条件が必要である.これらの条件によって,いずれも,確認できない情報内容を扱うという文脈が構成され,その文脈のもとで,判断形成過程を表す「だろう」が「そうでない可能性の存在」を論理的に表示できるにすぎない.この点で,

(262) 彼はあのとき,帰ったに違いない.

のような推量専用の形式と「だろう」とは大きな違いがあるのである.

(c)「だろう」の確認用法

さらに,「だろう」の確認用法の問題についても,同様に,判断形成過程として考えることで説明ができる.まず,「だろう」は,内容的に聞き手に情報があると見なされる場合や,すでに確実なこととして話し手に把握されている場合,聞き手の情報に依存する文となる.例えば,

1.10 「だろう」と判断形成過程

(263) 君は来月，社長になるだろう．

が聞き手の了解している予定の場合，「だろう」は，尋ねるような意味になったり，

(264) 君は去年社長になっただろう．

のように，聞き手がすでによく知っていることを取り上げれば，確認を押し付けるような意味になってしまう．つまり，聞き手に関連する情報であれば，聞き手に情報的に依存し，同意を要求することになるのである．逆に言えば，「だろう」が純然たる推量を表すには，内容として取り上げられることが，話し手にとって本来的に未知のことでなければならないだけでなく，さらに，聞き手が存在しなかったり，存在していても聞き手に確実な情報があると仮定せずに話すという条件が必要である．同じ文でも，（予定などではなく）例えば占いなどの文脈で，聞き手も未知のこととして言う場合，

(265) 君は将来社長になるだろう．

は，推量の意味として解釈される．

　以上のような現象は，次のように説明することができる．すなわち，「だろう」は，談話現場で判断を形成する過程を表すのであり，判断形成であるゆえに，聞き手もその判断の成立に参画することができる．そのため，その内容に関する情報を持った聞き手が談話現場にいれば，その聞き手を判断の形成に参加させることになる．これは意志形において，話し手の意志が聞き手をも含んで勧誘になるのと同じ原理である．（これを逆に言えば，「だろう」が純粋に推量の意味を表すには，その内容についての聞き手の情報に依存しないという条件が必要だということである．）

　「だろう」は「まだ決まっていない」「考え中である」ということ，すなわち，発話現場での判断形成過程を表すのであり，聞き手を判断形成に参画させる情報内容であれば，聞き手も共通理解に達するように促すことになる．これが確認用法の本質である．

　さらに言えば，これには二つのタイプがある．一つは，例えば，

(266) 君も疲れただろう．

のように，聞き手の方が情報に近接しているという条件で共同での判断を形成

する「伺い型の確認」と言うべき用法である．この場合には，同意を想定して，「だろうね」という形式が可能である．
　もう一つが，
（267）　ほら，ちゃんと僕一人でできただろう．
のように，話し手がその内容を確実なこととして把握しているにもかかわらず，聞き手がまだ共通理解に達していないとして，聞き手をわざと同じ理解へ誘導する「押し付け型の確認」と呼ぶべき用法である．
　また，「じゃないか」による再確認に比べ，
（268）　乗客「奈良行きの切符を下さい．」
　　　　車掌「奈良ですね．」
　　　　乗客「大阪まで何分かかりますか．」
　　　　車掌「え？　奈良でしょう．／*奈良じゃないですか．」
　　　　cf.「奈良じゃないのですか」
のように，「だろう」は，あえて結論を出していないという段階でとどまることになっており，話し手がそれを正しいこととして認識するという意味にはなっていない．もし，この場面で「奈良じゃないですか」と言えば，前述のように，話し手がそう思っているという内容についての再確認となり，話し手は「（行き先が）奈良である」ということをすでに正しいと認識していることになる．これらに対して，「奈良じゃないのですか」は単なる否定の疑問であり，もう一度聞き返すことになっている．
　以上述べたように，「だろう」の確認用法の問題は，「だろう」が，確定的な結論に至っていないという述べ方（判断形成過程という非現実的な述べ方）をするものであると考えることで説明できる．これは，「だろう」疑問文が，結論を出さなくてもよいということとも関連するのであり，「だろう」疑問文の問題も解決する．これは，「だろう」が推量を表す助動詞だとする「通説」を見直すことにつながる．先に選択関係から分析したように，推量の意味を論理的に考え，ここで分析したような特性を考えるならば，「だろう」は推量形式と言うべきではないということになるのである．なお，意志形も「だろう」も発話時における話し手の「未決定」「判断形成過程」という認識を表し，有標の

非現実の最終文末として同じように位置づけることができる(次節参照).

1.11 意志形のモダリティと判断形成過程

以下,基本叙法を中心としつつ,表現機能に着目して,意志の文(本節)と命令・依頼の文(次節)について検討してみたいと思う.その中で基本叙法としての意志形や命令形の形式の意味用法上の特性がさらに明らかになると思われる.

(a) 意志形

「～しよう」のような意志形は,話し手が主語として動作を行うことを宣言する文を構成する.これには,

(269)　じゃあ,僕が行こう.

のように,話し手だけが主語の場合と,

(270)　一緒に帰りましょう.

のように,聞き手と話し手がともに主語の場合とがある.

(271)　間違いを発見した人は係まで連絡しましょう.

のような文でも,「ましょう」が含まれる以上,話し手は含まれており,「間違いを発見した人」に話し手がなる可能性もあるという意味になっている.

(272)　*あなたは行きましょう.

が不自然なのに対して,

(273)　あなたも行きましょう.

と言うことができるが,これは,主語を「も」で取り上げると,話し手も主語に含まれることになるからである.こうしたことから,勧誘の意味があるにせよ基本は話し手の意志であると見るべきである(本稿ではしたがって意志形と呼ぶ).

意志形は,非現実であることを表す有標の叙法であるが,具体的には,

(274)　先生,休みましょう.

のように提案としての発話や,

(275)　この仕事は明日にまわそう.

のように，自分一人で考える過程をそのまま表せる．いずれも，これからの行為について考えている過程を表すことになっており，まだそのような行為をするということが結論として決められているわけではない．勧誘として聞き手をも行為の主体に包含できるのは，まさに行為遂行について考えている過程を表すという意味があるからである．

意志形の表すこうした意味は，判断形成過程として「だろう」と同様の位置づけが可能である．判断を形成している段階にあるからこそ，聞き手に関わることであれば聞き手もその判断の形成に参加することができるのであり，これが勧誘という特質を説明する．「勧誘」は，「だろう」が聞き手の判断を巻き込むことで確認を表したことと平行する現象と言える．

なお，意志・勧誘の「しよう」は，話し手の行為について考えている途中を表すだけであり，その内容に不確定な内容を含むことはできる(「どこに行く」は聞き手に質問する意味であり，独り言で言うことは不自然であるが，「どこに行こう」はそうではなく，独り言でも言うことができる)．

(276) どこに行こう．

(277) 飲みに行こうか．

(b) 無標スル形による「意志告知」

話し手だけの意志の場合，意志動詞の無標のスル形，すなわち，

(278) じゃあ僕が持つ． cf. じゃあ僕が持とう．

のように言っても意志を表せる．もっとも，「～する」は無標の形態，つまりただの非過去形の終止形で，形式としては断定の文と言える．この場合，特に自分の意志として決めたこと(その場で決めたことでもよい)を表す．すでに決定したという確実な述べ方になるために，自分の意志を言う場合でも，決定権があって決めてしまうような意味になる．そのため，例えば，

(279) この方針を採用する．

などと言えるのは，最高権力者であろう．また，

(280) (友人と一緒にビールを飲みにいく文脈) ？今日はここでビールを飲む．

　　　　cf. 今日はここでビールを飲もう．
などと言えば，相手の意志を無視することになる．
　おもしろいことに，この形式は，基本的に独り言では使えない．
　(281)（だれもいない部屋で）＊僕は帰る．
というと不自然なのである．これは，無標形が話し手の意志によって統制される，確実な未来の出来事を表すために，話し手にとっては完全に自明な情報であり，聞き手に知らせるということでしか意味をなさないことによる．
　ただし，この文は，その場で決めたことを表すこともできる．
　(282)（太郎も行く，と聞いて）じゃあ，私も行く．（話の現場で決心したという意味）
という場合，表現としては，すでに決まった意志を表すことになるが，「じゃあ」によって導入した判断情報を利用する点で，その場で決めたという意味になる．この点が，次の「するつもりだ」などとの違いとなっている．

(c)「するつもりだ」と意志決定の三段階説

　「するつもりだ」も，すでに話し手が決めたことを，ほかの聞き手に聞かせる場合に使われる．では，どう「する」などの無標形とどう違うのであろうか．結論から言えば，「つもり」は，話し手の「つもり」という「記憶された意向」を表す．そのため，その場で決めたような言い方はできない．例えば，
　(283)＊よし，わかった．じゃあ，僕がやるつもりだ．
のようには言えない．これは，
　(284)　前から僕がやるつもりだった．
のように，期間成分と意志の「つもりだ」とが共起できるということからも明らかである．
　なお，「するのだ」という形は，期間成分の共起はないが，やはり，
　(285)＊よし，わかった．じゃあ，僕がやるんだ．
というようにその場での意志の宣言は不自然であり，「つもりだ」と同じく，その談話のセッションでの意志決定は表せない．基本的にその意向が記憶されている場合に使われる形式としてまとめることができるであろう．

こうした，記憶された意向の「つもりだ」もあわせて考えれば，日本語においては，話し手の意志決定の段階は，次に示すように，三つの段階に分けることができる．今，その意志を形成している途上にあるという，「しよう」という意志形，そして，意志決定が終わったことを告知する「する」という無標の形，さらに，意志決定が終わったということに加えて，その意図がすでに成立していたということを表す「つもりだ」，の段階である．

(286) 判断形成過程　意志形
　　　意志決定の告知　無標スル形
　　　意志的行為の記憶された意図の告知　つもりだ

なお，付言ながら，この三段階には，「と思う」などによる意志の表示にもあてはめることができる．まず，「行こうと思う」は，独り言で言えない．

(287) *今から買い物に行こうと思う．（独り言で）

ここから，この形式は，思考過程ではなく，すでに決定ずみの意志を表すと言える．また，意志決定権もあり，すでにそう決めたという意味がある．そのため，

(288) #社長，我が社はこの方針で行こうと思います．

のように，仮に平社員が発言すれば，不適当になる．さらに，

(289) それじゃあ，僕も行こうと思う．cf. *行こうと思っている．

という発話現場での決心を「ようと思う」が表せるということから，基本的に「しようと思う」は，「意志決定の告知」の段階を表すと言える．ちなみに，状態化した「しようと思っている」となれば「じゃあ」と共起してその場での意志決定を表せず，「意志的行為の記憶された意図の告知」の段階にあたると言える．

以上，非現実の有標叙法である，意志形を中心としつつ，関連する形式を分析し，意志決定の三つの段階を抽出した．非現実を表すとして位置づけた意志形は，基本的に判断を形成している過程を表すということが明らかになったのではないだろうか．

1.12 命令形と命令表現

　命令形は，非現実の有標叙法として，聞き手が主語となる事態への行為拘束を表す．しかし，表現機能に着目すればほかにもさまざまな形式がある．なお，意味的には，目下の人に敬意の気配りなしで言うのが「命令」，相手に丁寧にお願いするのが「依頼」という区別がなされる．また，聞き手に動作をしないように言う表現は「禁止」であり，否定の入った命令である．しかし，いずれの場合でも，基本的な聞き手拘束という意味は同じであり，ここでは特に区別はしない．なお，相手の利益になることを命ずる場合には「勧め」と呼ばれることがある．

(a) 命令形
　命令形そのものは，聞き手への直接的要求となるので，待遇的にはたいへん低く，ぶっきらぼうな言い方になる．例えば，「しなさい」と言う命令形式は，本来，「なさる」という尊敬語形式の命令形「なされ」を出自としているが，命令としての意味が固定化するなかで，「なされ」から「なさい」へと音変化を起こすと同時に，意味的にも尊敬語としての高い待遇はなくなっている．例えば，

　(290)　先生が発表をしなさる．

と言えるのに対して，先生に，

　(291) #発表をしなさい．cf. しなされ．

などということは不適切である．これは聞き手のコントロールという発話行為的な意味が，本来高かった待遇的な位置を変化させた例と言える．なお，「お〜なさい」という形式は，命令形態に尊敬形式を共起させることで，文体的に上品になるが，それでも基本的に次のような目下相手の発話でしか使われない．

　(292)　お黙りなさい，あんたそんな不浄な金で学校にあがってるんですね．

　　　　　　　　　　　　　　　　　　　（長谷健「あさくさの子供」）

(b) 命令と利益

また，話し手が要求するという意味から，命令形は当該内容を話し手の利益としてとらえることにつながり，これが「てくれる」という受益表現(「～てくれ」「てください」)の使用となっている．しかし，「てくれ」という形態自体は，直接的な常体の命令表現であり，文体的位置はたいへん低い．そのため，「てくれ」にかわって，「ちょうだい」という漢語による命令形式の代用や，言い切らずに軽く切る「～して」のような連用形命令の言い方が，いわば「てくれ」の命令形回避の形として一般化している(森山1999)．こうした現象の根幹には，やはり，聞き手のコントロールという意味をもつ裸の直接的な命令形態の回避という共通の流れを指摘することができる．

なお，「下さい」の用法のうち，特に注意すべきものとして，「お～下さい」がある．これは，「お～」という尊敬形式に聞き手行為を拘束する「下さい」という命令形態が付加したものであるが，

(293) *ちょっとお手伝い下さい．

のようには言えず，

(294) どうぞお入り下さい／切符は正しくお求め下さい

のように，勧めの場合，つまり，その行為が聞き手に利益になる場合や公共の利益になる場合に使うのがふつうである．さらに，勧めでない場合にも，

(295) 命だけはお助け下さい．

のように，強い懇願を表す場合などに用法が限定される．

これは，高く待遇すべき相手に対して，明確に強制するという意味になっているからであり，「お～下さい」の使用は，高い待遇的価値をもつ相手に強制してもいい内容，あるいは強制せざるを得ないような内容に限られている．ここで言及した聞き手の負担か聞き手の利益かという問題は，命令という発話行為のあり方を規定する上で非常に重要な要因となっている．相手に負担を要請するかどうかは，「どうか」「どうぞ」の用法の使い分けの重要な要素の一つとなっているし，また，「ちょっと」「少し」のような負担軽減化の副詞の共起にも関連している．また，答え方としても，「結構です」のように答えられるのは勧めの文(利益付与)に限られ，「構いません」のように答えられるのは負担

1.12 命令形と命令表現——73

の要求を表す命令文に限られる．

(c) 命令と現場状況

なお，発話現場で聞き手の行為を要求するのが命令形態であるが，おもしろいことに，行為要求という言語行為と当該発話の現場との関わりを考えれば，大きく，「現場命令」と「命令内容告知」というプロトタイプを考えることができる．

現場命令とは，

(296) よし，座れ．

のように，その現場での行為実現を求めるものである．この場合，返事だけをして行為が伴われなければ，命令という言語行為の効果は未達成ということになる．さらに下位区分をすれば，「よし，行け」のように，「きっかけサイン」として使われるものと，「こら，座れ」のように，相手が逸脱していることを前提として，「違反矯正」として使われるものとがある．特に，例えば(Lは下降のイントネーション．以下同じ)，

(297) しゃべらないで下さいよ(L)．

のように「よ(L)」が共起すれば，相手に特に強く要求するという意味になり，聞き手が現在違反状態にある，あるいは，話し手の要求が相手の意向とずれているという意味が強く出る．これは，「よ(L)」が話し手，聞き手間の意見の不一致を前提とした伝達という機能を表すことによると考えられる(井上1993の「矛盾考慮」)．

一方，これに対して，「命令内容の告知」は(Hは上昇のイントネーション)，

(298) くれぐれも，油断しないで下さいよ(H)．

(299) 何かあったら呼んで下さいね．

のように，同じ命令でも，当該現場での行為実現の要求ではなく，要求の意図を告知することに重点が置かれたものである．この場合，現場での行為に直接反映していなくても，聞き手はその話し手の要求する意図を理解するだけでよい．特に，確認や伝達に関わるという終助詞，「よ(H)」や「ね」が付加する場合，命令の意図の伝達という意味になることが多い．ただし，この意味は，

形式に絶対的に投影されているわけではなく，

(300) ちょっと，君，静かにして下さいね．授業中ですからね．いいですね．

のように，聞き手が直ちに従うべき内容であれば，「ね」によって確認することを表す場合にも現場での即時行為実行の要求になる．

(d) 転用形式

次に，命令形態以外の形式が，命令形と文脈を共有する場合，すなわち，命令形のモダリティ以外の命令表現について考える．

(1) 行為提示系

まず最初に取り上げるのが，動詞のスル形によって行為内容をそのまま提示することで，命令という発話行為での解釈がなされるものである．例えば，

(301) 早くする．

は，話し手と聞き手の間に，命令者，被命令者という関係が成立している場合に限り，命令表現としての解釈ができる．行為をそのまま提示することによって，聞き手が命令として解釈するように期待する文と言える．

こうした行為内容提示による会話の協調性の原則（特に関与性の関わり）から，無標のまま聞き手に行為内容を示すという意味が，相手が命令内容を適切に理解していないという含意を導出するので，相手が違反状態にあるという文脈で「違反矯正」として使われるのがふつうである．

なお，おもしろいことに，この形式は，

(302) #早くするよ．（行為指示としては不自然）

のように，聞き手への伝達を表す「よ」「ね」が付加すれば，もはや命令を表す行為内容提示としての意味を持たない．単に動作概念を提示するという意味になっているからであろう．

同様に，

(303) 何をしている，早く行くんだ．

のような「のだ」も，相手がその状況にあるということを表し，行為指示としての解釈が可能である．ただし，まったくの動詞終止形とは違っており，

(304)　よし，今だ．行くんだ．

のように，合図としての用法も可能である．また，違反矯正という意味でも，

(305)　何をしている，さあ，はやく行くんだよ(L)．

のように使える．この場合には「よ(L)」を共起させることができる．

　行為内容の提示の中でも，特異な形式として注目されるのが，

(306)　論文は締め切り時間までに提出すること．

のような「こと」による行為提示である．これは，一般に書き言葉として定着した表現であり，必要なことがらを提示しておくという用法で使われることが多く，違反矯正と言うべき意味はない．

(2) 願望要求系

　次に，話し手の要求をそのまま述べるものとして，

(307)　君に行ってもらいたい．

(308)　すぐに行ってほしい．

のような形式もある．これらは，話し手が聞き手の行為を希望するという意味が，行為要求として解釈されるということであり，聞き手に対して行為の強制力がある場合には，

(309)　どうか君に行ってもらいたい．

のように，「どうか」などが共起できるように，命令としての発話行為的意味を持つ．ただし，あくまで願望を述べるものであり，告知的命令として行為要求の意図だけを表す場合には，むしろ，

(310)　君に行ってほしいね．

のように，直接的な命令としての解釈は受けない．同様に，聞き手に対する行為の強制力がない場合，例えば，

(311)　先輩に早くきてほしいです．

のような文は，その点で，仮に聞き手の行為に対す願望を表す発話であっても，命令の転用形式として扱えるだけの行為拘束にはならない．

(3) 疑問・仮定による依頼表現

　聞き手に対して負担になる内容の場合，

(312)　〜して頂けますでしょうか

(313)　〜して下さいませんでしょうか

のように，疑問文によって相手の都合を聞き，間接的にお願いをすることができる．自分が利益を受けるという関係を明確にし，相手の意向をなるべく丁寧に尋ねることで，いわば相手を断りやすくし，命令の強制力を減殺することで，丁寧な待遇的意味を持った依頼文を構成する．

　ただし，疑問系の中でも，

(314)　さっさと行かないか！

のような常体の否定疑問は，要求内容が未実行であることを否定疑問によって取り上げることになっており，目上には当然使えないし，相手が違反状況にあるという意味を表し，いらだったニュアンスがある．

　次に，仮定条件による依頼表現であるが，

(315)　お返事を頂けましたら幸いです．

のように，仮定条件として依頼内容を言い，後件に自分がそれを欲するという内容を述べることになっている．これも，相手に強要しない言い方として，丁寧な依頼となっている．

　これらの形式は相手への強制力を減殺するものなので，次のように，聞き手の利益を言う「勧め」の場合には，相手を断りやすくしてしまう点で不自然になる．例えば，

(316)　＊お茶でもお飲みいただけませんでしょうか．

のように言えば不自然（変）である．

(4)　遂行動詞系による命令表現：「命ずる」「頼む」「お願いする」

　最後に，命令の遂行動詞を取り上げたい．遂行動詞とは，言語行為そのものを表す動詞であり，スル形で言えばそのまま命令などの言語行為をすることを表す．

　「頼む」は，本来「頼りにする」という意味から，いわば面子の肯定的側面での気配り（positive politeness）を表す形式である．「連絡を頼む」のように，行為内容が明示される場合もあるが，「娘を頼む」というように，要求内容の名詞が位置し，その処理，処遇という語用論的解釈にゆだねる場合がある．「お願いする」は，本来神仏に心中で祈る意味であったのが，行為要求として

の意味に転じたものである．謙譲語のない形の「願う」だけでは依頼の意味をもたず，敬語形態と共起することによって，命令の遂行動詞という意味を表すことになっている（ただし，「する」を省略した「お願い」という形もある）．この場合も，「をお願いする」のように，名詞一語を行為要求にかかわるものとして取り上げることになっており，実際の意味は，

(317) 鉛筆をお願い．
(318) あとのことをお願いする．

というように，解釈に自由度がある．

(e) 命令表現と命令形

以上述べたように，命令形とは現実を制御する形態であるが，特に聞き手への行為要求という意味から，待遇表現的価値の低下が認められる．そのため，命令形以外の形式が要求を間接的に行うことになっており，疑問，仮定，願望といった形式を発達させている．ただし，行為提示の形式は，聞き手へ命令としての解釈を強制させる点で，むしろ直接的な要求表現と言うべきであることを見た．こうした特性が違反矯正などの状況にも関連している．

1.13 まとめと展望

以上，本章での議論では，従来広くモダリティの文末形式とされるものを大きく二つのタイプに分類した．一つは，最終文末の形態をもとにした基本叙法であり，命令形，意志形，ダロウ，そして終止形である．ここでは現実と非現実，認識と事態制御という2通りの観点が必要なことを述べた．もう一つは，「なければならない」などの必要，「かもしれない」などの推量を表す付加形式や疑問文の構成である．これは，選択関係の仮説として，事態の価値判断的選択，真偽判断的選択というように整理できるのではないかということを提案した．

そして，それぞれの叙法の特性に応じて，不確定内容の共起（疑問文としての意味），必要や許可といった価値判断的事態選択の共起，「かもしれない」な

どの推量形式の共起,がある.また,形式の形態的な整理として,「る／た」の対立関係や形式名詞(「のだ」など)の位置づけが関連することもみた.

　こうした形態の整理は,意味にも対応している.文のタイプとしては,基本叙法が現実と非現実との関わりを表すのに対し,事態のあり方を表す付加形式群と疑問形式は,そこで述べられた事態とそうでない事態間との関係を設定するものとしてまとめられる.

　非現実を表す意志形と命令形については,基本的な形態をもとにしつつ,表現的に交渉のある様々な形式について対照し,表現的なアプローチが必要であることを示した.意志決定の三段階説や,命令の状況との関わりなどは,ささやかながら,その成果の一部と言えるかもしれない.また,意志形の意志と勧誘という用法に対応して,「だろう」の「推量的」な用法と確認用法を位置づけ,いずれも未決定な述べ方として位置づけられることも述べた.

　さらに,付加形式と疑問文などの意味の分析においては,選択関係の仮説からの統一的な説明を試みた.すなわち,必要,許可などは,事態概念レベルでの事態の価値判断的な選択関係を表すものと言えるし,推量や疑問は,事態の認識レベルでの,真偽に関する選択関係と言える(推量の場合は,むしろ,「唯一性の放棄」ということになる).これらは,評価副詞の作用領域の中にはいるかどうかなど,表現の「対象性」のレベルの違いがあるだけで,広義の事態の選び方として統一的に考えることができるのである.これによって,それぞれの形式の意味・用法が説明できるほか,必要から推量への移行関係,疑問と推量との非共起,情報受容の諸相など,様々な形式相互の現象も整理できるように思われる.

　モダリティの研究は,文成立論に関わる形式整理の段階から,「文脈状況」と言語表現との関係の解明へ,そして,意味のラベル的記述,現象の「発見」の段階から,現象の「説明」と「整理統合」の段階へと,今まさに大きな飛躍をする段階にあると言えるのではないだろうか.

2
認識のモダリティとその周辺

2.1 命題とモダリティ

本章では，認識のモダリティを中心とした命題めあてのモダリティについて述べる．

まず，**命題**(proposition，言表事態)と**モダリティ**(modality，言表態度)について，ごく簡単に触れておく．命題とは，おおよそ，話し手が外界や内面世界との関係において描き取った，客体的・対象的な出来事や事柄を表した部分である．それに対して，モダリティとは，おおよそ，言表事態をめぐっての話し手の捉え方，および，それらについての話し手の発話・伝達的態度のあり方を表した部分である(モダリティ全般についてのいくぶん詳しい説明は，仁田(1991)を参照)．たとえば，

(1) ねえたぶんこの雨当分止まないだろうね．

でもって，命題とモダリティを示せば，[コノ雨ガ当分止マナイ]コトが，この文の命題に相当し，[ネエタブン……ダロウネ]がモダリティを担っている部分にあたる．命題が，モダリティに包み込まれ，モダリティを帯びることによって，文が成立する．

さらに，モダリティは，**発話・伝達のモダリティ**と**命題めあてのモダリティ**とに分かれる．たとえば，

(2) どうか僕に力を貸して下さい．
(3) この夏一緒に北海道に行こう．
(4) もう秋田は寒かったかい．
(5) このケーキ，おいしいね．
(6) たぶん明日は晴れるだろう．
(7) やっぱり僕が間違っていたのかな．

を例に取れば，(2)の文に観察される依頼や，(3)が表している誘いかけ，(4)の問いかけ，(5)の同意要求が，発話・伝達のモダリティの例であり，(6)に出現する推量や，(7)の疑いが，命題めあてのモダリティである(もっとも，こう述べたからと言って，(6)(7)が発話・伝達のモダリティを帯びていないという

わけではない).

それぞれのモダリティは，概略，次のように規定できるだろう．発話・伝達のモダリティとは，言語活動の基本的単位である文が，どのようなタイプの発話・伝達的な役割・機能を担っているのか，といった発話・伝達の機能類型や話し手の発話・伝達的態度のあり方を表したものである．それに対して，命題めあてのモダリティとは，話し手の命題(言表事態)に対する把握のあり方・捉え方を表したものである．

2.2 命題めあてのモダリティの体系と構造

ここでは，命題めあてのモダリティについて，その下位類にどのようなタイプがあり，それらがどのような相互関係にあるのかを見ておく．まず，命題めあてのモダリティを，**認識**(epistemic，判断)**のモダリティ**と**当為評価**(deontic)**のモダリティ**の2類に分けておく．

認識のモダリティとは，文の内容である事態を，話し手がどのような認識的な態度・あり方で捉えたのか，といったことを表したものである．言い換えれば，事態成立に対する話し手の認識的な捉え方の表示である．

(8) テロは憎しみをあおり，報復と対立の激化を招くだけだ．
　　　　　　　　　　　　　　　　　　　　(朝日新聞・社説 1985.6.3)
(9) 郡山市のちかくまでは行けるだろう．　(松本清張「留守宅の事件」)
(10) 「うん，都合によったら，泊まってくるかも知れない」
　　　　　　　　　　　　　　　　　　　　(水上勉「赤い毒の花」)
(11) どうやら秀夫とジョーの間には，別のヤバイ話があったようだ．
　　　　　　　　　　　　　　　　　　　　(斎藤栄「外人墓地の時刻表」)
(12) 「家を建てたおじいさんは，わたしが生まれる前に死んでいたというから，そのころはいなかったはずだわ」　(仁木悦子「虹色の犬」)
(13) 「日本は，もう沈んでしまったのかな？」(橋本忍「シ・日本沈没」)
の下線部によって表し分けられている，確かなものとして捉えたり，想像の中で捉えたり，生起の可能性のあるものとして捉えたり，ある状況を根拠にして

2.2 命題めあてのモダリティの体系と構造

捉えたり，論理的必然性のもとで捉えたり，事態成立を疑ったりする，などといった，事態成立に対する話し手の認識的な態度・捉え方が，認識のモダリティである．認識のモダリティの体系，さらに，個々のモダリティ形式の意味と文法的特徴については，後でいくぶん詳しく述べる（例文の後に上げてあるのは出典である．「シ」は「シナリオ」の略である）．

次に，当為評価のモダリティについて見ておく．本章では，「ナケレバナラナイ」「ベキダ」「（セ）ザルヲエナイ」「（スル／シタ）ホウガイイ」「（シ）テモイイ」などといった形式を，当為評価のモダリティを表す形式として位置づけている．以下，少しばかり当為評価のモダリティの実例を挙げる．

(14) 「ぼくはこんな状態から逃出したい．君だってそうだろう」「そうよ．早く脱出しなければならないわ」　　　　　　（安部公房「闖入者」）
(15) 「きみたちは労働者だ．労働者は団結しなければならない．ね，きみたち，組合をつくりたまえ，組合を」
　　　　　　　　　　　　　　　　　　（古山高麗男「プレオー8の夜明け」）
(16) ……たとえば，とにかくこの地球上に四十億近い人間がいて，つまり原則として二十億近い男女の組合わせができていなければならないとすれば，それにみんな灼熱の大恋愛を要求し，そしてそれができないのは人間失格みたいに言うのは，どうかな，なんて思ってしまう．
　　　　　　　　　　　　　　　　（庄司薫「赤頭巾ちゃん気をつけて」）

などが「ナケレバナラナイ」の例である．そして，

(17) 「食わなければならないんだ」「そうとも食わなきゃおなかがすくよ．絶対食うべきだ．なにも遠慮をすることはないじゃないか」
　　　　　　　　　　　　　　　　　　　　　　　（安部公房「空中楼閣」）
(18) 政府は自分たちの都合を優先させるのではなく，どの補助金を削るか，府県，市町村の意向を重視すべきである．
　　　　　　　　　　　　　　　　　　　　（朝日新聞・社説 1985.2.27）
(19) 「ないとは言っていない」と，その人は言いました．「極楽浄土は，あります．あるべきだ．死ぬんだから．誰でも……」
　　　　　　　　　　　　　　　　　　　　　　　（吉田知子「無明長夜」）

などが,「ベキダ」の例である.「ナケレバナラナイ」にしても「ベキダ」にしても,(14)や(17)のように,意志動詞を取り,特定主体を持つタイプでは,主体が行為遂行の義務や必要性を有している,といった意味合いを帯びる.それが,(15)や(18)のように,意志動詞を持ち,総称的な主体を取るタイプでは,総称的な主体がそのような行為を遂行する義務や必要性を有している,と捉えられているとともに,事態の実現そのものが当然であり妥当性を有している,といった意味合いへと傾く.事態への価値的評価といった意味合いを帯びる.さらに,(16)や(19)のように,物・事主体の無意志的な事態の場合は,事態実現の論理的当然性や事態実現の妥当性・必然性といった意味を表す.事態実現に対する評価的な捉え方といった意味合いが強くなる.

引き続き「(シタ)ホウガイイ」と「(シ)テモイイ」の例を一二挙げておく.
(20)　きみたち早くフランス本国に帰ったほうがいいよ,頑固な親たちを説得するのは大変だろうけれども,あの光栄ある伝統の国に戻ることに,何の支障もないではないか,……　　（清岡卓行「アカシヤの大連」）
(21)　吉岡は,優秀な宇宙航行士は,あらゆる事態に対して処理できる,広範な体験をもっていたほうがいいと思った.
　　　　　　　　　　　　　　　　　　　　　（小松左京「お茶漬の味」）
(22)　「いまは忙しいわけでもないから,話して気が晴れるなら,そこで話してもいい」　　　　　　　　　　　　　（星新一「ボッコちゃん」）

などがこれである.これらの形式も,主体や動詞のタイプによって,主体への行為遂行の勧めや許可といった意味合いを帯びる.これらの形式がこの種の意味合いを有するのも,これらが,事態実現を望ましいもの・認められるものとして把握する,といった事態実現に対する捉え方を表しているからである.

「ナケレバナラナイ」「ベキダ」「(セ)ザルヲエナイ」「(スル／シタ)ホウガイイ」「(シ)テモイイ」などの形式は,上で見たように,概略,事態に対して,その実現を当然であり義務的であるものとして捉えたり,その実現が推奨されたり認められたりするものとして捉えたりする,といった事態実現に対する当為・評価的な捉え方を表したものである.あるいは,事態が当然性・評価性を帯びたものとして存在していることを表したものである.これらの諸形式の表

す，事態成立に対する当為・評価的な捉え方・あり方を，本章では，当為評価のモダリティと仮称し，命題めあてのモダリティの一類として位置づけておく．

　たとえば，「労働者は団結しなければならない{と思う／と考える}．」「その計画については再検討を加えたほうがいい{と思う／と考える}．」のように，これら諸形式が思考動詞の内容になりうるのは，これらの諸形式が命題めあての捉え方を担ったものであることの反映である．

　これらの形式が一類をなすことは，次のことからも分かろう．「ナケレバナラナイ」「ベキダ」「（セ）ザルヲエナイ」「（スル／シタ）ホウガイイ」「（シ）テモイイ」などの，これら諸形式は，同一単語連鎖の中にあって，併存・共立（both-and）することはない．つまり，「*シナケレバナラナイ・ベキダ」や「*シテモイイ・ベキダ」「*スベキ・デモイイ」「*シタホウガヨク・テモイイ」などといった連鎖は存しない．併存・共立することのない，これら諸形式は，同じ類に属する異なるメンバーである．

　本章では，とりあえず，図2.1のようなあり方を，命題めあてのモダリティの体系として設定する．

$$\text{命題めあてのモダリティ} \begin{cases} \text{認識のモダリティ} \\ \text{当為評価のモダリティ} \end{cases}$$

図2.1　命題めあてのモダリティの下位種

　以下，この図について少しばかり説明を加える．当為評価のモダリティの中に現れる命題は，テンス形式の分化を持たず，時のうえから未実現の事態に限られる．その点，当為評価のモダリティは，動詞がテンス形式の分化を持ち，実現・未実現の事態をともに命題内容として取りうる認識のモダリティとは，その特性に異なりがある．特性を異にすることにおいて，両者は，その独立的存在をそれなりに主張することになる．

　もっとも，当為評価のモダリティは，認識のモダリティとその特性を異にするところがあるにしても，両者は，モダリティ形式としての成熟度が違う．当為評価のモダリティは，すべて，モダリティ形式自身が過去形を持ち，「でも，

恐らくはそれだからこそ，いまのぼくには他にしなければならない<u>こと</u>があるにちがいなかった．(「赤頭巾ちゃん気をつけて」)」のように，連体節の中に収まりきる．当為評価のモダリティは，まさに擬似的モダリティ形式である．図2.1のように，とりあえず，認識のモダリティと当為評価のモダリティとを一つの体系内の存在であるとして位置づけはするものの，認識のモダリティと当為評価のモダリティを，完全に一つの体系(系列，範列)を形成する対等な構成メンバーとして捉えているわけではない．当為評価のモダリティは，認識のモダリティに比べて，成熟度の低い，副次的・二次的な存在でしかない．

さらに，

(23) 河野代表ら幹部は組織の内部から動揺が出ていることを深刻に<u>受け止めなければならない</u> <u>だろう</u>． (朝日新聞・社説 1986.6.8)

(24) 労働とかかわりの深い法律は，社会の変化に対応しなければ有効に機能しない．けれども法律である以上は社会の<u>規範でなければならない</u> <u>だろう</u>． (朝日新聞・社説 1985.2.22)

(25) 政治家にとって最も恐ろしいものの1つは公職選挙法違反で公民権停止が発動されることだろう．議員の資格を失うし当分の間は，選挙にも出馬できない．政治家廃業を<u>覚悟しなければならない</u> <u>かもしれない</u>． (朝日新聞・社説 1990.2.1)

(26) 米ソ会談が不調になった今こそ日本が自主外交でこれを補うチャンスだ，と積極的に<u>対応すべき</u> <u>だろう</u>． (朝日新聞・社説 1986.10.11)

(27) 沿岸漁民からは，……200カイリ水域の設定を求める声が高まっている．200カイリ水域の設定は時代の流れだし，根本的な解決を図るには，<u>そうあるべき</u> <u>だろう</u>． (朝日新聞・社説 1986.11.22)

(28) 明治以来わが国の国是ともされてきた輸出を，場合によっては政府の手によって<u>規制すべき</u> <u>かもしれない</u>． (朝日新聞・社説 1987.8.26)

(29) 今度は銃をかくして戦争孤児みたいな哀れっぽい格好で<u>行ったほうがいい</u><u>のだろうか</u>． (小松左京「地には平和を」)

(30) 「きみたち，<u>逃げたほうがいい</u><u>んじゃないかな</u>」

(「プレオー8の夜明け」)

などが示すように，当為評価のモダリティと認識のモダリティは，同じ単語連鎖において共起する．ただ，すべての認識のモダリティ形式が，当為評価のモダリティと共起するわけではない．当為評価のモダリティへの「ダロウ」の共起は，比較的容易である．特に「ベキ＋ダロウ」は多く観察される．それに対して，「カモシレナイ」の共起はまれである．また，「ニチガイナイ」については，その共起を調査資料の中に見つけることはできなかった．おそらく共起は困難だろう．また，「ヨウダ」「ラシイ」（伝聞的用法を除く）も，当為評価のモダリティへの共起は無理であろう．

　すべての認識のモダリティ形式において可能というわけではないが，両者は，「当為評価のモダリティ＋認識のモダリティ」といった順序性を持った統合連鎖を形成しうる．両者が「当為評価のモダリティ＋認識のモダリティ」といった統合連鎖をなすということは，当為評価のモダリティがより命題内部の要素的である，ということの現れである．また，有標の認識のモダリティに包み込まれた当為評価のモダリティは，認識のモダリティの作用対象といった趣を有するものである．

　既述したように，当為評価のモダリティの副次性・二次性を前提としたうえで，命題めあてのモダリティに対して，図2.1のような体系を設定しておく．

2.3　認識のモダリティの体系と構造

　次に，文の内容である事態成立に対する話し手の認識的な態度・捉え方を表した認識のモダリティについて，その下位的タイプにどのようなものがあり，それらがどういった相互関係にあるのかを見ておく．

　まず，いわゆる**伝聞**（情報把握）と呼ばれているものを，他のものから区別して取り出す．以下のような，先に述べられた事態の成立を，後接する主節で話し手自らが非認する，という文を考えてみよう．

(31)　A紙によれば，今回は首相も証人喚問に応じるそうだが，僕はそうは思わない．
(32)　*たぶん今回は首相も証人喚問に応じるだろうが，僕はそうは思わない．

(33) *もしかしたら今回は首相も証人喚問に応じるかもしれないが，僕はそうは思わない．

(34) *どうやら今回は首相も証人喚問に応じるようだが，僕はそうは思わない．

(31)は適格性を有しているものの，(32)(33)(34)はいずれも逸脱性を有している．(31)の先行節の事態は，伝聞によって得られたものである．伝聞は，描き取られている言表事態が第三者からの情報によったものである，という命題内容の仕入れ方に関わっているだけである．それに対して，(32)(33)(34)の先行する節に描かれている事態は，いずれも，何らかの点で，話し手の判断判定作用を経た結果，生み出されたものである．したがって，自らの判定作用そのものを経ていない伝聞では，その内容を述べたすぐ後で，その成立を非認しても矛盾は起こらないが，内容の成立に話し手自らの判定作用が関わっているタイプでは，自らが事態の成立を述べたすぐ後で，自らがその成立を非認することは，自己矛盾になる．(31)の適格性，(32)(33)(34)の逸脱性は，上のことによっている．先行する節で事態の成立を述べておきながら，すぐ後でその成立を非認することを，**言表事態成立の非認化**と呼んでおく（森山1989をも参照）．言表事態成立の非認化に対する振る舞い方から，伝聞が認識のモダリティの他のタイプとは異なっていることが分かろう．

伝聞とは異なって，内容の成立に話し手自らの判定作用が関わっているタイプを，**判定(類)**と仮称し，それらを表すモダリティを**判定のモダリティ**と名づけておく．認識のモダリティは，図2.2のように，まず，判定のモダリティと伝聞とに分かれる．

認識のモダリティ ｛ 判定のモダリティ / 伝聞

図2.2 認識のモダリティの下位種

2.4 判定のモダリティ

ここでは，個々の判定のモダリティ形式を，体系の中に位置づけ，その相互連関を素描することが目的である．

(a) 説明のモダリティ

まず，判定のモダリティの中から，**説明のモダリティ**と名づけるタイプを取り出す．「ノダ」およびそのバリアント（変異体）が，説明のモダリティを表す形式である．たとえば，

(35) 七月下旬のこの日，関東地方の空には，いたるところにどす黒い乱雲が渦巻いていた．<u>台風六号が接近していたのである</u>．

（福本和也「空白の重奏」）

(36) 「……，私の自宅は目黒だけど，そこへもいきなり行ったようだし，ほかにも行ったことが分かった．しかも児島ひとりではなく，部下と二人で現れたらしい．だから<u>気味がわるいんです</u>」

（結城昌治「きたない仕事」）

などがこれである．「ノダ」の表す説明のモダリティとは，概略，文脈や場面に現れた事態に対して，その原因や理由，あるいはそれから引き出された意味や解釈・評価を差し出し，それを先行事態に関係づけ説明づけたものである．(35)では，［関東地方ノ空ノイタルトコロニドス黒イ乱雲ガ渦巻イテイタ］コトに対して，［台風六号ガ接近シテイタ］コトを原因として付与し，(36)では，［児島ノ行為］に対する意味づけとして，［気味ガワルイ］コトを付け加えている．

もっとも，説明のモダリティだけで，**述べ立ての文**(declarative sentence, 平叙文)が成り立つわけではない．述べ立て文が帯びなければならない判定のモダリティは，説明のモダリティだけでは成り立たない．説明のモダリティは，常に，通例の判定のモダリティとともに出現する．たとえば，

(37) じっと，考え込んでいる．安村今日子は，何か<u>企んでいるのである</u>．

多分，殺人の動機を，嘘で固めて作り上げようとしているのだろう．
(笹沢左保「記憶」)

のようである．(37)の第2文では，「ノダ」は，ダ形(いわゆる断定形)を伴うことによって実現し，第3文では，ダロウ形をまとうことによって実現している．説明のモダリティは，判定のモダリティにあっては，付加的なモダリティである．つまり，判定のモダリティは，説明のモダリティを付加されて出現する場合もあれば，説明のモダリティを帯びずに実現することもある(こちらのケースの方が多い)．したがって，説明のモダリティの出現・不出現と判定のモダリティのありようは，図2.3のように，示すことができる．

$$\text{判定のモダリティ} \begin{cases} -\text{説明のモダリティ} \\ +\text{説明のモダリティ} \end{cases}$$

図2.3 説明のモダリティの出現と判定のモダリティ

説明のモダリティは，[ダ(いわゆる断定形)―ダロウ]の対立が作るモダリティを帯びて実現する場合が多いが，それ以外のモダリティ形式と共存できないわけではない．たとえば，

(38) それに彼女は，とにかく裸でいるなんて，もしかしたら<u>色情狂な</u>のかもしれない，ほんとうに<u>待っている</u>のかもしれない．
(「赤頭巾ちゃん気をつけて」)

(39) 二眼レフ，コンパクト・カメラ，三脚などが勝手放題の姿勢をとり，全体にうっすらと埃にまぶされている．しかし，この乱雑さは，探す面倒を省くための，使用頻度にあわせた<u>自然配列</u>かもしれないのだ．
(安部公房「飛ぶ男」)

のように，「カモシレナイ」は，説明のモダリティを，(38)のように自らの前にも出現させるし，(39)のように自らの後にも出現させうる．「ニチガイナイ」に対する説明のモダリティの出現のあり方も，これと同じである．

(40) さっき言った，あいつと二人でお坊さんになりたいなんてのも，きっとこういったところから<u>来ている</u>のにちがいないのだ．

2.4 判定のモダリティ——91

(「赤頭巾ちゃん気をつけて」)

は,説明のモダリティが「ニチガイナイ」の前後の2か所に現れている実例である.

説明のモダリティの,通例の判定のモダリティに対する出現のあり方を表にすれば,表2.1のようになろう.「M」は通例の判定のモダリティ形式を表している.「ノダ＋M」は,形態素連鎖にあって,説明のモダリティが判定のモダリティに先行すること,「M＋ノダ」は,説明のモダリティが判定のモダリティに後接することを表している.「OK」は適格であることを表し,「OUT」は逸脱性を有していることを表している.

表 2.1　説明のモダリティの出現場所

	ノダ＋M	M＋ノダ
伝聞のソウダ	OK	OUT
ダロウ	OK	OUT
カナ/カシラ/ダロウカ	OK	OUT
カモシレナイ/ニチガイナイ	OK	OK
ヨウダ/ラシイ/ミタイダ/(シ)ソウダ	OUT	OK

説明のモダリティは,「ダロウ」に先行生起するが,「ダロウ」に後接することはない.つまり,「スルノダロウ」はあるが,「＊スルダロウノダ」はない.言い換えれば,説明のモダリティは,「ダロウ」の作用対象になることはあっても,「ダロウ」が説明のモダリティの作用対象になることはない.また,疑いを表す「カナ／カシラ／ダロウカ」も,説明のモダリティに対して,「ダロウ」と同じ振る舞い方をする.「スルノカナ」は存在するが,「＊スルカナノダ」は存しない.

それに対して,「カモシレナイ／ニチガイナイ」に対しては,すでに見たように,説明のモダリティはその前後に出現する.説明のモダリティが「カモシレナイ／ニチガイナイ」の作用対象になるとともに,逆に,「カモシレナイ／ニチガイナイ」が説明のモダリティの作用対象になる.

また,「ヨウダ／ラシイ／ミタイダ／(シ)ソウダ」と説明のモダリティとが共起することは珍しいが,ないわけではない.たとえば,

(41) 蜂谷「きょう，俺におごらせてくれよ」／新「……」／蜂谷「なんかさ，別府の穴場であんたと手がぶつかってからツキが廻ってきた<u>ようなんだ</u>」　　　　　　（荒井晴彦「シ・リボルバー」）

(42) 街には一点の灯も見えない．ハイウェイを車が走り，工場の生産は<u>続けられている</u> <u>らしい</u> のだが，すべて暗黒の中で行われていた．

（「お茶漬の味」）

などは，その実例である．説明のモダリティは，「ヨウダ／ラシイ／ミタイダ／（シ）ソウダ」に後接するが，先行生起することはない．つまり，「スルラシイ<u>ノダ</u>」はあるが，「*スルノデアルラシイ」は存しない．「ヨウダ／ラシイ／ミタイダ／（シ）ソウダ」が，説明のモダリティの作用対象になることはあっても，説明のモダリティが，「ヨウダ／ラシイ／ミタイダ／（シ）ソウダ」の作用対象になることはない．

また，伝聞の「ソウダ」と説明のモダリティとの共存現象も，観察されないわけではない．たとえば，

(43) 珍しい人というから誰かと思ったら，上原先生である．四十年ぶりに<u>再会した</u> <u>のだ</u> <u>そうだ</u>．　　　　　　（丸谷才一「年の残り」）

がこれである．もっとも，これは，伝聞と説明のモダリティとの絡み合い，という問題ではなく，伝聞内容の中に出現するモダリティとして，説明のモダリティが存する，というものである．

さらに，論理的必然性や推論の様態に関わる「ハズダ」においても，きわめてまれではあるが，説明のモダリティを帯びる場合がある．

(44) 「君がこの世界で自殺しようと，それはかまわない<u>はずなんだ</u>」と青年は言った．　　　　　　　　　　　（「地には平和を」）

がこれである（「ハズダ」については，本章ではこれ以上扱わない）．

説明のモダリティの，通例の判定のモダリティに対する出現のあり方は，それぞれの判定のモダリティの個性を示している．この個性は，判定のモダリティを下位類化する特性の一つになる．

説明のモダリティの文法的意味や特徴については，本章ではこれ以上扱わない．説明のモダリティについては，田野村(1990)や野田(1997)などを参照され

たい(奥田 1984・1985, 益岡 1991 をも参照).

(b) **判定のモダリティの体系と構造**

引き続き, 通例の判定のモダリティについて, その下位的タイプにどのようなものがあり, それらがどういった相互関係にあるのかを見ておこう.

まず, 疑いを他の判定のモダリティ全体から区別し取り出す. たとえば,

(45) 明日は晴れる{かな／かしら／だろうか}.

のような文が, **疑いのモダリティ**を帯びた文である. 疑いのモダリティを表す形式には,「カナ」「カシラ」「ダロウカ」などがある. 疑いは, 命題めあての, しかもその下位的タイプである認識のモダリティの一種である. さらに, 命題内容に対する話し手自身の認識的な捉え方を表したのであり, したがって, 伝聞ではなく, 通例の判定のモダリティの一種である. ただ, 他の判定のモダリティ全体とは, 大きく異なっている.「明日は晴れる.」「明日は晴れるだろう.」「明日は晴れる{かもしれない／にちがいない}.」「どうやら明日は晴れる{ようだ／らしい}.」といった, 他の判定のモダリティ形式は, 何らかのあり方で, 命題内容を話し手自らの認識・判定作用によって成立させている. それに対して, 疑いは, 話し手が, 自らの認識・判定作用によって命題内容を成立させようとするのではあるが, 情報が不十分であったり, 不確かであったりして, 最終的にはその成立を断念する, といった事態に対する認識的な捉え方を表したものである. 他の判定のモダリティがすべて判定の成立を表しているのに対して, 疑いは判定放棄を表している.

したがって, 判定のモダリティは, 図 2.4 のように, まず判定(成立)を表す他のモダリティと判定放棄を表す疑いに大きく分かれる.

判定のモダリティ { 判定
　　　　　　　　 疑い

図 2.4　疑いを取り出す

疑いを除いた判定成立型の判定のモダリティの体系を示せば, おおよそ図

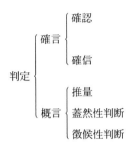

図 2.5　判定(成立型)のモダリティの下位的タイプ

2.5 のようになろう．

　以下，少しばかり，図 2.5 の判定のモダリティの体系図にもとづいて，説明を加えていく．まず，判定成立型の判定のモダリティを，確言と概言とに分ける．**確言**は，命題内容を，確かなものとして捉え，成立させたものである．それに対して，**概言**は，命題内容を，不確かさを含むものとして，想像・思考・推論の中で捉えることによって，成立させたものである．

　さらに，確言を確認と確信とに分ける．**確認**とは，命題内容として描き出された事態の成立・存在を，疑いのはさみようのないもの，その真なることの確認ずみのものとして，捉えているものである．たとえば，

（46）　あの人形のおかげで，わたしは命拾いをしました．人形が泣き声を上げなかったら，あのまま，わたしは殺されていたでしょう．

(山崎洋子「人形と暮らす女」)

の第 1 文がそうである．この文を「*あの人形のおかげで，わたしは命拾いをしたでしょう．」のように，概言のタイプに変えることはできない．この文は，疑いのはさみようのない，確認ずみの事態を表したものである．それに対して，**確信**とは，事態の成立・存在を，自らの想像・思考や推論の中で確かなものとして捉えたものである．たとえば，

（47）　やっぱり彼は会議に参加する．

のような文がこれである．確信は，概言の推量と対立を形成する．

　概言のうち，**推量**とは，事態の成立・存在を不確かなものとして，自らの想像・思考や推論の中に捉えたものである．たとえば，

(48) やっぱり彼は会議に参加するだろう．

などがこれである．推量の表現形式には，「ダロウ」の変異体以外に，「マイ」がある．

蓋然性判断とは，命題内容をなしている事態が，どれくらいの確からしさをもって成り立っているかを捉えたものである．言い換えれば，確からしさの程度性への言及を含むあり方で，事態の成立を，自らの想像・思考や推論の中に捉えたものである．たとえば，

(49) もしかしたら彼は会議に参加するかもしれない．

(50) きっと彼は会議に参加するにちがいない．

などがこれである．(49)は可能性把握，(50)は必然性把握とでも呼べばよいような捉え方を表したものである．蓋然性判断の可能性把握を表す形式には，他に「カモワカラナイ」，必然性把握を表すものには「ニキマッテイル」などがある．事態成立の蓋然性を表すということは，事態成立の捉え方における確からしさの態度に関わるとともに，事態そのものの有している蓋然性を含んだ成立・存在の仕方を表している．この両用性が，説明のモダリティとの位置関係にも現れている．すでに触れたように，「逃げ出す・の・かもしれない」のように，「ノダ」を自らの中に含む場合と，「逃げ出す・かもしれない・のだ」のように，「ノダ」に先行生起する場合とが存在する．

徴候性判断とは，命題内容として描き取られている事態が，存在している徴候や証拠から引き出されたものであることを表したものである．たとえば，

(51) （飛行機が滑走路に向けて動き出したのを見て）

　　　「どうやらあの飛行機，飛び立つ{ようだ／らしい／みたいだ}．」

などがこれである．命題内容の成立を，存在している徴候や証拠から引き出されたものとして表しているということは，命題内容を引き出した徴候を暗示しているということでもある．事態のあり方に深く関わっているにしても，徴候性判断もまた，事態の成立を，体験によって直接的に捕捉したのではなく，自らの想像・思考や推論の中に捉えたものである．もっとも，

(52) あっ，荷物が落ちそうだ．

などになれば，よりいっそう眼前状況そのものの描写に近づいていく（もっと

も,「あっ,雨が降っている.」が眼前状況そのものの直接捕捉であるのに対して,(52)が実際に見ているものは,[荷物ガ網棚ノ上デガタガタ揺レテイル]といった,直前の状況にすぎない).

ここまで述べてきた認識のモダリティ全体を,一つの体系の中に捉えると,ほぼ,図2.6のようになるだろう.

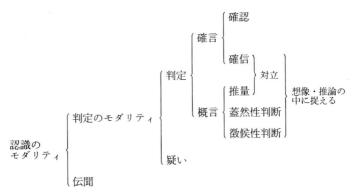

図2.6 認識のモダリティの体系

少しばかり,この図をもとに補足しておく.確信と推量は,対立をなし,推し量り作用といった一つの範疇を形成している.言い換えれば,確信と推量は,推し量ることによって想像・思考や推論の中に事態を成立させる,という捉え方を表し,確かなものとして把握する下位種と不確かなものとして把握する下位種といった,構成メンバーを形成している.図2.6は,確信と推量が,一つの類を形成し,その下位的メンバーとして対立しあっている,というあり方が十分表現されていない.図2.6に,このことを補っておく.

(c) 判定のモダリティ形式の真正度

確認や確信および推量,さらに疑いも,これらを表すモダリティ形式が過去形になることはない.また,すでに触れたように,説明のモダリティに先行生起して,その作用対象となることもない.さらに,連体節に収まることもない.逆接を表すガ節やカラ節といった文的度合いの高い(従属性の低い)節の述語になることはあっても(疑いはこれすら不可能である),それ以下の文的度合いの

低い節の述語になることはない。「*雨になるだろうので，傘を持っていきなさい。」は，逸脱性を有している．これらのモダリティを担う形式は，まさに真正モダリティ形式である．

それに対して，蓋然性判断を表す「カモシレナイ」「ニチガイナイ」は，多くはないものの，その形式自体が過去形になりうる．また，説明のモダリティを作用対象にできるものの，説明のモダリティに包まれ，その作用対象になる．さらに，連体節に収まりきるし，文的度合いの比較的低い節，たとえば，「雨になるかもしれないので，傘を持っていきなさい．」においても，適格性を有している．さらに，きわめてまれではあるが，中止節（テ節）の述語にもなる．これらのモダリティ形式は擬似性を有している．

さらに，徴候性判断になれば，形式自体が過去形になりうるだけなく，否定形になりうる場合もある．また，説明のモダリティに対しては，先行生起して，その作用対象になるのみである．連体節の述語にもなるし，中止節の述語になることも，蓋然性判断ほどまれではない．よりいっそうモダリティ形式の擬似性は高くなる．

モダリティ形式の，擬似性・事柄的度合いの高さは，「疑い・確認・確信・推量→蓋然性判断→徴候性判断」の順に高くなる（仁田1991をも参照）．

2.5 確言の下位種としての確認と確信

各論のてはじめとして，まず，確認と確信について，少しばかり詳しく見てみることにする．

すでに見たように，本章では，命題内容の成立を確かなものとして捉える，といった確言を，確認と確信とに分けた．さらに，ここでは，その確認を，(i)感覚器官による直接的な捕捉と，(ii)既得情報とに分ける．もっとも，話し手の感覚器官によって直接的に捕捉されることにより，既得情報として蓄積される場合も，また少なくないだろう．その意味では，感覚器官による直接的な捕捉を現場型，既得情報を記憶型として特徴づけることも，可能である．したがって，両者にはつながりもあり，また，各タイプには典型的なものもあれば，

周辺的な事例も存在する．ただ，確認の典型は，感覚器官による直接的な捕捉であって，既得情報による確言は，確認の典型からずれていく場合がある．以下，それぞれのタイプに属する基本的な例を，一二挙げておく．

　感覚器官による直接的な捕捉であることによって，確言であるものには，
(53)　あっ，雨が<u>降っている</u>．
(54)　出入口の横に，勘定場があり，レジスターのうしろに少女が<u>坐っている</u>．　　　　　　　　　　（吉行淳之介「食卓の光景」）

のような例が挙げられる．

　また，既得情報であることによって，確言であるものとしては，
(55)　田所「……彼はカンでそう思い，大陸移動説というのを<u>発表したんです</u>．しかし，それを実証するほど科学技術が進んでいなかったため，彼は世界中の笑い者になり，千九百三十年に<u>死にました</u>」
　　　　　　　　　　　　　　　　　　　　（「シ・日本沈没」）

のような例が指摘できる．

　さらに，確言を表すもののうち，確信のタイプに属するものとしては，
(56)　芳彦「何がいいたいんだ」／蟻田「皮肉なことに，日本の平和を守っているのは愚かな大衆です．もしも国民大衆がめざめて，いっせいに不正選挙を糾弾すれば，今の政治家は<u>全滅</u>します．しかしそのときには，革命や動乱が起きて<u>どえらいことになる</u>」
　　　　　　　　　　　　　　　　（ジェームス三木「シ・善人の条件」）
(57)　中田「波のほうは大丈夫だろうな？」／操縦員「<u>大丈夫です</u>．三，五メートルまでなら楽に<u>降りられます</u>」　　（「シ・日本沈没」）

などのような例が挙げられる．

　上の例文からも分かるように，感覚器官による直接的な捕捉とは，今現に話し手の感覚器官によって捉えられていることによって，その事態の成立・存在に，疑いのはさみようのないものである．まさに，事態は，話し手の感性的経験の内実として，直接的に話し手に与えられており，その成立は話し手に確認されている．また，既得情報とは，話し手の直接的経験によるものであれ，伝え聞いたものであれ，すでに獲得され知っていることとして，話し手の知識・

2.5 確言の下位種としての確認と確信——99

情報のストックの中にある事態である．話し手が，事態に対して，その事実性を確認（ないしは追認）することによって，事態は，話し手にすでに獲得され知られていることとして，取り扱われることになる．それに対して，確信とは，想像・思考や推論の中で，事態の成立を確かなものとして捉えたものである．

　感覚器官による直接的な捕捉・既得情報と確信とには，前者が，想像・思考や推論の作用による介在を必要とすることなく，直接的に事態の事実性に対する確認を得ていたのに対して，後者は，想像・思考や推論の作用を経ることによって，事態成立を確かなものとする把握に至る，言い換えれば，想像・思考や推論の作用によって構築された世界において，事態は，確かなもの・その事実性を主張しうるものとして捉えられている，といった異なりが存する．すでに触れたように，本章では，想像・思考や推論の作用を経ることなく，直接的に，事態の成立・存在を疑いのない確かなものとして捉えることを，確認と仮称し，想像・思考や推論の作用を通して，事態の成立・存在を疑いのない確かなものとして捉えることを，確信と仮に呼ぶ．確認と確信には，上述のような異なりはあるものの，事態の成立・存在を疑いのない確かなものとして捉える，という共通性を有している．この，事態の成立・存在を疑いのない確かなものとして捉える，といった命題内容に対する認識的な捉え方を，本章は，確言の特徴として取り出しておく．

　それに対して，概言（概言の各タイプについては，後に少しばかり詳しく見る）とは，

(58) 首をねじっておれは鯨神をふりかえり，その雄偉な額がいつものようにひたと海に据えられたまま血のいろに燃えしきっているのを見た．おまえもさぞ苦しかったろう．男たちの銛がおまえの肉をひきさき，槍がおまえの内臓をかきまわしていたときは．

(宇野鴻一郎「鯨神」)

(59) 笑っているところを見るときっと山田は自分をしゃべらせる破目においこむにちがいない．伊佐はそう信じ込んでいた．

(小島信夫「アメリカン・スクール」)

(60) F.J「20分，何事もなしか！　やつらも地雷の存在に気づいたようだ

な」　　　　　　　　　　　　　　　（さいとうたかを「ファング.J・3」)

などがこの例である．これらの文に描かれている事態は，いずれも，話し手の感性的な体験や記憶の中に直接的に与えられているものではない．話し手の想像・思考や推論の作用を通して捉えられたものである．しかも，事態の成立・存在が，疑いをはさむ余地のないほど確実であるというものではない，言い換えれば，事態の成立を，不確かさを有するものとして，想像・思考や推論の中に捉えたものである．

2.6　確認のタイプ

続いて，下位的タイプを取り出しながら，確認の内実を少しばかり詳しく見ていくことにする．

(a) 感覚器官による直接的な捕捉

まず，確認の一種として取り出した，感覚器官による直接的な捕捉について，少しばかり説明を付け加え，その内実を具体的に見ていく．

最初に，話し手の眼前に展開する状況をそのまま写し取り描写した文を取り上げる．

(61)　道路に沿って清水が流れている．　　　　　（太宰治「富嶽百景」）
(62)　よく見ると，テープレコーダの外部スピーカーの接続端子からミニプラグつきのコードが出ている．　　　　（山村直樹他「旅行けば」）
(63)　なんまんだあなんまんだあと，お経をあげる声がする．
　　　　　　　　　　　　　　　　　　　　　（松谷みよこ「山んばの錦」）
(64)　田所「水が濁ってきた」　　　　　　　　　（「シ・日本沈没」）
(65)　テレビから興奮した実況アナの声「イーグル友田が見事に安達英志を破りました．……あっ，コミッション・ドクターが出て参りました」
　　　　　　　　　　　　　　　　　　　　（坂本順治「シ・どついたるねん」）

などが，この実例である．これらは，従来，筆者が**現象描写文**と呼んできた類である(仁田1991参照)．これらにあっては，文の内容として描き取られてい

2.6 確認のタイプ

る事態は，まさに，視覚や聴覚などの話し手の感覚器官が，今現に捉えている事態そのものである．感覚器官によって今現に捉えられている事態は，感覚器官に直接的に捉えられていること，および現在の捕捉であることによって，捕捉者である話し手にとって，その成立に対して，これほど確かで疑いのはさみようのないものはない．感覚器官による直接的な捕捉が，確認したがって確言でしかありえない理由が，ここにある．

これらにあっては，捕捉時と発話時との間に時間的間隙がない．時間的間隙が大きくなれば，感覚器官による直接的な捕捉は，既得情報へとずれ込んでいく．

(66) 稲垣：ただいまできました．玄米パンのほかほか……．
 　　　　　　　　　　　　　　　　　　（井上ひさし「闇に咲く花」）

などは，いまだ，記憶の倉庫の中に蓄積されるまでには至っていないものであるが，それに対して，

(67) 田所「総理，わしはこの間観測の機会があったが，小笠原で小さな島が一晩に二百メートルも沈んだ」　　　（「シ・日本沈没」）

のようなものになれば，捕捉時と発話時とに時間的間隙が存し，もはや既得情報へとずれ込んでいる．

感覚器官といえば，まずもって，視覚・聴覚・嗅覚などといった外的感覚器官のことである．したがって，捉えられ描かれている状況も外的状況である．(61)から(65)にあっては，まさに，話し手の感覚器官によって捉えた外的状況が描き出されていた．それに対して，

(68) 酔いで，ふらつく笙子．伊織「大丈夫か」／笙子「気持ちいい」
 　　　　　　　　　　　　　　　　　　（荒井晴彦「シ・ひとひらの雪」）
(69) 札を三枚放り出し，伊織「カンパするよ」／望月「そうですか．じゃ，遠慮なくいただきます．助かります」　　（「シ・ひとひらの雪」）
(70) 伊織「送るよ」／霞「困ります」　　　　　（「シ・ひとひらの雪」）
(71) 伊織「亡くなった人には悪いが，喪服って，いいね」
 　　　　　　　　　　　　　　　　　　　　　（「シ・ひとひらの雪」）

のようなものでは，捉えられ描き出されているものが，自らの内的な心的状

態・心的態度(さらに言えば，心的態度発動の機縁になったものをも含めて)である．言い換えれば，内的感覚や感情の働きによって捕捉されたものである．

内的感覚や感情の作用による捕捉と，視覚や聴覚などの働きによる捕捉には，内的か外的かといった異なりが存在する．外的感覚器官による捕捉であれば，捕捉された外的状況と感覚器官の発動とは，「子供が運動場で遊んでいる．」と「子供が運動場で遊んでいるのが見える．」(この表現は，外的状況を捉えながら，感覚器官の発動をも捉えている)のように，分離して描き取ることができよう．それに対して，内的感覚や感情にあっては，その現れは，内的感覚や感情の作用の内実そのものであるとともに，その作用の結果でもある．言い換えれば，このタイプでは，内的な感覚・感情が捉えた状況であるとともに，また，内的な感覚・感情の作用そのものをも捉えていると言えよう．

視覚や聴覚などの外的感覚器官による捕捉と内的感覚や感情による捕捉とには，感性的な体験が，外的なものであるのか内的なものであるのか，といった異なりが存するものの，ともに感性的な体験であるという共通性が，そこには存在している．本章では，ともに感性的な直接体験を差し出したものとして，この内的感覚・感情による捕捉を，外的感覚器官による捕捉に隣接するものとして位置づけておく．外的感覚器官による捕捉も内的感覚・感情による捕捉も，捉えられている事態がともに感性的な経験であることによって，その事態の成立・存在は，疑いを差しはさむことのできないものとなる．これらのタイプは，確言で表されているだけでなく，確言でしか出現しない(概言の表現を取り得ない)ところに，その特徴が存する．本章でいう確認に外ならない．

もっとも，感覚器官による直接的な捕捉による確認と，確信，さらに言えば概言とが，つながり連続するところを，まったく持たないわけではない．たとえば，

(72)　五十年配の男と霞が歩いている．村岡「お，<u>英善堂だ</u>」

(「シ・ひとひらの雪」)

のようなものも，感覚器官による直接的な捕捉に属するものであると思われるが，ただ，この種のタイプでは，感覚器官による捕捉が明確なものでなければ(言い換えれば，捕捉しきれていなければ)，容易に「たぶん英善堂．」のよう

な概言へと移っていく．また，
- (73) モモ子「(電話に)あっ，<u>帰ってきました</u>．ちょっとお待ち下さい」
(丸内敏治「無能の人」)

のようなものも，感覚器官が捉えているものが，帰ってきた当人そのものか，当人の足音のようなものかによって，感覚器官による直接的な捕捉か，想像の中に捉えられた確信かが，変わってくる．後者の場合，確かさが減ずることによって，「あっ，帰ってきたようです．」のような，徴候性判断へと移行していく．

なぜ確言の形式で表現されているのかは，明瞭であるものの，タイプとしてどこに属させればよいのかが，さほど分明でないものに，
- (74) 加代：子守の手が要るときは，いつでも云ってね．<u>すぐ飛んで行きます</u>」 (「闇に咲く花」)
- (75) 田所「みんな座ってくれ．これから<u>説明する</u>」 (「シ・日本沈没」)

のような，未来に行う話し手の意志的動作を表明するものがある．これは，話し手の意志・つもりを表明するといったものである．捉えられ描き出されているものが，自分の意志・つもり，しかも発話時に意志の作用によって生じたものであれば，その成立・存在は，当人である話し手にとっては，疑いのはさみようのない確かなものであるほかはない．ある意志・つもりを持つということは，意志の作用の内実そのものであるとともに，その作用の結果でもある．このような出現・存在のあり方は，内的感覚や感情による捕捉につながっていくだろう．感情と意志が情意として一括されることも，このつながりを示しているものと思われる．

さらに，
- (76) 助川「(電話を取り)<u>お待たせしました</u>」／佐藤「<u>御無沙汰してます</u>．奥さんからお聞きになりました？ 原作あるんですけど，いかがでしょう」／助川「せっかくですが，ゴラクはやるつもりはありませんから．<u>失礼します</u>(と電話を切る)」 (「無能の人」)
- (77) 英雄「本当に<u>お世話になりました</u>．(ト深ク頭ヲ下ゲ)これ以上ここにいるのは辛くて」 (市川森一「シ・異人たちとの夏」)

のようなものは，話し手自身の行為から招来された事態であることからして，直接的な体験によって捕捉されたものである．したがって，基本的には感覚器官による直接的な捕捉に属するものと思われる．

(b) 既得情報

次に，既得情報による確認について，少しばかり説明を付け加えておく．すでに触れたように，既得情報とは，獲得され知っているものとして，話し手の保有している情報・知識の在庫というあり方で，話し手の記憶の中に蓄えられているものである．発話にあたっては，情報は，話し手によって，記憶の倉庫から取り出されることによって(推し量られることによってではなく)，文の叙述内容として描き出される．たとえば，

(78) 霞「さっき，宿泊カードになんて書いたんですか．私のこと」／伊織「伊織祥一郎と書いて，ボールペンが止まってしまった．昔，妻と書いた宿帳に，という歌があって，それ，思い出したよ．"熱海の夜"っていうんだ．箱崎晋一郎，それ一曲だけだったな，ヒットしたの」
(「シ・ひとひらの雪」)

のようなものがこれである．「……思い出したよ」の前文からも分かるように，以下の情報は，記憶の中から引き出されたものである．

記憶の倉庫に情報を蓄える主要な契機の一つは，自らの直接体験である．体験をすることによって情報を獲得し，そして，それが記憶の倉庫に蓄えられることになる．このようにして，記憶に蓄えられた情報が，発話にあたって，記憶の倉庫の中から引き出されることになる．自らの体験によって得られ，記憶の倉庫に蓄えられる情報の中には，

(79) 笙子「……私，正直にいいます．私，一度だけ，宮津さんと……宮津さんに抱かれました」　　　　　　　　　(「シ・ひとひらの雪」)
(80) 健太郎：波間に漂うこと一昼夜，アメリカの潜水艦に救助されました．ハワイで治療を受け，その後，カリフォルニアの収容所に送られました．　　　　　　　　　　　　　　　　　　(「闇に咲く花」)

のように，過去の自らの体験そのものを描き取っているものもあれば，

(81) 鈴木:本官にも生後八ヵ月ごろの記憶があります．ある朝，いつものように母親の乳房を咥えようとしますと，乳房が<u>真ッ黒でした</u>．
（「闇に咲く花」）
(82) 怜子「まるきり見当もつかないけど，その海の底ってどんなとこなの？」／小野寺「<u>なんにもありませんよ</u>．ただ，シーンと冷えきった冷たい砂漠が<u>あるだけでね</u>」　　　　（「シ・日本沈没」）

のように，過去の自己の直接体験によって得られた外界の状況や対象のあり方を描き出しているものなどがある．

　これらは，いずれにしても，話し手の直接体験によって捉えられた情報である分，すでに触れた感覚器官による直接的な捕捉につながっていく．直接体験によって得られた情報は，直接体験による情報の仕入れ時と発話時との間に時間的間隙が少なくなればなるほど，記憶の倉庫に蓄えおく必要がなくなり（言い換えれば，記憶の倉庫に寝かしておく余裕がなく），感覚器官による直接的な捕捉につながっていく．

(83) 鈴木:錦華荘アパートの付近を<u>巡回してまいりました</u>．小山民子さんのお父さんにも<u>お目にかかりました</u>．（民子に）お父さんはこう<u>おっしゃっていましたよ</u>．「今朝，家を出るときの民子は，まだ妊娠しておらんかったよ」　　　　　　　　　　　　（「闇に咲く花」）
(84) 稲垣:うたた寝しながら夢を<u>見てしまいました</u>．（「闇に咲く花」）
(85) 典子の声「<u>お風呂上がりました</u>．母さん寝かせるから」
（一色伸幸「シ・木村家の人々」）

(83)から(84)(85)に行くにしたがって，既得情報から感覚器官による直接的な捕捉へと移り動いていく．

　既得情報の情報源が話し手の直接体験であることが多いにしても，獲得され知っているものとして，記憶の倉庫に蓄えられている情報には，直接体験によってではなく，人から聞いたり教えられたりして得た情報も少なくない．また，人から得た情報に対しても，自らの直接体験による獲得情報と同様に，確認（追認）を与え，知っていることとして情報・知識のストックに登録しておくことができるところに，人間の学習がある．たとえば，

(86) 稲垣：伊勢神宮を中心に全国八万の神社のほとんどをひとつに束ねているんですから，力があります．戦前の内務省に神社局というのがあって全国の神社を指導していましたが，神社本庁はその戦後版です．以上，おじさんの受け売り．　　　　　　　　　　（「闇に咲く花」）

のようなものが，人から聞いたり教えられたりすることで，獲得され知っているものとして記憶の倉庫に蓄えられている情報を，取り出して，文の叙述内容として描き出したものである．文の叙述内容として捉えられている事態が，直接体験からではなく，人から得られた情報であることは，後に続く「以上，おじさんの受け売り．」という文の存在からも明らかであろう．また，

(87) 59年以降，ブルターニュの議員たちが，左右両派一致して率先的に，法案の提出を再開した．委員会における審議は，二度連続してすぐれた議員報告にまでいったが，政府は国会審議でとりあげることを認めなかった．
　　　こうして議員活動，国会での提案はたえまなくくり返された．64～65年，ドゴール大統領がオクシタンの人びとに対して約束した結果，まったく正式に合同委員会が設立されて，まる一年間つづけられたことがあるが，この委員会が決議した非常に興味深い結論によっても事態はなんら改まったわけではなかった．この結論が言及されるたびに，奇妙にも文部省ではこの文書がみつからないというしまつであった．
　　　67年，エムグレオ=ブレイスの大署名運動や，翌年の五月革命に刺激されてあらたな動きがおこり，70年には，ほかの地域の諸運動と連携をとり，また教員組合や父母会の支援を受けて，デクソン法施行後20年目にしてようやく，大学入学資格試験での「地方語と方言」の選択科目実施にこぎつけることができた．
　　　　　　　　　　　　　　　（原聖邦訳「虐げられた言語の復権」）

のような歴史的事実の編年体的記述は，この，人から得た既得情報の代表的な例である．
　たとえば，歴史的な出来事や遠く離れたところでの出来事などのように，自らが直接的にその事実性を確かめる方法を持たないタイプの情報であっても，

2.6 確認のタイプ

獲得され知っていることとして，自らの保有している情報・知識の倉庫の中に収め蓄えておくということは，事態の成立・存在に自らが承認を与えることである．観点を変えて言えば，人から得た情報は，その成立・存在に対して，追認という形で事実性の確認を与えられることによって，自らのものとして，情報・知識の在庫の中に取り込み登録されることが可能になる．一度，記憶の中に取り込まれておかれることによって，

(88) 森郎「昔，昔，男と女は一体でした．そしてあんまり仲がよいので，神様が焼餅を焼いて，二つに引き裂いてしまいました．引き裂かれた男と女は，淋しくなって，もう一度，一緒になりたいと願って探し求めるようになりました．それが恋心であります」

(佐藤繁子「シ・白い手」)

のような神話的な情報であっても，事実扱いを受けることになる．言い換えれば，事態は，その成立・存在の事実性を確認(追認)したものとして，差し出されている．(88)の例文を，「～一体だったかもしれません．～引き裂いてしまったにちがいありません．～探し求めるようになったのでしょう．」のように，概言系にしてしまうと，描き出されている事態は，もはや，記憶の中から直接引き出された事態であることを止めてしまう．

記憶の中に蓄えられた情報，換言すれば，記憶の倉庫の中から直接引き出された情報は，事実性を付与された(言い換えれば，概言系にはできない)ものでしかない，ということを示す現象に，「タシカ」という副詞と共起する判断のモダリティの制約が挙げられる．「タシカ」は，記憶を呼び起こし，記憶の中に蓄えられた情報を探すといった意味合いを持った副詞である．この副詞が共起する文に出現する判定のモダリティは，

(89) それは，彼がたしか中学校の二年生のときであった．大連の町を通過する日本の軍隊はときどき一般の家庭に分散して宿泊した．

(「アカシヤの大連」)

(90) たしか同じ言葉で彼は杏子の病気を紛らわすのを手伝ったことがある．

(古井由吉「杏子」)

(91) *たしか広志は一度留学しただろう．

のように，確言であって，「ダロウ」や「カモシレナイ」「ニチガイナイ」や「ラシイ」などの概言系は現れない．もっとも，「ハズダ」に関しては，「たしか，まえはもっと手前にあったはずだけど……きっと邪魔になるので壁に寄せたんだ．(藤原智美「運転士」)」のように，「タシカ」が出現することがある．これは，「ハズダ」が「ダロウ」などの概言系のモダリティ形式とは，少しばかりタイプを異にしていることを物語っている．また，「ぼくが父の正体に疑念を感じはじめたのは，ずっと以前のことである．たしか小学生になりたてのころだったと思う．(「飛ぶ男」)」のように，「ト思ウ」は出現可能である．「ト思ウ」は「ダロウ」に近似することがあるにしても，それとは異なった存在である．

また，記憶の倉庫の中から取り出された，ということは，情報が忘却されており思い出されることによって立ち現れる，といったことを意味しはしない．たとえば，

(92) 田所「で，計画とはなんだね」／男A「趣旨に賛同していただけると思いますので，私の身分と名前を……内閣調査室の邦枝です」／男B「私は中田……情報科学専攻，自然現象の確率論的解析です」
　　　　　　　　　　　　　　　　　　　　　　　　(「シ・日本沈没」)

(93) 実加「姉は千津子といいました」　　(岡本喜八「シ・大誘拐」)

のように，自分の名前・身分・専門や肉親の名前のようなものを忘れてしまう人間は，通例いない．その意味で，これらのものが語られるとき，思い出すという働きが厳密な意味で働いているとは思えない．既得情報化するとは，情報・知識を，自らの獲得・所有した情報・知識として，自らの有している情報・知識のストックの中に取り込み登録するということである．自分や肉親の名前といえども，獲得され情報・知識の倉庫にためおかれたものである．やはり，これらにあっても，蓄えられた情報・知識の倉庫から取り出され，文の叙述内容として差し出されたものである．

話し手の直接体験によって獲得された情報の場合，記憶の倉庫に寝かしておくか否かによって，情報の確言的把握・呈示に影響は生じない．それに対して，人から得た情報の場合は，獲得情報として，情報の記憶の倉庫に蓄えておくこ

2.6 確認のタイプ —— 109

とが，情報の確言的把握・呈示の要件になる．たとえば，

(94) キャスター「では，次に，昨夜遅く，大阪市住吉区帝塚山八丁目の会社役員，柴田雅之さん宅に，刃物を持った男が押し入り，柴田さんら家族四人を人質にたてこもるという事件が<u>起こりました</u>．調べによりますと河村誠こと朴完鉄，23歳は，柴田裕子さんとの交際を裕子さんの両親に強く断られた腹いせに，千枚通しを隠しもって侵入し，三人の手足を縛って乱暴をしようとしたところ，たまたま訪れた裕子さんの婚約者が，犯人との激しい格闘の末，犯人を<u>取りおさえました</u>．なお，取り調べ中の河村こと朴は，自分は伊藤博文を殺害した安重根の生まれかわりだ，などとうそぶき，取り調べ官を<u>手こずらせている</u>
　　　　<u>ということです</u>」　　　　　　　　（金秀吉他「シ・潤の街」）

の中に，そのことが観察できる．1文目，2文目が確言として差し出されているのは，これらの述べる事態が，すでに獲得情報としての承認を与えられ，情報の倉庫に取り込まれているからである．それに対して，第3文が「～トイウコトデス」という形を取っているのは，述語が「手コズラセテイル」というテイル形を取っていることからも明らかなように，現在も進行中の事態であり，したがって，事態を自らの情報の倉庫に蓄えられた情報として，いまだ取り込めていないことによっている．

もっとも，既得情報として情報・知識の倉庫に蓄えられているものは，何もすでに生じた(生じている)，言い換えれば既然の事態に限られるわけではない．未来に起こる事態であっても，その生起・出現がすでに「予定」になっておれば，話し手の情報・知識の倉庫の中に蓄えておくことができる．さらに言えば，予定として捉える(扱う)ということが，未来に生じる事態の生起・出現を，自らが獲得し知っている情報として，自らの情報の貯蔵庫に登録しておく・書き込んでおくことに外ならない．たとえば，

(95) 小野寺「もうすぐ"わだつみ2号"が<u>竣工</u>します．そしたらローテーションが少し楽になります」　　　　　　（「シ・日本沈没」）

(96) 幸長「午後三時から北斗で，これまでの調査の中間発表が<u>ある</u>」／中田「午後三時？」／邦枝「防衛庁からヘリで霞ヶ浦基地へ行き，霞ヶ

　　　　　　浦からは海上自衛隊のPSIだ」　　　　　　　　（「シ・日本沈没」）
　(97)　笙子「今日は一時に丸越商事の水口さまがお見えになります．四時か
　　　　　　ら帝国ホテルで環境整備懇談会があります」（「シ・ひとひらの雪」）
などが，この「予定」を表している例である．これらは，いずれも，未来に起
こる事態ではあるものの，すでに獲得され話し手の記憶の倉庫の中に蓄えられ
ている情報として，記憶の倉庫から直接引き出され，文の描き取った事態とし
て差し出されたものである．事態の生起そのものは，未来に生じることであれ
ば，不確かさを払拭しきれないにしても，登録された情報の存在そのものは，
獲得され蓄えおかれていることにおいて，疑いのない確かなものにほかならな
い．言い換えれば，予定も，情報そのものは，すでに獲得されたものとして，
確認されたものにほかならない．このタイプを，「～タブンオ見エニナリマス．
～アルデショウ．」のように，概言系に変えてしまうと，もはや，事態は，記
憶の倉庫から引き出された予定であることを止めてしまう．「たしか，一時に
水口様がお見えになります．」であって，「*たしか，一時に水口様がお見えに
なるにちがいありません．」とは言えない．記憶に蓄えられた予定は確言でし
かない．
　ただ，
　(98)　男B「それからこの計画には，M大地質学の幸長助教授にも参加し
　　　　　　ていただくことになっております」　　　　（「シ・日本沈没」）
　(99)　繁子：今日はお肉が手に入りましたので，久し振りにみんなでワッと
　　　　　　騒ごうということになりました．　　　　　　　（「闇に咲く花」）
のような，「スルコトニ{ナル／ナッタ}」といったものと，上述の「予定」と
では，きわめて近似したところを有するものの，「スルコトニ{ナル／ナッタ}」
では，後に出現する出来事そのものではなく，後に出現する出来事に対する遂
行の決定自体が，文に描き出されている事態である，という異なりが存する．
事態の内実が決定そのものであれば，このタイプは，もはや既然事態を「既得
情報」化したものに外ならない．
　以上述べてきた，感覚器官による直接的な捕捉・既得情報は，いずれも，事
態が話し手の感性的な体験や記憶の中に直接的に与えられていることにより，

その事実性を確保していたものである．事態の事実性が直接的に確認されていることにより，確言以外にはならないものである．

すでに，既得情報は確認の典型ではないと述べた．記憶の中から取り出すことによって獲得される事態が，すべて疑いのはさみようのない確かなものであるわけではない．たとえば，

(100) （自らが抱いた「湯沸かし器の種火，消してきたかな」という疑念に対して）

「きっと消してきたにちがいない／たぶん消してきた／もしかしたら消してこなかったかもしれない」

のようなものは，疑いのはさみようのない確かなものではない．このような，記憶を呼び起こしたが，定かでない事態を述べるタイプを，本章では，とりあえず確認に属する既得情報から除いておく．しからば，この種のものが何に属しているかが問題になろう．「ニチガイナイ」「カモシレナイ」を持つ文は，蓋然性判断のモダリティを帯びるものとして位置づけられるにしても，「たぶん消してきた」のようなものを，どこに位置づけるかは，本章では未定のままである（このタイプが「ダロウ」を文末に取れないことは後に触れる）．モダリティのタイプの確定化は，今後の課題である．

2.7 確　信

引き続き，本章で確信と仮称したものについて，簡単に説明しておく．

すでに少しばかり詳しく述べた確認は，感覚器官による直接的な捕捉にしろ既得情報にしろ，いずれも，事態が話し手の感性的な体験や記憶の中に直接的に与えられているものであった（そして，そのことによって，事態の事実性が直接的に確認され，したがって，確言以外にはなりえないものであった）．それに対して，ここで少しばかり説明を加える確信は，事態そのものが，話し手の感性的な体験や記憶に直接与えられているわけではなく，その成立・存在を，想像・思考や推論の中で捉えたものである．

(101) 8号「被告は，被害者をトラックに突き飛ばして死に到らしめまし

た．しかしそれは正当防衛です．しかも殺意の立証が出来ない限り被告を有罪にすることは出来ません．よって私は無罪を主張致します」　　　　　　　　　　　　（三谷幸喜他「シ・12人の優しい日本人」）

(102) 鰊口「だって，これSFだろう」／膳上「そう，SFですからな」／雑上「SFだものな．落とそうよ．審査委員の見識を疑われる」
　　　　　　　　　　　　　　　　　　（志村正浩「シ・文学賞殺人事件」）

(103) いさ子「主人は大所高所からものを見る人でした．柳田さんが市長になれば，日暮市は神武不動産に牛耳られます」
　　　　　　　　　　　　　　　　　　　　　　　　（「シ・善人の条件」）

(104) 伊織「これを見たら，出よう．全部見ていると九時を過ぎてしまう」
　　　　　　　　　　　　　　　　　　　　　　　（「シ・ひとひらの雪」）

(105) 芳彦「何がいいたいんだ．」／蟻田「皮肉なことに，日本の平和を守っているのは愚かな大衆です．もしも国民大衆がめざめて，いっせいに不正選挙を糾弾すれば，今の政治家は全滅します．しかしそのときには，革命や動乱が起きてどえらいことになる」
　　　　　　　　　　　　　　　　　　　　　　　　（「シ・善人の条件」）

(106) 綱島「次に申し上げたいのは乙女平のリゾート建設，このすばらしい企画は，清川市政の目玉になるでしょう．日本中からお客が来ます．ホテルに泊まってゴルフをする．あるいは自然と親しむ……」
　　　　　　　　　　　　　　　　　　　　　　　　（「シ・善人の条件」）

などのようなものが，確信の例である．事態の成立・存在を，自らの想像・思考や推論の中で確かなものとして捉えた確信である．確信が事態の成立・存在を想像・思考や推論の中で捉えたものである，ということの一つの，しかし重要な現れとして，このタイプの文に条件表現を含む文が少なくないことが挙げられる．事実，(103)(104)(105)の文では，「～ナレバ，牛耳ラレマス」「～見テイルト，過ギテシマウ」「～糾弾スレバ，全滅シマス」のように，条件節が文字通り出現している．また，(101)の「～出来ナイカギリ，～」や，(105)の「ソノトキニハ，～」のようなものも，条件表現相当の表現である．さらに，文の表現面に条件節（相当）の表現がなくとも，(102)「（通セバ）見識ヲ疑ワレ

ル」や，(106)「(完成スレバ)日本中カラオ客ガ来マス」のように，意味の上から，条件節(相当)の存在が想定できるものが少なくない．

　条件節は，想定世界の設定を計るものであり，条件節を含む文は，無前提にではなく，想定された世界において，事態が成立・存在することを表している．たとえば，(103)を例に取れば，［柳田サンガ市長ニナル］という世界で，［日暮市ガ神武不動産ニ牛耳ラレル］という事態が成立・存在することを表している．事態の成立にあたって，それが成立・存在する世界が想定されるということは，事態が，話し手の感性的な体験や記憶に直接与えられているものではなく，想像・思考や推論の世界の中に捉えられている，ということを示している．確信では，事態の成立・存在が想像・思考や推論の中に捉えられている．そのことが，事態が成立する想定世界の設定・導入を招き，そして，確信の文に条件節を含む場合が少なくないことを招来している．

　もっとも，条件節を含む文であれば，確信としてしか解釈する以外にない，というわけではない．たとえば，

　(107)　伊織「ここでいいんですか」／霞「ここで結構です．この道を曲がって，<u>まっすぐ行くと</u>，さっきの道にでます．それを道なりに<u>行くと国道にでます．</u>」　　　　　　　（「シ・ひとひらの雪」）

のように，一回的な出来事ではなく，繰り返して成り立つ事態を導く一般的な条件を差し出す場合は，発話時において，想像・思考や推論を展開するのでなければ，事態が捉えられない，というわけではない．この種のタイプにあっては，事態は，自らの情報・知識の貯蔵庫に蓄えられた既得情報からのものとしても，差し出されることが少なくない．

　また，確信には，事態成立の想定世界がなければならない，というわけでもない．事態成立の世界の枠はめなしに，言い換えれば，想定された世界では事態が成り立つことを確信している，というあり方ではなく，無前提に事態の成立・存在を確信する，というあり方で，事態の差し出す場合も，決して少なくない．例文(101)の「被告は，被害者をトラックに突き飛ばして死に到らしめました．しかし，<u>それは正当防衛です．</u>」などはこのタイプである．さらに，

　(108)　2号「皆さん，陪審制度についてもう一度考えてほしいのです．

……．制度自体は素晴らしいものです．人間を裁けるのは<u>人間だけです</u>」　　　　　　　　　　（「シ・12人の優しい日本人」）

のようなものが，このタイプである．事態が成り立つ世界を定めるということは，事態の成立・存在を保証する根拠や論理の通用を，その世界に限定して適用する，ということである．根拠や論理の通用の世界が限定されている分，根拠や論理の適用は正確になろう．それに対して，根拠や論理の通用範囲を限定しない確信は，根拠や論理の通用範囲に限定がない分，主観的で独りよがりなものに落ち込む危険性を有している．

(109) 霞「それに，あなたはきっと私に飽きるわ．そんなに長く<u>続かないわ</u>」／伊織「そんなことはない」／霞「あなたは<u>そういう人</u>，一人の女でじっとしていられる<u>人じゃないわ</u>」（「シ・ひとひらの雪」）

のようなものは，そういったものだろう．霞一人の思い込み・決めつけになってしまっている．

　想像・思考や推論の中で事態を捉えるということは，想像・思考や推論の中で適用される論理や根拠に自信が持てなくなってくれば，事態の成立・存在は，容易に不確かなものになっていく，ということでもある．上に挙げた「柳田さんが市長になれば，日暮市は神武不動産に牛耳られます．」や「全部見ていると九時を過ぎてしまう．」といった例は，事態の成立・存在を確かなものとして捉えた確信であるが，これも，論理や根拠に自信が持てなくなることによって，

(110) 柳田さんが市長になれば，<u>おそらく</u>日暮市は神武不動産に牛耳られるでしょう．

(111) 全部見ていると，<u>もしかしたら</u>九時を<u>過ぎてしまうかもしれない</u>．

のように，容易に概言に移行していく．これは，この種の確言としての事態成立の確かさが，想像・思考や推論の中でのものであり，話し手の感性的な体験や記憶の中に直接与えられていることによったものではない（つまり，確認ではなく，確信である），といったことから来ている．感覚器官による直接的な捕捉や既得情報にあっては，差し出された事態の成立・存在に確かさの度合いはない．話し手の感性的な体験や記憶の中に直接与えられた，これらにあって

は，事態の成立・存在は，疑いのはさみようのない確かなものでしかない．

　確信としての確言は，想像・思考や推論の中に描き出された事態の成立が確かなものとして捉えられていることによる確言であった．したがって，確信を表すモダリティ形式そのものは，確かさの度合いを直接的には語らないものの，確信は，確かさのスケールの上に位置づけられている．

　（112）「それに，あなたは<u>きっと</u>私に飽きるわ．そんなに長く続かないわ」
　　　　　　　　　　　　　　　　　　　　　　　（「シ・ひとひらの雪」）

確かさのスケールの上に位置づけられているからこそ，そもそも，確かの度合い・程度を指し示す副詞を取りうるのである．「キット」のような確言にふさわしい副詞の場合，確かさの度合いを差し出す副詞を共起させながら，文は，確信として成り立ちうる．言い換えれば，「キット」などの有無によって，確信として成り立つだけの確かさを失うことはない．ただ，確信型にあっては，「あなたは<u>たぶん</u>私に飽きるわ．」などのように，確言にふさわしくない確かさを表す副詞がきた場合，文は，事態を想像・思考や推論の中に捉えたもの，といった認識の型を変えることなく，確言から概言に移っていく．ただ，概言とはいっても，この種の表現は，必ずしも「ダロウ」と等価ではない．

　それに対して，
　（113）　あの時，机の上に書類が置いてあった．
　（114）　試験は 3 月 3 日に行われる．
が，確認型の既得情報であるのに対して，
　（115）　あの時，<u>きっと</u>机の上に書類が置いてあった．
　（116）　試験は 3 月 3 日に<u>きっと</u>行われる．
では，事態は，もはや情報・知識の貯蔵庫から取り出された既得情報ではありえない．確認型から，すでに事態を想像・思考や推論の中に捉える，という認識のタイプに変化している．このことは，確認型は，確かさのスケールの上に位置づけられることがなく，確かさの度合いが存しないことを示している．確認は，命題内容である事態の成立・存在を，確かで疑いのはさみようのないものとして捉えるものであった．疑いのはさみようのないものであることによって，確認には，「キット」のような確かであることを表すものをも含めて，確

かさの度合いを差し出す副詞が共起することはない．

2.8 推 量

引き続き，本章で概言と仮称した類に属する推量について，少しばかり具体例を挙げながら見ていこう．

(a) 推量とは

基本形(いわゆる断定形)で表されるものには，確認と確信とがあった．すでに述べたように，ここで見ていく推量が対立をなすのは，基本形で表される全体ではなく，そのうちの確信であった．確認が，命題内容である事態の成立・存在を，話し手の感性的な体験や記憶の中に直接的に捉えていたのに対して，確信と推量とは，ともに，事態の成立・存在を想像・思考や推論の中に捉えるものである．ただ，確信が，事態成立を確かなもの・その事実性を主張しうるものとして捉えているのに対して，推量は，事態の成立・存在を不確さを有するもの・確かさに欠けるものとして捉えているところに，両者の異なりがある．つまり，確信と推量とは，図2.7のような対立関係にある．したがって，推量とは，命題内容である事態の成立・存在を不確かさを有するものとして，想像・思考や推論の中に捉えるものである．たとえば，

(117) それだけあれば，なんとか暮らしていける．

が確信であり，

(118) それだけあれば，なんとか暮らしていけるだろう．

が推量である．推量は，「ダロウ」とそのバリアントおよび「マイ」で表される．推量の表す，事態成立を不確かさを有する・確かさに欠けるものとして捉える，といったことの内実は，

(119) まだ到着しない，何かあったんだ．きっとそうだ．
(120) まだ到着しない，何かあったんだ．#きっとそうだろう．

が示してくれるだろう．先行する文に確信でつないだ(119)が，適格な文連鎖であるのに対して，推量を表す文を連接した(120)は，文連鎖として逸脱性を

```
                        ┌ 確か―確信
想像・推論の中に捉える ┤
                        └ 不確か―推量
```

図 2.7 確信と推量の対立関係

有している(# は，文そのものの逸脱性ではなく，文連鎖としての逸脱性を示している)．「まだ到着しない，何かあったんだ．」といった先行文は，確信のモダリティを帯びた文である．つまり，事実としての確認はまだすんでいないものの，命題内容として描き取られている事態の成立・存在を，想像・思考や推論の中ではあるが，確かなもの・その事実性を主張しうるものとして，捉えている．一度，確かなもの・その事実性を主張しうるものとして捉えておきながら，すぐさま，その確かさ・事実性の主張を放棄し留保することは，論理矛盾になる．(120)の文連鎖の逸脱性は，このことによっている．推量の表す，不確かさを有する・確かさに欠けるものとしての捉え方とは，事態成立を確かである・事実であるとして捉えている，という主張をしていないというものである．

また，推量が，事態の成立を確かさに欠けるものとして，想像・思考や推論の中で捉えたものであることは，

(121) (心の中の「家を出るとき，鍵を締めてきただろうか」という疑念に対して)
「??締めてこなかっただろう／きっと締めてこなかった／おそらく締めてこなかった／もしかしたら締めてこなかった／たしか締めてこなかった」

などの例からも明らかであろう．記憶を呼び起こせばいいだけの事態，つまり，想像し思考し推論することではじめて捉えられる，といった類の事態ではない事態に対しては，定かでなくとも，推量を使うことはできない．(121)における推量の文は，逸脱性を有している．これは，推量が，記憶を呼び起こす(したがって定かでない場合があるにしても)ことによってではなく，想像し思考し推論することで，事態の成立・存在を捉えているからである．(121)にあっ

て，推量は逸脱性を有したが，定かでない度合いが高くなっても（たとえば「モシカシタラ」の類の副詞が共起した場合でも），記憶の呼び起こしによる事態成立であれば，適格性は失われない．(121)の例は，また，推量の表す，事態成立を不確かさを有する・確かさに欠けるものとして捉える，ということの内実をも示している．

さらに，推量が，事態の成立・存在を確かさに欠けるものとして捉えたものであることは，

(122) 新聞社もまた手も足も出ない格好で，系列電波関係をもつ所が辛うじて活動を続けている．しかし，何をおいても，学術関係ほど深刻な打撃を受けた所はないだろう．世界中の……外国の状況は<u>はっきりわからないが</u>，日本と同じようなものだろう．

(小松左京「紙か神か」)

のような例からよく分かろう．「はっきりわからないが」という，把握内容の不確かさに言及した表現が，そのことを明示的に示している．それに対して，

(123) ？<u>自信はないが</u>，彼は来るだろう．

は適格性が下がると思われる．「はっきりわからないが」は，把握内容に対する不確かさの注釈でありえたが，「自信はないが」は，把握内容ではなく，想像し思考し推論することそのものに対する注釈になっている．発話時に自らの立場・責任において，想像・思考や推論の中に捉えたと言っておきながら，同時に，その把握そのものに疑念を呈するのは整合性に欠けるのであろう．したがって，

(124) 自信はないが，{彼は来る<u>と思う</u>／彼は来るだろう<u>と思う</u>}．

のように，「と思う」のような把握行為の表現を付加してやり，それへの注釈として働かせてやると，適格性は落ちないと思われる．

推量は，記憶の呼び起こしによる事態の把握ではなく，想像し思考し推論することによる事態の把握であった．単なる記憶の呼び起こしの中にではなく，想像・思考や推論の中に事態の成立を捉えるにあたっては，何らかの根拠が必要になる．推量とは，根拠を通して，想像・思考や推論の中に事態の成立を捉えることである．事実，

(125) ……太陽はまだ西の端に傾いていなかった．でも母親と約束したとおり，たくさん摘んできたのだから叱られることはないだろう．
(加藤幸子「夢の壁」)

には，「叱られることはないだろう」と捉える根拠が，すぐ前にカラ節の形で出てきている．当然，いろいろのものが根拠になりうる．

(126) お父さまの声が楽しそうだった，お父さまの口調がこうなると，話がとても長びいてしまうことを，あたしはよく知っている．きょう，宇宙植物園につれていっていただく約束だったが，だめになってしまうだろう． (「ボッコちゃん」)

では，あたしのよく知っている内容として，先行文に述べられている，日常生活から得られた経験が根拠になっている．これら2例は，いずれも根拠が文脈の中に明示的に語られているものである．それに対して，

(127) 彼は息をつめ，苦痛をこらえてはらばいになると，右手と左足だけで崖っぷちまではって行き，身を投げた．高さは十メートルたらずだが，岩にぶつかれば死ねるだろう． (「地には平和を」)

では，根拠は文脈の中に明示的に語られてはいない．通念や常識といったものが，「死ねるだろう」と捉える根拠になっている．

また，推量には，まさに事態の成立を推論の中で捉えたというのがぴったりな場合がある．

(128) ドアの前にいつも置かれる朝食の盆を取り上げると，砂糖袋の横に，サテンから届いた手紙が添えてあった．投函してから四日目の朝の返事である．配達が次の朝だから，三日目と言った方が正確だろう．
(唐十郎「佐川君からの手紙」)

などがそうであろう．根拠は論理的なものである．したがって，論理的な根拠が確かであれば，そう結論づけざるをえないものである．そう結論づけざるをえない分，内容そのものは不確かさを有していない．不確かさを有していないことが何らかのあり方で分かったり暗示されている場合，推量は，確かさに欠けるものという捉え方から，断言していないという述べ方に，その意味の重心を動かしていく．

(129) これらの形式が一類をなすことは，次のことからも分かろう．
(本章の本文)

は，まさにこのような例である．本章の筆者は，分かると思いながら，「分かろう」を使っている．「分かろう」という推量の使用は，断言を避けているといったものである．論文などに多い用法である．

「マイ」による推量の例も挙げておく．

(130) ポト派が政権の座にあった七五－七九年に，二百万人の同胞を死に追いやった過去の清算の問題は残っているが，ポト派を政治実体として無視し去ることはできまい．しかし，武力行使だけは絶対に許してはならないだろう．　　（日本経済新聞・社説 1993.5.30)

「マイ」が「ナイダロウ」といった否定推量であることが，よく分かる実例である．すでに，よく知られているように，「マイ」の取る命題内容は，未実現の事態である．したがって，命題内部の述語はテンスの分化を持たない．

それに対して，過去の事態を，根拠によって推し量って捉えなければならない必要性は，さほど多くないにしても，「ダロウ」では，命題内部の述語にタ（過去）形が現れうる．

(131) それを細かく切って，鍋の中の白たきとまぶしたって，なにか，しっくりこないことは，佐川君は知っていただろう．
(「佐川君からの手紙」)

などは，その例である．

これまたよく知られていることではあるが，

(132) 「もういいよ，牛寅，よくやった」と隣家の林徐景が言わなかったら，牛寅は倒れるまで働いていただろう．　　　　（「夢の壁」）

などは，いわゆる反実仮想と呼ばれるものである．林徐景の発言で，牛寅が倒れるまでは働かなかった，ということは確認ずみの事実である．ただ，これも，やはり，事態の成立を確かさに欠けるものとして，想像・思考や推論の中で捉えたものであることには，変わりはない．林徐景の発言が行われなかった，という反事実の世界を想定して，その反事実世界での事態の成立を，確かさに欠けるものとして，想像・思考や推論の中で捉えたものである．

(b) 推量と確からしさの度合い

　上で見た「ダロウ」などによって表される推量は，事態の成立・存在を，不確かさを有するもの・確かさに欠けるものとして，想像・思考・推論の中に捉えたことを表しているのであって，固有の確からしさの度合いを指し示しているわけではない．この点は，「カモシレナイ」「ニチガイナイ」などのように，形式が直接的に確からしさの度合いを語っている蓋然性判断のモダリティとは異なっている．推量が固有の確からしさの度合いを直接的には語らないということは，たとえば，次の例文群を見れば分かろう．

(133)　「そのへんのことは，正直に言ってくれないと，後でかえって動きが取れなくなっちゃうぞ」<u>たしかに</u>教頭の言うとおりだろう．
　　　　　　　　　　　　　　　　　　（安部公房「スプーン曲げ少年」）

(134)　大抵の日本人はアメリカ帰りが嫌いだった，由梨も昔嫌いだった，<u>きっと</u>今でも嫌いだろう．　　　（大庭みな子「三匹の蟹」）

(135)　きょうは衆参同日選挙の投票日．朝の食卓で<u>かならず</u>，投票に行くかどうかが話題になるだろう．
　　　　　　　　　　　　　　　　　　（朝日新聞・社説 1986.7.5）

(136)　しかし実際の乗組員の意志など歯牙にもかけず，きめられたプログラムをかたくなに守ってただひたすらに盲目的に地球へむかってつきすすんでいるのだった．……．彼らがいてもいなくても，それは<u>まちがいなく</u>地球へ帰りつき，<u>まちがいなく</u>地上におりたつだろう．
　　　　　　　　　　　　　　　　　　（「お茶漬の味」）

(137)　今度は，<u>まさか</u>カネが動くことはないだろう．
　　　　　　　　　　　　　　　　　　（朝日新聞・社説 1989.8.6）

(138)　切り抜いて大事にしまっておいたのだが，あまり大事にしすぎてなくなってしまったらしい．いまどこを探しても出てこない．<u>たぶん</u>用がなくなってから，どこか思わぬところからヒョコッと出てくるだろう．　　　　（岩崎昶「チャーリー・チャップリン」）

(139)　この雑誌は，<u>恐らく</u>佐川君にもおくられたことだろう．
　　　　　　　　　　　　　　　　　　（「佐川君からの手紙」）

(140) <u>もしかしたら</u>そういう珍しい事だって起こりうるだろう．

(141) ところどころに出ている妙な形のアンテナだけが，それが石灰層の露出したものでないこと示していた．ハイウェイがその下にもぐりこんでいるのを見ると，ベトンの下には街路があり，工場があり，そして<u>ひょっとしたら</u>，何ものかの生活があるのだろう．

(「お茶漬の味」)

(133)から(141)の例文が示すように，推量を表す「ダロウ」は，じつに様々なタイプの確からしさの度合いを差し出す副詞と共起する．確からしさの度合いの高い類である「キット」「カナラズ」「マチガイナク」や「マサカ」(否定事態を取る)や「タシカニ」(これは少しタイプを異にする)，および，想像・思考・推論の中での捕捉であることから来る不確かさを表す「タブン」「オソラク」だけでなく，確からしさの度合いの低い，そうでない事態の成立の可能性を認めた上での，当の事態成立の可能性を差し出す「モシカシタラ」「ヒョットシタラ」の類のいずれもが，推量を表す「ダロウ」と共起可能である．このように，様々なタイプの確からしさの度合いを差し出す副詞が，推量の「ダロウ」と共起するのは，推量が固有の確からしさの度合いを保持していないことによっている．

もっとも，共起する副詞に量的偏りがないわけではない．「カナラズ」が「ダロウ」と共起することは，ないわけではないが，実際にはかなり少ない．これには，「カナラズ」を持つ文が，文末に意志動詞を取り，話し手自身の意志動作を表すことが少なくないことも関係しているであろう．また，「モシカシタラ」「ヒョットシタラ」の類も，推量と共起可能ではあるが，きわめて少ない．

推量には，様々なタイプの確からしさの度合いを差し出す副詞が共起した．それだけなく，基本形にも，複数のタイプの確からしさの度合いに関わる副詞が共起する．「キット」のように確からしさの高いタイプだけでなく，

(142) それは<u>たぶん</u>，軍事力を背景にした「大国外交」を展開するよりむずかしい．

(朝日新聞・社説 1988.5.7)

(143) 韮崎「……．気の毒だけど，たぶん末期ガンだ」
(一色伸幸「シ・病院へ行こう」)
(144) 二度ととまることもなく，おそらく，明日もあさっても来年も暗い広がりのなかを落ちてゆく．　　　　　　(青野聰「愚者の夜」)
(145) 服装からしても，おそらく名古屋の学生ではなかった．
(小谷剛「確証」)

などのように，「タブン」や「オソラク」の類と共起する．さらに，

(146) 前にも書いたように，我々人間は，もしかしたら生まれることができなかったのです．　　　(松原哲明「新訳・般若心経」)

のように，低い確からしさを差し出す「モシカシタラ」の類も共起しえないわけではない(もっともこの種のタイプはまれではあるが)．この種の現象は，基本形が固有の確からしさを保持していないことを示している．確からしさを差し出す副詞を取りうることから，この基本形が確認を表していないのは明白である．であれば，確信の一種なのか，それとも，定かでないことにおいて，もはや推量なのだろうか．ただ，すでに，記憶の呼び起こしの例(100)で触れたように，「ダロウ」を持つタイプとは振る舞い方を異にする．この種の，確からしさを差し出す副詞と共起した基本形は，その位置づけに問題の残るところである．

(c) 確認要求へ

これもすでによく知られていることだが，「ダロウ」は，対話状況では，いわゆる確認要求といわれる意味・用法に転ずることが少なくない．対話状況においては，命令，依頼，禁止や誘いかけなど，相手への働きかけを表す文以外では，通例，文は，情報を相手に伝える(情報伝達)か，相手から情報を引き出す(情報要求)か，のいずれかとして立ち現れてくる．持ちかけ，とでもいったあり方で，相手からの情報要求として立ち現れたのが，確認要求の「ダロウ」である．

確認要求を表している「ダロウ」のタイプとして，まず，次のようなものが挙げられる．

(147) 多聞「それより，(と一方に目を向けて)あそこで，二人の男話しているだろう．熊みたいなのが候補者の番場で，眼鏡が僕と同じ世話人の菊地君だ」／市谷「前に小説現在の新人賞をとった番場明ですね」

(「シ・文学賞殺人事件」)

(148) 与那覇「……アメリカーの銭はボロボロなの，数は増えてもピン札は踊っていないさ．見てみ，ほら腐れダラーばかりだろ」／サチオ「ピンだろうがボロだろうが，金は金だ」

(斎藤博「シ・Aサインデイズ」)

これらは，いずれも，眼前に眺めている状況，感覚器官によって直接に捕捉された事態であり，自分にとっては，推し量る余地のない確認ずみの事態である．確認ずみの事態であることによって，当該事態の確定化への情報を相手から求める必要などないものである．本来，情報伝達として使われる以外にない文である．また，情報を伝えるだけの文としてであれば，「ダロウ」という推量の形式を使用する必要・余地もない．それでありながら，「ダロウ」が使われている．もはや，「ダロウ」は，話し手の事態への捉え方のレベルからずれている．「ダロウ」は，話し手の，相手の認識状況に対する推し量りのレベルへ，そしてそのことによって，述べ方へとずれ込んでいくのであろう．当該事態の確定化への情報を相手から得る必要がないのであるから，要求情報は，相手の認識状況ということになる．したがって，持ちかける，といったあり方で(イントネーションなどにより)，相手に向かって差し出せば，相手の認識状況を相手に確認する(そして自らと同じ認識状況を要求する)ことになる．

事態の成立については，もはや推し量る必要のない，したがって，事態そのものに対して，相手から情報を得る必要のないものには，また，次のようなものがある．

(149) 蟻田「何だ，この女は……」／藤村「渚みどりさんです．女優の……」／蟻田「下へ連れて行け」／キクエ「失礼な……」／蟻田「むやみに他人を上げるなっていっただろうが」

(「シ・善人の条件」)

これは，すでに実現している話し手自身の過去の行為を命題内容としているも

のである．したがって，情報伝達の文としては，本来「ダロウ」の使用余地のないものである．相手の認識状況を，相手に確認するものになっている．さらに，既知的な事態を命題内容にとる，

(150) 繁子：でも，もうかれこれ八時ですよ．／藤子：だから<u>小運送屋の古橋さん</u>と錦華小学校前から出発したのが今朝の五時だろう．銚子まで四時間とみて，岸壁に着くのが午前九時．木箱の買い付けに一時間． (「闇に咲く花」)

なども，(149)につながるものだろう．

次のような文も，何も話し手が，事態の成立を，想像・思考・推論の中に捉えているわけではない．記憶を呼び起こしているだけのものである．

(151) <u>たしか</u>コロンブスがアメリカ大陸を発見したのは<u>1492年だったろっ</u>．

これも，確認要求を表している文である．確認要求の「ダロウ」では，推量の「ダロウ」が有していた制約が解除されている．推量の「ダロウ」は，「タシカ」と共起しなかったが，確認要求では共起可能になる．

当然，話し手にとって推し量る必要のない事態でなければ，「ダロウ」が確認要求にならないというわけではない．事態の成立を想像・思考・推論の中に推し量りながら，対話状況であることによって，確認要求的な意味合い(運用論的な効果)を帯びるものも，また，少なくない．

(152) 永尾「新製品ですか？ いいですね」／和賀「ただ，この分野に関して，ウチは他の会社にくらべてかなり遅れているからな，<u>売り込みはキツイだろう</u>」／永尾「いえ，でもこれ最高です，これならガンガン発注出来ます」 (板元裕二「シ・東京ラブストーリー」)

などは，これだろう．この文が推量としての性質を有していることは，推量の根拠を，話し手が理由節(「〜遅れているから」)として呈示していることから，明らかであろう．話し手が，確信に至らないというあり方で，事態を相手に差し出し，事態の確定化への情報を相手が有している可能性がある場合であれば，運用論的に確認要求の意味合いが発生するものと思われる．この種の「ダロウ」は，推量と確認要求の双方にまたがるものだろう．このようなタイプの文を介して，「ダロウ」は，確認要求へ移り行くものと思われる．

(153) 一之助「この転勤はどういうことだ?」／福間「はっ,何か問題がございますか」／……／一之助「本人は何と言ったんだ,本人は,嫌がっただろう」　　　　　（山田洋次他「シ・釣りバカ日誌」）

(154) 木村「なんだ,その代わり身の早さは!」／高倉「俺は日本人だ!」／木村「汚いぞ」／高倉「汚いのはあんたの方だ.全部やめた筈だろう」　　　　　　　　　　　　（「シ・木村家の人々」）

などは,いずれも,推量であるとともに,確認要求をも表しているといったものであろう.さらに,

(155) 自動販売機の前.男「ビールがいいよな?」／英雄「は?」／男「暑いからビール飲みたいだろう?……」／英雄「私が買いますよ」
　　　　　　　　　　　　　　　　　　（「シ・異人たちとの夏」）

のような,事態成立の確定化のためには,相手に尋ねる必要のある,相手の感覚などを表した文では,推量を差し出しながら,確認要求への傾きがより強くなる.

確認要求を表す「ダロウ」は,もはや述べ方の表現への踏み込んだものである.そのことは,

(156) 「何よ,その云い方」まどかは,ふくよかな頬を紅潮させて,「分かってるわ.あなたの云いたいことぐらい,何億っていう遺産がかかってるんだぜ,でしょ?」　　（綾辻行人「迷路館の殺人」）

のような例からよく分かろう.確認要求の「デショウ」は,述べ方に関わっているからこそ,聞き手への態度を表した終助詞「ゼ」に後接しうるのである(この後接現象には,「デショウ」の丁寧さが一次的に関与しているわけではない.「ダロウ」にしても後接可能である).

もっとも,対話状況であれば,「ダロウ」は,必ず確認要求へとずれ込むというものではない.

(157) 英雄「もう自分には,誰かを愛したりする力なんか,なくなっていると思っていたのに……また,なにかを愛し始めてる……ような気がする」／桂「なにかって,人じゃないの?」／英雄「ひとにはちがいないだろう……それが,生きている人間たちじゃないのが困り

　　　　もんだけど」　　　　　　　　　（「シ・異人たちとの夏」）
のように，相手の問いに対する答えとして現れたり，
　（158）　綱島「脅かさないでくださいよ．もし落選したら，この街は柳田の
　　　　天下になる」／蟻田「なるだろうね，土建屋が市長のバッチをつけ
　　　　たら，怖いものなしだ」　　　　　　（「シ・善人の条件」）
のように，同意的応答として出現している場合は，確認要求の意味を帯びることはない．確認要求の意味合いを帯びるのは，推量事態に対して，相手からの情報提供を期待できる場合である．
　「ダロウ」が確認要求に移行したのに対して，「マイ」は，確認要求にずれ込むことはない．
　（159）　黒い鞄を膝に置き，椅子の上で太った身体を丸めていた黒江が言った．「まあ，<u>死者の意志はできる限り尊重せねばなりますまい</u>．若干その，抵抗も覚えないでもないが」　　　　（「迷路館の殺人」）
では，「マイ」の前に丁寧さを表す「マス」が現れている．丁寧さは述べ方の一種である．確認要求という述べ方へずれ込むものであれば，述べ方の表現への後接という，ずれ込みにふさわしい環境では，当然，確認要求にずれ込んでいるはずである．それにもかかわらず，ずれ込んでいない．そもそも，「マイ」が確認要求にずれ込む性質を持たないからであろう．それに対して，
　（160）　彼だって，新聞くらいは<u>読みますでしょ</u>．
のように，「ダロウ」は，このような環境では，確認要求以外ではありえない（このような環境における「ダロウ」については，安達(1999)をも参照）．

(d) 様々な「ダロウ」

　ここでは，推量・確認要求というだけでは説明がつきづらい，述べ残した「ダロウ」の使い方について，ごく簡単に触れる．
　（161）　けれど，気づかないということは，<u>なんと恐ろしいことだろう</u>．
　　　　　　　　　　　　　　（安部公房「デンドロカカリヤ」）
は，推量に関係するものの，推量というだけでは説明不足であろう．いわゆる感嘆といわれているものである．また，

(162) 桂「(身をよじる)嫌」／英雄「(捕らえて離さない)どんな傷痕だろうと，それで気持ちを変えるようなことはない」
(「シ・異人たちとの夏」)

は，想定された事態であることによって，推量とつながるものの，それ以上のものを含んでいる．「ト」に前接し，逆条件節(譲歩節)を形成している(従属性の高い条件節に含み込まれることからして，通例の「ダロウ」とは少しばかり異なる)．「代表がAさんになろうと，Bさんになろうと，会の体質は変わらない．」などもこの例である．さらに

(163) 公麿：わたしのと合せて五千円の資金は，ガソリン代だろう，木箱代だろう，魚市場への心付けだろう，鰯を集めてくれた人へのお礼だろう，それから……． (「闇に咲く花」)

では，「ダロウ」は列挙を表している．

(e)「と思う」

対話状況では，「ダロウ」は確認要求へずれ込んでいくことが少なくなかった．「A「明日の天気，晴れるかな」／B「高気圧が張り出してるから，晴れると思う」」のように，「思う」という動詞が，「～と思う」という形をとって，モダリティ形式相当に近づくことがないわけではない．しかし，手持ちの資料での調査ではあるが，対話状況では，「ダロウ」が確認要求へずれ込んでいるにもかかわらず，現実には，「と思う」がモダリティ形式相当へと形式化することは少なかった．かえって，論説的文章や地の文での方が，形式化した用法が見られる．

(164) 永尾「明け方まで騒いだよな」／さとみ「私，あの明け方の空の色，一生忘れないと思う」 (「シ・東京ラブストーリー」)

では，思考行為の行為者である一人称の「私」が文中に顕在化している．その分，「思う」は本動詞寄りである．また，

(165) 典子「ハッキリさせた方がいいと思うの．……雨宮のおじさんの出した太郎の手紙，読んだわ」／太郎「?!」 (「シ・木村家の人々」)

では，「と思う」の後に，説明のモダリティ形式の「ノ(ダ)」が出現している

(「ダロウ」が「ノダ」に後接されることはなかった).やはり,その分「思う」は本動詞寄りである.さらに,

(166) 鴨井「り,理由は?」／英志「俺が人の下で働けると思うか」
　　　　　　　　　　　　　　　　　　　　　　　　(「シ・どついたるねん」)

では,「ダロウカ」と異なって,「と思う」が問いかけの対象になっている.したがって,相手の思考行為を表しており,モダリティ形式化していない.それに対して,

(167) 和賀「無理するなよ」／リカ「はい,判っています,ノンビリ片付けます」／和賀「……」／リカ「?」／和賀「相談相手ぐらいにならなれると思う」　　　　　(「シ・東京ラブストーリー」)

などが,比較的「ダロウ」に近似してきている「と思う」であろう.

それに対して,

(168) 個人的な考えだが,そうなれば,「欧州を捨てる」と政府が決断しても,国民の大多数は政府を支持してくれると思う.
　　　　　　　　　　　　　　　　　　　　　　　(「アエラ」1993.5.25)

(169) たしかに高家の豚はほかの家の豚に比べて肉がついていない.でもそれは食事の回数が少ないせいではなく,中身のためだと思う.
　　　　　　　　　　　　　　　　　　　　　　　　　　　(「夢の壁」)

(170) この映画については,コーツ・ニクロースの『チャーリー・チャップリン』ほど卓抜な紹介と解釈を私はほかに読んだことがない.それを抜き書きするのがいちばんだと思う.
　　　　　　　　　　　　　　　　　　　　(「チャーリー・チャップリン」)

などが,論説的文章,地の文に現れている例である.これらは,比較的「ダロウ」に近似してきている「と思う」であろう.論説的文章,地の文には,この種の例が散見する.しかし,「と思う」は,まだまだ十分にはモダリティ形式に形式化していない.

2.9 蓋然性判断

次に，本章で蓋然性判断と仮称したモダリティについて見ていく．蓋然性判断とは，すでに触れたように，確からしさへの言及を含むあり方で，事態の成立を，自らの想像・思考や推論の中に捉えたものである．これには，「カモシレナイ」の類と「ニチガイナイ」の類がある．

(a) カモシレナイ

まず，「カモシレナイ」の類を見ていく．「カモワカラナイ」なども，これに準ずる形式である．本章では，「カモシレナイ」類の表す蓋然性判断を**可能性把握**と仮称しておく．可能性把握とは，命題内容として描き取られている事態が，生起する可能性を持ったものであることを示している．事態生起の可能性を描き出すことによって，事態の成立を，不確かなもの，可能性程度の確からしさのものとして捉えていることを表している．事態に生起の可能性があるということは，また，同時に起こらない可能性も残されているということでもある．事実，

(171) わが隣人は何をしているところかな？　ただ大欠伸をしているだけかもしれないし，蛇口を全開にしたシャワーの下にしゃがみこんで洗浄中かもしれない．　　　　　　　（「スプーン曲げ少年」）

のように，両立しえない2事態を，同時に「カモシレナイ」で並列させることは可能である．したがって，両立しえない2事態の典型である，同一事態の生起・不生起を，並列させることができる．

(172) 彼は来る{かもしれない／*ダロウ}し，来ない{かもしれない／*ダロウ}．

のようなものが，これである．「ダロウ」や「ニチガイナイ」では，逸脱文になってしまう．もっとも，「彼は，その事について反省するだろうし，後悔するだろう．」のように，併存可能な事態であれば，「ダロウ」による並列も可能である．ただ，このような場合であっても，「彼は，その事について反省する

2.9 蓋然性判断

かもしれないし，後悔するかもしれない.」のように，「カモシレナイ」による場合であれば，まず出てくる解釈は，事態の選択的な成立である．

「カモシレナイ」の類も，想像・思考や推論の中に捉えた事態を表している，ということは，

(173) 一時間たってもケイ氏は元気にならず，苦しみかたはひどくなるばかりだ．友人はやっと，これは本物の病気かもしれないと考えて，医者を呼んだ． （「ボッコちゃん」）

のような，［根拠－推し量り］構造の中に現れることから明らかであろう．先行文が根拠を呈示している．

ただ，

(174) （「鍵を掛けてきたかな」という自らの疑念に対して）「ひょっとしたら掛けてこなかったかもしれない／??掛けてこなかっただろう」

のように，「カモシレナイ」は，すでに触れたように，「ダロウ」の使えない，単に記憶の呼び起こしを表す場合にも，使用可能である．

蓋然性判断は，事態の成立を，想像・思考や推論の中に捉えたということを，単に表しているのではなく，確からしさの度合いへの言及を焼きつけたあり方で表している，と述べた．事態生起の可能性は，不生起の可能性でもあり，したがって，「カモシレナイ」類に焼き付けられている確からしさは，低いタイプのものである．共起する副詞（相当）は，「モシカシタラ」「ヒョットシタラ」「万ガ一」や「必ズシモ」(否定を要求)などが，中心である．

(175) 酒をやめたら，もしかしたら健康になるかもしれない．長生きするかもしれない． （山口瞳「酒呑みの自己弁護」）

(176) 皇帝専制による中央集権的中国がその肉を列強に食われつつもなおも悠然として新技術にめざめることがきわめておそかったのは，ひとつにはその体制内に制度上の批判勢力をもたなかったことによる．ひょっとすると，それが唯一無二の原因であったかともいえるかもしれない． （司馬遼太郎「街道をゆく１」）

(177) 私の祖母は……，地面から露呈している岩をみると，「またいではいけない」と，おごそかに警告した．万が一神が宿っているかもしれ

ないことを畏れたにちがいない．　　　　　　（「街道をゆく1」）
(178)　ぼくがこのひとをたまらなく欲しいのは，<u>必ずしも</u>一時の衝動では
　　　ないかもしれない．　　　　　　（「赤頭巾ちゃん気をつけて」）
などは，その例である．

　もっとも，「ニチガイナイ」と比べると珍しいが，「タブン」「オソラク」が，この類にまったく生じないというわけではない．
(179)　何故そんな比喩を思いついたのか自分でもよく分からない．<u>多分</u>蔑
　　　ろにされたいたましさを含んだ諧謔のつもりだったのかもしれない．
　　　　　　　　　　　　　　　　　　　　　（笠原淳「杢二の世界」）
などは，そういった例である．

　記憶を呼び起こせばよい場合にあっても，「カモシレナイ」類が使用可能になるのは，「カモシレナイ」類が，単に，事態の成立を想像・思考や推論の中に捉えた，ということを表しているだけではないことに起因している．また，次のような例も，「カモシレナイ」類が，事態の成立を，確からしさの度合いへの言及を焼きつけたあり方で表していることを示している．
(180)　あきれたやつだ．正気なんだろうか？　<u>いや正気{かもしれない／</u>
　　　<u>*ダロウ}ぞ</u>，自由主義者はなんでも思ったとおりに実行するという
　　　話だ．　　　　　　　　　　　　　　　　（安部公房「鉄砲屋」）
は，連続した一連の判断を表す限り，「ダロウ」の使用には逸脱性が存在する（「正気なんだろうか」という疑いの後，少し時間が空き，別の根拠による推量に変われば，適格になる）．終助詞「ゾ」は「ダロウ」に後接することはないが，上の文では，「ゾ」がなくても，「ダロウ」を使用すると，逸脱性が発生する．これは次のことによっている．事態の成立を疑っておきながら（判定放棄しておきながら），その後ですぐさま，確かさを欠くものとして想像・思考や推論の中でとはいえ，事態成立を捉えた表現をすることは，不整合性が生じることになる．それに対して，事態成立の可能性を付与することは，事態成立を疑うことに，新しい情報を付与することになり，必ずしも矛盾するところとはならない．また，
(181)　「オリーブが少し足りない<u>{かもしれない／*ダロウ}</u>けれど，足りな

くなったら，オリーブ無しでもよろしいでしょう．ジンが無くなったらウオッカを使って下さい」　　　　　　　　（「三匹の蟹」）

も，「カモシレナイ」は可能であるものの，「ダロウ」では逸脱性が生じる．これも，次のことによっている．上でも述べたように，「ダロウ」は，確かさを欠くにしても，事態の成立を，想像・思考や推論の中に捉えている．事態の成立を捉えておきながら，それと同じ事態をすぐさま仮定化することは，論理矛盾になる．それに対して，「カモシレナイ」は，「ダロウ」と違って，事態成立の可能性を差し出すものであった．事態成立の可能性を差し出していることによって，事態成立を仮定することは，論理矛盾にも，情報の重複にならない．したがって，「カモシレナイ」の使用は適格になる．

　以上から分かるように，「カモシレナイ」類は，推量を表す「ダロウ」とは異なったタイプに属するモダリティの表現形式である．

　ここで，「カモワカラナイ」の例を1例だけ挙げておく．

（182）　運転免許を持っている人はすでに5200万人を越えた．だれもが，いつ事故に遭うかもわからないし，加害者になるかもしれない．
　　　　　　　　　　　　　　　　　　　　（朝日新聞・社説1986.11.6）

などは，いい例である．「カモシレナイ」と並列的に使われていて，「カモワカラナイ」が，可能性把握の表示形式の一種であることが，よく分かる例である．もっとも，「カモワカラナイ」は，「分からない」が本動詞として生きているケースも少なくなく，形式化はさほど高くない．

（b）ニチガイナイ

　次に，「ニチガイナイ」の類に移ろう．「ニキマッテイル」などは，これに準ずる形式である．本章では，「ニチガイナイ」類の表す蓋然性判断を**必然性把握**と仮に呼んでおく．必然性把握とは，命題内容として描き取られている事態の生起・実現の確率がきわめて高いことを示したものである．そして，そのことを通して，事態の成立を，きわめて高い確からしさでもって，想像・思考や推論の中に捉えていることを表したものである．たとえば，

（183）　明日にでも学校へ出かけて行って，友達にその話をしてみたいとい

う気になった．友達はその話を面白がるにちがいない．そうすれば，迂遠な道ではあるが，あの出来事は彼自身にとってようやくひとつの体験となるにちがいない．　　　　　　　　　　　（「杏子」）

などが，この例である．

「ニチガイナイ」の類も，事態の成立を想像・思考や推論の中に捉えたものである．このことは，

(184) 薄手の板ぶきであった．質朴できこえた三河衆でさえこの城の粗末さにおどろいたというから，よほどのしろものだったにちがいない．
　　　　　　　　　　　　　　　　　　　　　　　（「街道をゆく1」）

のように，カラ節で表現されている判断の根拠を持ち，[根拠-推し量り]の構造の中に現れることから明らかであろう．

ただ，「ニチガイナイ」類も，「カモシレナイ」類と同様に，事態の成立を想像・思考や推論の中に捉えた，ということを，単に表しているのではない．事態成立を，その確率への言及を焼きつけたあり方で表している．

(185) 船がニューヨークの波止場に横着けになったときの不思議な感情を私は二度と忘れないだろう．私たち十四人のイギリスの若者はただ立っていた．なかでも私がいちばん興奮していた{にちがいない／??ダロウ}．　　　　　　　　（「チャーリー・チャップリン」）

のような，単に記憶を呼び起こせばよい場合にあっても，「ダロウ」が逸脱性を有するにもかかわらず，「ニチガイナイ」は適格である．これは，「ニチガイナイ」が，事態の成立を想像・思考や推論の中に捉えた，ということを，単に表しているのではなく，事態成立を，その確率への言及を焼きつけたあり方で表していることによっている．さらに，

(186) 「君みたいな馬鹿な女に，馬鹿げた質問をされ，道ばたで考えこまなければならないような事態を，不幸といわずして何といおうか．これは不幸だ，不幸{にちがいない／*ダロウ}．いやそうにきまっている」　　　　　　　　　　　　　（筒井康隆「幸福ですか？」）

(187) Kが職務を怠ったのだ．{そう{にちがいない／*ダロウ}／オソラクソウダ}．　　　　　　　　　　　　　　　　（「空中楼閣」）

上のような文連鎖の中にあっては,「ダロウ」の使用には逸脱性が発生するが,「ニチガイナイ」は使用可能である．これも先にみた,「ダロウ」とは異なった「ニチガイナイ」の性格が関わっている．先行文で事態を真として確信的に判定(たとえば「これは不幸だ」)しておきながら,すぐさま,「ダロウ」によって,想像・思考や推論の中で,確かさに欠くものとして捉えたと判定するのは,論理矛盾になる．それに対して,「ニチガイナイ」の後接は,事態成立の高確率を表すことによって,論理矛盾にもならなければ,情報的にも無価値にもならない．また,(187)で「オソラク〜ダ」が逸脱性を持たないことにも,注目してよい．これは,「{キット／オソラク}〜ダ」系と「ダロウ」とが,少しばかり異なっていることを示している．

すでに見た,(180)「正気なんだろうか？　いや正気{かもしれない／*ダロウ}」のように,「カモシレナイ」が疑いにただちに後接できることや,(186)「これは不幸だ,不幸{にちがいない／*ダロウ}.」のように,「ニチガイナイ」が確信にただちに後接できることは,次のことを示していると思われる．「カモシレナイ」と「ニチガイナイ」は,共通する性格を有しながら,異なっている．このことが,この両者を蓋然性判断にまとめる一つの根拠でもある．(180)(186)は,さらに,確信・推量・疑いが一つの体系の中にあることを示している．

また,

(188)　(彼は)昔の連中からすっかり疎遠になってしまった．トザローをはじめ「古い連中」には淋しかったにちがいない．チャップリンの裏切りとさえ目にうつったのかもしれない．

　　　　　　　　　　　　　　　　　　　　　　　(「チャーリー・チャップリン」)

のような例は,「カモシレナイ」と「ニチガイナイ」が蓋然性判断という同類の異種としての存在であることが,よく分かる例であろう．

必然性把握は,確からしさの度合いへの言及を焼きつけたあり方で表していた．このタイプは,事態成立の高確率を表すものであった．これもすでによく知られていることではあるが,したがって,共起する副詞は,「キット」「必ズ」などが,中心である．たとえば,

(189) コロンブスの卵は，きっと茹で卵だったにちがいない．あまり，あたためておきすぎると，かえって傷みが早いのだ．
(安部公房「砂の女」)

(190) ぼくはもし，あの由美のやつをほんとうに強姦しようとする男がいたら，ただ守るだけでなく必ずその男を殺してしまうにちがいないことを知っていた．　　　（「赤頭巾ちゃん気をつけて」）

などが，この例である．

また，「オソラク」「タブン」なども，「キット」「必ズ」の類に比べると少ないものの，それなりに出現する．

(191) それはおそらく，スポーツの枠内にとどまらない波及効果を呼ぶにちがいない．南北朝鮮の双方が相互に，また東西陣営を含めた国ぐにに対して，同時に大きく開かれることを意味するからだ．
(朝日新聞・社説 1986.6.13)

(192) 昨夜，女を襲って，しばり上げたのは，たしかあの辺だ…スコップも，多分，そのあたりに埋まっているにちがいない．　（「砂の女」）

などが，この例である．「オソラク」「タブン」の出現は，「カモシレナイ」での出現に比べればかなり多い．これは，「オソラク」「タブン」の特性を示しているとともに，「カモシレナイ」と「ニチガイナイ」の有している，確かさのスケールで位置の占め方をも表している．

(c) 蓋然性判断の特性

ここでは，「カモシレナイ」「ニチガイナイ」にともに観察される文法的な特性を，簡単に見ておく．

(i) 「カモシレナイ」「ニチガイナイ」は，ある条件を設定し，その条件下で，事態成立への判断が成り立つのに対して，「ヨウダ」「ラシイ」などの徴候性判断では，想定された条件下での事態成立を表せない（「(シ)ソウダ」は異なる．後に触れる）．

(193) ……傾きかけた花束をおもむろに据え直すと，その階を振り返らないようにおさらばした．もしも，あの部屋に人が戻ってくれば，そ

の花束を手にとる{かもしれない／*ヨウダ}．もしも，あの階に人が立ち寄れば，それをトイレの横の水道に添えてくれるだろう．
(「佐川君からの手紙」)

(194) 新ランドが崩壊して，一番打撃を受けるのは日本であり，その責任が問われるのも日本だろう．新ランドが失敗すれば，二国間の管理貿易が大手を振って歩き出す{にちがいない／*ヨウダ}．
(日本経済新聞・社説 1993.5.16)

などは，そのことを示している．このような構文環境では，「ヨウダ」「ラシイ」の使用は逸脱性を生んでしまう．「カモシレナイ」「ニチガイナイ」の有する，この種の特性は，「ダロウ」と共通するものである．

以下，「ダロウ」と「カモシレナイ」「ニチガイナイ」を分かつ特性に触れる．

(ii) すでに触れたように，「カモシレナイ」「ニチガイナイ」は，「ダロウ」と異なって，説明のモダリティ「ノダ」に先行する．「{カモシレナイ／ニチガイナイ}＋ノダ」は可能であるが，「ダロウ＋ノダ」は不可能である．

また，「カモシレナイ」「ニチガイナイ」には「ダロウ」が後接する．たとえば，

(195) 「電話番号を書きますから，チャップリンさんがスタディオに見えたら電話してください」／「そんなことはできない．君がだれか知らないし，嘘をついているかもしれないだろ」
(「チャーリー・チャップリン」)

では，「ダロウ」は，いわゆる確認要求にずれ込んでいるが，「カモシレナイ」「ニチガイナイ」に後接すれば，「ダロウ」は，すべて捉え方から述べ方へ移り動かなければならないわけではない．たとえば，

(196) おまえには，根絶やしにされた女の，しわぶき声に聞こえるかもしれないだろうが，あらんかぎりの思いを込めて，ここから何が見えたかお話しするから……おまえの前に立つ，あるがままのわたしをそっと見上げて耳を澄ましなさい．　(「佐川君からの手紙」)

(197) 英雄「もう自分には，誰かを愛したりする力なんか，なくなっていると思っていたのに……また，なにかを愛し始めてる……ような気

がする」／桂「なにかッて，人じゃないの？」／英雄「ひとにはちがいないだろう……それが，生きている人間たちじゃないのが困りもんだけど」　　　　　　　　　　　　　　　　　（「シ・異人たちとの夏」）
などの「ダロウ」は，確認要求の「ダロウ」ではないだろう．「カモシレナイ」「ニチガイナイ」をも含めて，「ダロウ」の推量対象になっている．「ダロウ」が，「カモシレナイ」「ニチガイナイ」とはレベル・類の違うものであることを表している．「ノダ」の後接を含め，上の現象は，「カモシレナイ」「ニチガイナイ」の対象性がそれなりに高いことを示している．

　(iii)「カモシレナイ」「ニチガイナイ」は，「ダロウ」に比して従属度の高い節の述語としても現れうる．ガ節などの逆接を表す節，並列のシ節や理由のカラ節には，「ダロウ」も出現する．したがって，当然，これらの節には「カモシレナイ」「ニチガイナイ」が出現する．

　また，連体修飾節の述語としても現れる．

(198) 荒廃しているかもしれない戦後の日本で，どんな新しい生活が始まるか，彼はさまざまな夢を，彼女に喋ってみたかった．
　　　　　　　　　　　　　　　　　　（「アカシヤの大連」）
(199) こめかみのところに，事があればいも虫のように動きだすにちがいない筋が腫物みたいに浮出ている．　　　（「デンドロカカリヤ」）
などが，その例である．連体修飾節の述語としての出現は，「カモシレナイ」の方が，「ニチガイナイ」に比べて多い．

　さらに，これはきわめてまれであるが，従属度の高い中止節の述語としても現れえないわけではない．当然「ダロウ」にはない用法である．

(200) かれが日本に興味を持つに至るのは，ひょっとするとお母さんの影響かもしれず，さらにかれが言語学に興味をもつにいたるのは，その姓がケルト系に属するものであるということと無縁でないかもしれない．　　　　　　　　　　　　　　　　　　（「街道をゆく1」）
(201) 長州の伊藤博文などは志士時代，自分の女房に小間物屋を下関の田中町の黒門というところでひらかせていた．こういういわばふざけた武士は，長州以外に日本で絶無であったにちがいなく，たとえ他

藩の武士がきいても，そういうことはありようはずがない，として
信じなかったにちがいない．　　　　　　　（「街道をゆく1」）

などは，その例である．ただ，この種の使い方は，「〜ヨウデ，」や「〜ラシ
ク，」(これは「ヨウデ」に比べるとまれ)が，それなりに存在するのに比べれば，
きわめてまれな，例外的現象である．

「カモシレナイ」「ニチガイナイ」がタ形を持つことや，「相手はライターを
つけ，さし出した．そのとたん，エヌ氏はライターをたたき落とした．毒ガス
が出てくるかもしれないではないか．(「ボッコちゃん」)」のような名詞節化
された用法の存在も，蓋然性判断の類の対象性の一定程度の高さを示している．

(iv) また，「ダロウ」「マイ」と「カモシレナイ」「ニチガイナイ」とには，

　　ダロウ　　確認要求の用法あり・疑いの形式(「だろうか」)への転化あり
　　マイ　　　確認要求の用法なし・疑いの形式(「まいか」)への転化あり
　　カモシレナイ／ニチガイナイ　確認要求の用法なし・疑いの形式への転化
　　　　　　　なし

のような，段階的な異なりが観察される．

2.10　徴候性判断

引き続き，本章で徴候性判断と仮称するモダリティについて見ていく．徴候
性判断とは，命題内容として描き取られた事態の成立が，存在している徴候や
証拠から引き出され捉えられたものであることを，表したものである．徴候性
判断を表す形式には，「ヨウダ」「ミタイダ」「ラシイ」「(シ)ソウダ」がある．

(a) 徴候性判断の特性

もっとも，これらの形式がすべて同じであると言っているのではない．それ
ぞれに個性を有している．特に，「(シ)ソウダ」は，他の3形式に対して異な
りが大きい．しかし，それぞれそれなりに異なった性格を有しながらも，徴候
性判断として一類化できるものと思われる．これらを徴候性判断として一類化
したのは，内部での異なりよりも，推量を表す「ダロウ」(説明のモダリティと

ともに使われた「ノダロウ」は少し別）や，蓋然性判断の「カモシレナイ」「ニチガイナイ」に対する異なりの方が大きいし，それぞれの有している似かよい（これは，推量や蓋然性判断に対する異なりでもある）が小さくない，と考えたからである．

以下，徴候性判断の推量や蓋然性判断に対する特性を二三呈示する．

（ⅰ）推量や蓋然性判断は，理由節・条件節の双方で表された事態を，判定の根拠として取りうるが，徴候性判断では，条件節を取りえない．これに関わることについては，すでに蓋然性判断の特性でも触れた．

（202）　手足にすり傷があれば，来ない{だろう／かもしれない}．
（203）　手足にすり傷があるから，来ない{だろう／かもしれない}．
（204）＊手足にすり傷があれば，階段から落ちた{ようだ／みたいだ／らしい}．
（205）　手足にすり傷があるから，階段から落ちた{ようだ／みたいだ／らしい}．
（206）＊さかんに揺れていれば，あの荷物は落ちそうだ．
（207）　さかんに揺れているから，あの荷物は落ちそうだ．

理由節では適格になっても，条件節の下では逸脱性を帯びてしまう．これは，徴候性判断が，現に存在している徴候から引き出され捉えられた事態を，表していることによっている．

（ⅱ）推量や蓋然性判断にあっては，他者の情報を仮定的に受け入れておいて（いまだ事実扱いをしていない），後続文とつながっていく，「ジャ」の類と共起するが，徴候性判断では，「ジャ」との共起は無理である．

（208）　「彼，彼女に来るって約束してたわよ．」「じゃ，来る{だろう／かもしれない}．」
（209）　「彼，彼女に来るって約束してたわよ．」「＊じゃ，来る{ようだ／みたいだ／らしい}．」
（210）　「彼，彼女に来るって約束してたわよ．」「？じゃ，来そうだ．」

「（シ）ソウダ」については，他の形式よりも座りがよい．「（シ）ソウダ」では，「じゃ」で前文を受けても，前文の情報を事実扱いしやすくなる（する傾向にあ

2.10 徴候性判断

る)のだろう．この現象も，(i)で述べたこととつながりがある．徴候性判断の依拠している徴候が，現に存在しているもの，したがって，事実であると認定されているもの，であることから来るのであろう．

(iii) 共起する副詞のタイプが異なる．推量や蓋然性判断は，「キット」「タブン」「モシカシタラ」の類の副詞と共起し，「ドウヤラ」とは共起しないのに対して，徴候性判断は，逆に「ドウヤラ」とは共起するが，「キット」「タブン」「モシカシタラ」の類とは共起しない．

(211) 21世紀には，{たぶん／*どうやら}世界の経済格差ももう少しは減少している{だろう／かもしれない}．

(212) 滑走路に向かって動き出した．{*たぶん／どうやら}あの飛行機，飛び立つ{ようだ／みたいだ／らしい}／飛び立ちそうだ．

などが，このことを表している例である．

(iv) 推量や蓋然性判断は，「ト思ウ」に埋め込まれるが，徴候性判断の形式の「ト思ウ」への埋め込みは，不自然である．

(213) この景気の低迷は今しばらく続く{だろう／かもしれない}と思う．

(214) *どうやらあの飛行機，{飛び立つ{ようだ／みたいだ／らしい}／飛び立ちそうだ}と思う．

などが，このことを表している例である．これは，徴候性判断が，目にしたり耳にしたりしている状況から引き出された判断であって，単に頭の中にある根拠によって捉えられた判断ではない，ことによっているのであろう．もっとも，「こんどのレース，5枠がきそうだと思う．」のような文は可能だろう（「きそうに思う．」にすれば，さらに座りはよくなる）．これは，徴候性判断として一類化したものにも，それぞれ異なりがあり，また，それぞれの形式の表す意味も，徴候性判断と呼ぶにふさわしいものもあれば，それからずれたものも存することによるのであろう．「ヨウニ」であれば，「どうやらあの飛行機，飛び立つように{思われる／思える}．」のように，「思われる」「思える」に埋め込みうる．また，「ト思ッタ」にすれば，徴候性判断の形式は，埋め込み可能になる（例文(256)参照）．これは，「思ッタ」にすることで，「思ウ」の本動詞性が明確になることと関係するのだろう．

(v) 徴候性判断では，すぐさま事態成立を疑問化しても逸脱性は生じないが，推量や蓋然性判断では，逸脱性が発生する．

(215) あの飛行機，飛び立つ{*だろう／*にちがいない／?かもしれない}が，本当に飛び立つかな．

(216) あの飛行機，飛び立つ{ようだ／らしい}が，本当に飛び立つかな．

がこれである．この現象は，次のようなことによっているものと思われる．推量は，話し手の認識の中に事態成立を捉えたものである．自らの主体的な認識の中に事態成立を捉えておきながら，ただちにその成立を疑念のもとに放棄する，ということは，自己矛盾になるのだろう．同様に，蓋然性判断にあっても，事態成立の蓋然性を述べながら，事態成立を認識の中に捉えている．やはり，それをすぐさま放棄することは，自己矛盾になるのであろう（ただし，蓋然性の高低によって座りの悪さの程度が異なる）．それに対して，徴候性判断は，徴候や証拠から引き出された事態を述べるとともに，その事態を引き出した徴候や証拠を間接的に述べている．そのことによって，徴候を疑い，引き出された事態を放棄することは，自己矛盾にはならないのだろう．また，

(217) ちょっとみる限り，人は両足を平均して，均等にエネルギーを使って歩いている{ようだ／*ダロウ}が，実際は一方が「利き足」，他方が「支え足」になっている． （市野義夫「産業医からの警告」）

のように，ガ節に事態を捉えておきながら，それと矛盾する事態を述べうることも，上述のことと関わっている．このような場合にも，「ダロウ」などの使用は自己矛盾になる．

以上のような現象は，徴候性判断が，推量や蓋然性判断とは少しばかり趣をことにするものであることを示している．

（b）ヨウダ

まず，「ヨウダ」から見ていく．ただ，本章では，各形式の意味の広がりを十全に追うことを目的としていない．各形式を認識のモダリティの中に位置づけ，分析・記述することに主眼がある．徴候性判断を表す最も代表的な形式が「ヨウダ」であると考える．言い換えれば，これは，「ヨウダ」で表されるよう

な，事態成立の捉え方を，本章では，徴候性判断の典型として考えているということでもある．

　たとえば，
(218) F.J「20分，何事もなしか！ <u>やつらも地雷の存在に気づいたようだな</u>」　　　　　　　　　　　　　　　　　（「ファング．J・3」）
(219) 見るともなく小西さんの買いものを見ていると，幅の広いネクタイの柄について，店員と相談しているところだった．<u>どうやら，ついに，小西さんは細いネクタイをあきらめて，太いネクタイに転向しようとする歴史的瞬間であったようだ</u>．　（「酒呑みの自己弁護」）
(220) 米国の輸出は着実に増え，貿易赤字が基調として縮小に向かうきざしがこの統計からも読める．それを好感して，欧米の外為市場ではドルが急反発した．……．<u>米国の赤字がとめどもなく増え続けていく時期はどうやら過ぎ去ったようである</u>．
　　　　　　　　　　　　　　　　　　　（朝日新聞・社説 1988.2.14）
(221) 青年はきっと唇を結んで彼の顔を見つめた．<u>何か決意したようだった</u>．　　　　　　　　　　　　　　　　　　　（「地には平和を」）
(222) 井野満雄が犯人……．<u>どうやら場の趨勢は，その結論に向かって傾きつつあるようだ</u>．　　　　　　　　　　　　（「迷路館の殺人」）
などが，この例である．これらは，いずれも，ある状況が現に存在しており，その状況に対する解釈，ないしは状況から引き出されたものとして，命題内容である事態の成立・存在を捉えていることを示している．たとえば，(218)を例に取れば，［ヤツラガ地雷ノ存在＝気ヅイタ］という事態は，［20分何事モナカッタ］という状況から引き出されて，その成立を捉えられたものである．現に存在している状況が，事態存在の徴候や証拠をなしている．言い換えれば，知覚され捕捉されているのは，徴候たる状況であり，命題内容たる事態は，その徴候から引き出され成立させられている．こういった事態成立への捉え方が，ここで言う徴候性判断である．(218)から(221)では，徴候をなす状況が，文脈の中に顕在化している．(222)では，徴候は文脈に存在していないが，「ヨウダ」で表示することで，逆に徴候たる状況の存在が暗示される．すでによく知

られていることではあるが，(221)は，「ヨウダ」が過去形を取りうることを示している．過去形の存在は，蓋然性判断の形式よりも多い．また，上掲の例からも，「ドウヤラ」が徴候性判断によく共起することが分かる．

　同じく徴候性判断に属させはするものの，それぞれの形式は，それなりに異なりを有している．従来，よく議論されたことの一つに，「ラシイ」との使い分けがある．ちなみに，上掲の(218)から(222)の例は，いずれも「ラシイ」でも表現可能である．ここで，少しばかり，「ヨウダ」が使えて「ラシイ」が使えない(使いにくい)ケースについて見ておく．たとえば，

(223)　(触ってみて)「このあたり，凹んでいる{ようだ／*ラシイ}．」
(224)　(穴の中をのぞき込んで見る，目のように光るものが見える)
　　　「何かいる{ようだ／*ラシイ}．」

のようなものは，「ラシイ」では表せない．これらは，捕捉した状況によって，別の事態を捉えたものではない．確認しきれないものの，自己の感覚器官で捕捉した状況である．ただ，状況そのものではなく，状況に対する解釈，状況に対する印象である．感覚器官による捕捉印象を表している．観点を変えれば，事態の現れをなす現象や事態の有している特性を捕捉することによって，事態を捉えたものである，と言える．たとえば，(224)を例に取れば，捕捉したものは[目ノヨウニ光ル何カ]である．[目ノヨウニ光ル何カ]は，[何カ生キ物ノ存在]の一つの現れである．捕捉印象とは，このようなものである．連続していくものの，事態の現象形態と事態との関係であることによって，徴候たる状況とそれから引き出される別の事態との関係とは，少しばかり異なる．捕捉印象の方が，事態に対するより直接的な捕捉である．上の２例は，いずれも「ミタイダ」で表すことも可能である．次のような例も，「ヨウダ」(「ミタイダ」)の使用は可能だが，「ラシイ」の使用は逸脱性を有する．

(225)　「正月に私がお会いした時の印象では，随分弱気になっておられた{ようだ／*ラシイ}」と宇多山が云うと，「先月もそういう感じでした」鮫島は少し声をひそめた．　　　　　　　　(「迷路館の殺人」)
(226)　朝のサラリーマンの足音は力強い．夏でも吐く息が白い．ポマードが匂う{ようだ／*ラシイ}．　　　　　　　　(「酒呑みの自己弁護」)

(227) 「酒も煙草もやめました．いまはゴルフです．すっかり健康になりました」みると，まるまると赤ん坊のようにふとって，日焼けしている．なんの屈託もない{ようだ／*ラシイ}．(「酒呑みの自己弁護」)
(228) 和賀「——どうだ？ 疲れがきている{ようだ／??ラシイ}な？」／永尾「はあ——このところ，接待だ何だで忙しかったもんで」

(「シ・東京ラブストーリー」)

(225)の例では，「ヨウダ」で捉えられている事態が，自己の印象であることが文中の成分（「〜印象では」）によって明示化されている．(226)は嗅覚印象を表したものである．(228)は，「ラシイ」が使えないこともないが，「ラシイ」を使うと，他者からの情報による事態成立になってしまう．それに対して，「ヨウダ」は相手に対する自己観察からの事態捕捉である．これらは，いずれも，他者に対する自己の感覚によって捕捉された印象を表したものである．言葉を換えて言えば，事態が呈する現象を観察することによって，事態の成立を捕捉する，といったものである．この種のタイプの事態の捉え方においては，「ドウヤラ」はあまり使われない．

さらに，
(229) 遠慮がちな綿毛の雲，とうてい，雨を望めるような空模様ではない．吐く息ごとに，体の水分が失われていく{ようだ／*ラシイ}．

(「砂の女」)

(230) とにかく……体のあちらこちらにあった問題点が雲散霧消する．「腰の痛みがとれた{ようだ／*ラシイ}」，「肩こりがなくなった」，「以前ほど目が疲れなくなった」という人が確実に増えてくる．

(「産業医からの警告」)

のような，自己の身体状態に対する自己感覚による捕捉印象を表したものは，「ヨウダ」であって，「ラシイ」は使えない．自己の身体状態であれば，外部に存在する別の状況を徴候や証拠によって捉える必要などない．さらに言えば，そのような捉え方をしなければならない場合があれば，それは例外である．印象として捕捉された事態が，当の事態の現象形態から引き出されたものであることにより，「ラシイ」ではなく，「ヨウダ」が使用されている．

もっとも，事態の一つの現象形態か別の状況かは，截然と分かれるわけではない．連続するものである．自己の身体状態であっても，

(231)　少し熱っぽい．どうやら風邪を引いた{ようだ／ラシイ}．
(232)　目がゴロゴロする．何か目に入った{ようだ／ラシイ}．

のようなものは，捕捉された状況（たとえば[少シ熱ッポイ]）を別の事態として把握することが可能になることによって，「ヨウダ」も「ラシイ」も使用可能になる．

　「ヨウダ」は，事態から生じる現象を観察することによって，事態の成立を捕捉する，といった捉え方を表しえた．次のような場合も，こういった捉え方に関係するのであろう．たとえば，

(233)　（図書館の書庫に入ってみて）「どうもここの図書館にはあまりたいした本はない{ようだ／??ラシイ}」
(234)　リカ「（書類を渡し）先日のイベントの報告書です」／和賀「（パラパラと捲り）盛況だった{ようだ／?ラシイ}な」／リカ「はい——失礼します」　　　　　　　　　　　　　（「シ・東京ラブストーリー」）

などは，いずれも，「ヨウダ」がふさわしく，「ラシイ」は使いづらい．これらは，いずれも，自らの観察・調査によって事態を捉えたものである．観察や調査をすれば，徴候や証拠となる状況が得られるだけでなく，事態から生じる現象をも捕捉しうるであろう．そのことが，「ヨウダ」をふさわしくし，「ラシイ」を使いづらくしているのであろう．

　また，

(235)　秀一が勉強以外のことでもっとも力を注ぎ，生き生きと実行したことは雑誌への投稿であった．……．その懸賞問題には必ず取り組み，さかんに解答を郵送した．それが当選して手帳とか学用品が賞品として送られてくると，さかんに学友にくれてやるのが楽しみだったようだ．　　（佐藤治助「吹雪く野づらに——斎藤秀一の生涯」）

のような伝記物には，「ヨウダ」がよく使われる．「ヨウダ」を使うことによって，（人の集めた情報ではなく）自らの調査から得られた情報によって，事態を捉えている，といった意味合いを伝えることになるからであろう．

「ヨウダ」が徴候となる情報を自己調査などによって直接的に得ているのに対して,「ラシイ」にすると,それを聞き伝え的に手に入れている(間接入手情報)といった意味合いが強まる.たとえば,

(236) 「パラドックス禁止事項を入念にしらべたが,どうもそれにふれるようだ.つまり,たとえ一時間でも過去にかえって,あれとデートしたり,アパートへ行ったりすると,それだけでもう,過去を変えることになってしまうらしい」　　　　（小松左京「釈迦の掌」）

(237) そこで,設計図に従って製作してみることにした.……簡単には進行しなかったが,作っていくうちに,文字の意味するものがしだいにわかってきた.…….どうやら,一種の電器製品のようだ.説明文によると,快楽装置のようなものらしい.　　（「ボッコちゃん」）

などは,「ヨウダ」と「ラシイ」の,この種の傾向をよく示している例であろう.(236)の「～しらべたが」を伴う文では「ヨウダ」が使用され,(237)の「説明文によると」の文では「ラシイ」が使われている.それぞれにあって,より自己調査的な箇所では「ヨウダ」が,より聞き伝え的な箇所では「ラシイ」が使われている.

また,

(238) 半導体産業などは徹底したクリーン産業である.その半導体で日本が世界のトップを走っているのは象徴的だ.話が少し横道にそれたようだが,日本人が世界に突出した清潔好きだということをいいたかったのだ.　　　　　　　　　　　（「産業医からの警告」）

のような,婉曲的な表現にも,事態から生じる現象を捕捉することを通して,事態を捉えるという,「ヨウダ」の事態成立への捉え方が関係しているものと思われる.事態から生じる現象を捕捉する,ということは,広い意味で事態を捕捉している,ということでもある.事態が捕捉されていれば,事態は確かなものである.その確かなものに,徴候性判断の形式を使うことによって,婉曲の意味合いが生じるのであろう.

上では「ヨウダ」と「ラシイ」の使用における異なりに触れたが,「ヨウダ」と「ラシイ」がともに生起可能な構文も,また少なくない.「ヨウダ」の箇所

でまず挙げた一群の例文は，いずれも双方の使用が可能であった．双方が可能なだけでなく，徴候や証拠が直接得られたものである場合，「ヨウダ」と「ラシイ」の差は，ほとんどなくなる．(218)の例を「20分，何事もなしか！ やつらも地雷の存在に気づいた{ようだ／ラシイ}な」のように，「ラシイ」に変えても，差はほとんどない．また，

(239) 地上を走る場合は，サイズの小さいものほど動ける範囲がどうしても狭くなるが，飛ぶ場合は事情が違うようだ．ノンストップで飛べる距離は，サイズにほとんどよらないらしい．だからこそ，あんな小さなツバメでも，ツルやハクチョウにまけないほどの長距離を渡ることができる．　　　　（本川達雄「ゾウの時間，ネズミの時間」）

(240) 薩摩藩のばあいそういった議論は一度もおこなわれなかったようである．薩摩隼人たちは徳川家と君臣関係などあってたまるかと頭からそうおもっていたようであり，つまり薩摩藩は潜在的に独立国であり，徳川家とのあいだは一種の外交関係であるにすぎないとおもっていたらしい．　　　　　　　　　　　　　（「街道をゆく1」）

などでも，近接して「ヨウダ」と「ラシイ」とが使われている．

「ヨウダ」は，よく知られているように，逆接や並列を表す節（シ節）といった文的度合いの高い従属節だけでなく，文的度合いの低い節の述語としても使われる．上掲(240)の「薩摩隼人たちは徳川家と君臣関係などあってたまるかと頭からそうおもっていたようであり，……」は，中止節の述語としての用法であり，その例である．また，連体節の述語に使用した場合，「ヨウダ」は，たとえを表すのが通例である．［この文字は特殊な墨で書いたようだ→特殊な墨で書いたような文字］からも分かるように，述定では徴候性判断を表しているが，連体節の述語（装定）では，たとえに転化している．ただ，

(241) 電話を切ってから，英子の言った伊東の宿に久子が止まっているような気が，だんだん強くなってきた．宏は時間表で宿の電話番号を探して，ダイヤルを回した．　　（鎌田敏男「金曜日の妻たち・下」）

は，徴候性判断であろう．これには，自立性の高くない主名詞「気」が関係しているものと思われる．

(c) ラシイ

「ラシイ」については,「ヨウダ」の箇所でも,「ヨウダ」と比較する形で触れた.したがって,ここでは,主要な点について見ておく.

「ラシイ」も,「ヨウダ」と同じように,ある状況が現に存在しており,その状況から引き出されたものとして,命題内容である事態の成立・存在を捉えていることを表している.たとえば,

(242) そこで不意に耳障りな夾雑音と共に電話は切れた.十円玉がなくなった{らしい／ヨウダ}.　　　　　　　　　　(「杢二の世界」)

(243) 運転しているのは,噴霧器を背負った若い男で,その後ろにもうひとり乗っているのは,いつかの畜産組合の嘱託医だ.どうやら,噴霧器の男が急きょ獣医を呼びに行った{らしい／ヨウダ}.
　　　　　　　　　　　　　　　　　　　(田久保英夫「深い河」)

(244) 足場をととのえ,前かがみになると,上段の奥までなんとか覗きこめた.簡易暗室{らしい／ノヨウダ}.小型引き伸ばし機,四つ切り用現像バット,……,流し場がわりのポリバケッツ.(「飛ぶ男」)

(245) ひろいあげて見ると,俺の写真だった.少し変色しかかっていたが,最近とった{らしい／ヨウダ}.　　(小松左京「終りなき負債」)

(246) ドビュッシイか何かの音楽が鳴っていた.噴水のまわりかどこかにスピーカーがある{らしかった／ヨウダッタ}.　　(「三匹の蟹」)

などが,この例である.(242)を例に取れば,[十円玉ガナクナッタ]という事態が,[耳障リナ夾雑音ト共ニ電話ガ切レタ]という状況から引き出され,その成立を捉えられている.観察され捕捉されているのは,[耳障リナ夾雑音ト共ニ電話ガ切レタ]という状況である.(243)にしても,徴候たる状況が前文に示されているし,(244)では,それが後に表現されている.(245)は,徴候たる状況は,文脈に顕在化していないが,「ラシイ」を使用することで,逆に徴候たる状況の存在が暗示されている.また,(246)から,「ラシイ」が過去形を取りうることが分かる.取りうるだけでなく,それなりの数が観察される.上掲の例文は,いずれも,ある状況を観察・捕捉することによって,それを徴候や証拠として別の事態の成立を捉えたものである.このようなタイプの徴候性判断

には，上掲の例文が示しているように，「ラシイ」が使われる．より正確に言えば，「ラシイ」とともに「ヨウダ」が使われる．

　もっとも，「ラシイ」と「ヨウダ」の使用領域に異なりがないわけではない．「ラシイ」には見られない「ヨウダ」の使用域については，すでに触れた．ここでは「ラシイ」の側から，「ラシイ」の個性を瞥見しておく．「ラシイ」の使用される代表的なものの一つとして，

(247)　「とにかく二十世紀の日本旅行記を読んでみると，当時の日本はやたら人口と車が多くて道が悪くて，ものすごい所だったらしい」
　　　　　　　　　　　　　　　　　　　　　　（小松左京「ホクサイの世界」）

(248)　管理人やクリーニング屋の話をまとめてみると，なかなかの働き者で，夜っぴてパソコンを操作し，外国からの情報収集と処理にはげんでいるらしい．　　　　　　　　　　　　　　（「スプーン曲げ少年」）

などのような例が挙げられる．たとえば，「先生と呼んだところを見ると，ぼくの職業については一応の知識を持っているらしい．(「スプーン曲げ少年」)」を，徴候や証拠たる状況の体験的捕捉であるとすれば，これらは，徴候や証拠たる状況を体験的に捕捉したものではない．それからは，いくぶん外れたところにある．(247)(248)における「～日本旅行記を読んでみると」や「～話をまとめてみると」の存在から分かるように，書かれているものへの読み解き，話の内容に対する理解をしさえすれば，徴候や証拠たる状況が得られる，といったものである．読み解きや理解するという，いくぶん体験的な活動はあるものの，徴候や証拠たる状況を自らの体験を通して捕捉したのではなく，徴候や証拠そのものの，情報としての入手に近づいている．聞き伝え的捕捉や伝聞に近づいているものである．この種のものは，「ヨウダ」で表せないことはないが，「ラシイ」がふさわしいし，実際「ラシイ」がよく使われている．

　さらに，

(249)　「この薬，前の持ち主の骨董屋によると，製造してから百年と三日たった最初の満月の日から効き目が現れる{らしい／？ヨウダ}……その満月が，ちょうど昨日だったのさ」　　　　　　　（「飛ぶ男」）

になると，情報の出所を表す「～骨董屋によると」の存在から，聞き伝えにな

っていることが分かる．聞き伝えになっていることによって，「ヨウダ」の使用は座りが悪い．「ラシイ」には，「ヨウダ」では表しがたい，聞き伝え的捕捉の用法がある．

また，
(250) 「咳がとまらないし，眼瞼が腫れあがって，眼が開かないそうだ．粘膜が唇みたいに外にめくれかえって，洗眼くらいじゃ駄目らしい」
(「スプーン曲げ少年」)
(251) 二人は見合いをしたのだそうである．デートもしたらしい．
(「年の残り」)

などでは，伝聞を表す「ソウダ」と交替的に使われていて，「ラシイ」が伝聞にきわめて近似する用法を有していることを示している．伝聞相当用法，聞き伝え的捕捉では，「ラシイ」は適格であるが，「ヨウダ」は逸脱性や座りの悪い文になる．

「ラシイ」も逆接や並列を表す節といった従属度の低い従属節だけでなく，中止節といった従属度の高い従属節の述語としても出現する．たとえば，
(252) 「きょう，町はずれにある鳥の研究所にいたずら者が入りこんだらしく，ドアをあけるボタンが，しらないまに押されてしまいました」
(「ボッコちゃん」)
(253) 何かたずねられるたびに，杏子はそれがすぐにはつかみ取れないらしくて，しばらく心細そうに考えこみ，それからあたふたと返事した．　(「杏子」)

などが，この例である．中止節の述語としての出現は，「ヨウダ」よりも頻繁である．

また，「ヨウダ」が，連体節の述語になれば，たとえを表すのが通例であったのに対して，「ラシイ」は，連体節の述語においても，徴候性判断を表す．たとえば，
(254) ややこしい問題に面くらったらしい電子脳は，大分長い間，ランプをチカチカさせていたが，やがてブザーとともに，おみくじの機械よろしく短いテープを吐き出した．　(「釈迦の掌」)

のような例が，これである．

（d）ミタイダ

「ミタイダ」については，ごく簡単に触れるに止める．

「ミタイダ」は，「ラシイ」に置き換えられる場合があるにしても，「ラシイ」からは遠く，その大多数が「ヨウダ」に置換可能な，「ヨウダ」の近くに位置するものである．たとえば，

(255) トラックは『弟』を無視して走り去った．「気付かなかった{みたいだ／ヨウダ／*ラシイ}ね」運転手には見えなかったんだろうか……ぼくだけにしか見えていない，幻覚？　　　　　　　　（「飛ぶ男」）

(256) 五，六杯は干した．全身がかっかして，汗がとめどなく吹き出した．こいつはデング熱{みたいだ／ノヨウダ／*ラシイ}と思った．

（辻原登「村の名前」）

などでは，「ヨウダ」に置換可能であるが，「ラシイ」に置き換えることは難しい．(255)を例に取れば，[無視シテ走リ去ル]ということは，[気付カナイ]という事態の一つの現れである．これらは，いずれも，事態から生じる一つの現れを直接観察することによって，事態の成立を捉えたものである．すでに触れたように，事態の現れをなす現象や事態の有している側面・特性を捕捉することで，事態の成立・存在を捉えるのは，「ヨウダ」の使用域ではあるが，「ラシイ」では無理な領域である．さらに，

(257) 「それで，病院に行った後の様子はどうなの？」マイケルが切り出す．「今日，会った感じでは，何も変わったところはない{みたいだ／ヨウダ／*ラシイ}けれどね」　　　　（吉目木晴彦「寂寥郊野」）

なども，事態の現れを捕捉しているタイプである．「会った感じでは」という語句の存在がそれを示している．「ミタイダ」の用法の代表としては，このタイプが挙げられる．

もっとも，使うと少しばかり意味合いが変わるものの，「ラシイ」の使用可能な場合も存する．たとえば，

(258) 「どうしたの」というと，顔をあげて「部屋が暖かいものだから急に

酔った{みたいだ／ヨウダ／ラシイ}」という．目があかくなっている． 　　　　　　　　　　　　　　　　　　　　　（高橋揆一郎「伸予」）

(259) 消化しはじめた沢庵なのだろう．拡散しやがて，十二指腸にむかって霧散していった．「消化してしまうまでに，ちょっと時間がかかる{みたいだ／ヨウダ／ラシイ}よ」　　　　　　　　　（「飛ぶ男」）

などでは，「ヨウダ」だけでなく，「ラシイ」にも置換可能であろう．ただ，「ラシイ」に変えると，(258)ではひとごと的なニュアンスが生じ，(259)では聞き伝え的になるだろう．このタイプには，「ドウヤラ」が挿入可能である．事態の呈する現象からの事態成立の把握，というよりは，別の状況からの事態成立の把握になっている．

　「ミタイダ」の基本は，観察から得られた現象・状況が事態の成立・存在を把握させる，といったものである．これは，観察状況と描き取られている事態との近接関係を表している．逆に言えば，観察しているものと，命題内容として描き出しているものとは，近接してはいるが，一致の確認が取れているわけではない，ということである．これには，未確認の事態である場合と，近似した他の事態である場合とがある．前者がここで言う徴候性判断であり，後者がたとえを表す場合である．「リリーのからだに触れる．ザラザラして硬くまるで古くなったパンみたいだ．（村上龍「限りなく透明に近いブルー」）」のようなものが，たとえの例である．「ヨウダ」「ミタイダ」の表すたとえは，らしさを有していることを意味する「ラシイ」が表す典型・ふさわしさとは，好対照をなす（そのことが，徴候性判断における両者の異なりの一因であろう）．

　ただ，徴候性判断とたとえの表現は，常に明確に区別できるわけではない．特に「ミタイダ」にあっては，「マルデ」「アタカモ」などがなければ，徴候性判断とたとえが交じり合いやすい．たとえば，

(260) 傷は左の乳首のわきにあって，……輪郭も不規則だ．「空気銃の弾にしちゃ，傷口が崩れているな．爪で掻き毟った{みたいだ／？ヨウダ}ぞ」　　　　　　　　　　　　　　　　　　（「飛ぶ男」）

などは，徴候性判断とたとえの両用の性格を有しているように思える．筆者には，この種のものを「ヨウダ」に変えると，座りの悪さが感じられる．

また,

(261)　「自分でない{みたい／??ヨウ}か」と友人が,尋ねた.「自分でない
　　　　みたいだ」　　　　　　　　　　（「現代国語教科書所収作品集」）

では,「ミタイダ」が,そのまま問いかけの文を形成している,という珍しい例である.これにも,「ミタイダ」の徴候性判断とたとえの中間的あり方・両用性が関係しているように思われる.

　(e)（シ）ソウダ

　モダリティ形式の中に入れるにしても,「（シ）ソウダ」は,もっとも周辺的なものであるし,擬似性も高い.他の形式には,めったに見られない否定化や問いかけ化が容易に可能になる.たとえば,「このリンゴは,おいしそうでない.」「起こりそうにないことが起こった.」「彼は来そうになかった.」や,「何もなさそうか.」「彼,来そうですか.」のように,否定形式や問いかけを容易に作る.また,

(262)　「霧があがれば,いい天気になりそうだなあ」　　　　（「三匹の蟹」）
(263)　やっと見つけたときは,それは必死でしがみついている灰色の岩石
　　　　にしか見えなかった.強い蒙古風が来れば,たちまち転落してしま
　　　　いそうだった.　　　　　　　　　　　　　　　　（「夢の壁」）

のように,他の徴候性判断では起こりがたい,想定された条件のもとでの事態成立を表しうる.

　すでによく知られているように,「（シ）ソウダ」には,外への現れを通して,物の特性・状態を捉える用法（**状態把握様相**）と,出来事態を予想させる様相を表す用法（**出来把握様相**）とがある.

(264)　このリンゴ,とてもおいしそうだ.
(265)　老高はもうあまり北海や中央公園に寄ろうとはしなくなった.夏の
　　　　前よりずっと忙しそうだった.　　　　　　　　　　（「夢の壁」）
(266)　あっ,荷物が落ちそうだ.
(267)　なんとなく気持ちがその都に傾いてゆきそうだ.
　　　　　　　　　　　　　　　　　　　　　　　（「佐川君からの手紙」）

(264)(265)が状態把握様相であり，(266)(267)が出来把握様相である．前者と後者では，少し異なりがある．前者は，形容詞と状態動詞から作られ，後者は動き動詞から作られる．ちなみに，「(シ)ソウダ」は，名詞への後接はない．名詞への後接に対しては，他の形式は，「どうやら本校の<u>学生{らしい／みたいだ}</u>．」「どうやら本校の<u>学生のようだ</u>．」といったあり方を取る．また，出来把握様相の場合には，

(268) もっこをくくりつけた天秤棒は首根と肩の骨のあいだに深くめりこんで，<u>身体が二つに割れそうだった</u>． (「夢の壁」)

のように，「(シ)ソウダ」が過去形になると，非実現を含意することが多い．しかし，状態把握様相では，(265)が示しているように，そのようなことは起こらない．

「(シ)ソウダ」は，「ヨウダ」の近くに位置すると思われるが，それとはどう違うのだろうか．「(シ)ソウダ」は，事態から生じる現象や事態の有している特性・側面を捕捉することによって，事態の成立・存在を捉える，というよりは，現在存在する観察様相そのものを表示している，という趣が強い．「ヨウダ」が，観察様相を通して観察様相を生んだ事態を捉えることに主眼があるのに対して，「(シ)ソウダ」は，観察様相・印象を述べることに主眼がある．たとえば，

(269) このリンゴ，{<u>おいしそうだ</u>／??<u>おいしいようだ</u>}が，本当はおいしくない．

(270) あの荷物，{<u>落ちそうだ</u>／??<u>落ちるようだ</u>}が，落ちない．

のように，様相を述べておきながら，すぐさまそれから導き出される事態を否定するという構文(これを事態の否定化と仮称)の中では，座りの良さが違ってくる．「(シ)ソウダ」は座りが良いが，「ヨウダ」は座りが悪くなる．これには，「(シ)ソウダ」の主眼が，観察様相・印象を述べることにあるのに対して，「ヨウダ」の主眼が，観察様相を通して観察様相を生んだ事態を捉えることにある，といった違いが関わっているものと思われる．

また，

(271)「雨宿りをしようよ」「寒い，<u>風邪をひきそうだ</u>／??<u>ヒクヨウダ</u>」

などにおいて，「ヨウダ」が座りの悪いのも，上述のことが関わっているのだろう．(271)は，現在の身体状況を述べていることによって，適格な文になっている．直接把握の可能な自らの身体状況の移り行きや，自ら意志的動作などを，外に現れた様相から捉える，というのは自然ではない．「僕，彼を殴ってしまいそうだ．」と「??僕，彼を殴ってしまうようだ．」の座りの良さの違いも，これである．

　もっとも，推し量り性の強い「(シ)ソウダ」がないわけではない．
(272)　澄んだ月光を背にして，若い男が空を飛んでいる．翼がないから，<u>鳥ではなさそうだ</u>．　　　　　　　　　　　　　　（「飛ぶ男」）
などは，推し量り性の強いタイプである．そのことが，文中に存在する判断の根拠を表す「翼がないから」という語句から分かる．

2.11　疑　い

　疑いについては，ごく簡単に触れるに止める．本章では，疑いを命題内容に対する話し手の捉え方の一種である，という立場を取る．疑いとは，話し手が，自らの認識・判定作用によって命題内容を成立させようとするのではあるが，情報が不確かであったり，欠けていたりして，最終的にはその成立を断念する，という事態に対する認識的な捉え方を表したものである．したがって，疑いは，今まで見てきた，判定を成立させている類全体に対するものである．疑いを表す形式には，「カナ」「カシラ」「ダロウカ」（「カ」も疑いで使われうる），さらに，否定事態に対する疑いを表す「マイカ」がある．前三者が主要な形式である．たとえば，
(273)　「すると，」とぼくは考えました．「<u>9号室かな</u>．あのくたばりそこないの運転手が，自動車強盗にでも殺されたとでも<u>いうのだろうか？</u>」
　　　　　　　　　　　　　　　　　　　　　　　　　　　（「闖入者」）
(274)　思わず赤ン坊の尻を叩く，途端に赤ン坊が泣き出す．繁子：<u>おなか空いているのかしら</u>．　　　　　　（「闇に咲く花」）

(275) こいつ,K嬢のことを知っていて,妨害に来たのかな.そう思うと気が気でなくなった.K嬢が店に入ってくる前に,なんとか連絡する工夫はないものだろうか.　　　　　（「デンドロカカリヤ」）

などが,この例である.(273)(275)には,「カナ」と「ダロウカ」が近接して現れ,ともに疑いの文を形成している.

　もっとも,話し手が自らの疑いを聞き手に向かって表明すれば,それを聞きつけた聞き手が,もし自分に情報があれば,それを提供するのは,ごく自然であろう.

(276) 「恨みかな？」「かも知れん」　　　　（鮎川哲也「相似の部屋」）

(277) 兵士A「なぜみんな,私の事を疑ってみようともしないのだろう？」／妻「あなたがスパイじゃないからです」（別役実「シ・戒厳令」）

などは,対話状況で疑いを発する・表明することで,聞き手からの答えが返って来ている,といったものである.対話状況で発することによって,疑いの文に,運用論的に問いかけの力価が生じているのである（もっとも,対話状況で発すれば,すべての場合に問いかけの力が発生するわけではない.このあたりの,疑いの問いかけ的用法については,仁田(1994)に比較的詳しい記述がある）.

　疑いは,情報が不確かであったり欠けていたりして,事態成立の判定を放棄したものであった.ただ,疑いの形式を持つものの中には,判定へのずれ込みの生じているものがある.たとえば,

(278) さいわい写真好きだけで,自分の上司と保根を似た者同士とみなすほど狭量ではなかった.写真好きはたぶん万人のなかに内在している衝動じゃないかな.　　　　　　　　　　（「飛ぶ男」）

(279) 息子は十枚のと言ったが,あれはおそらく,百枚のうちからよりすぐった十枚にちがいないし,その十枚は,たぶん,医者である友人が選んだ十枚と,かなり重なり合っているのではないだろうか？

（「年の残り」）

などのようなものは,すでに,判定放棄から判定へとずれ込んでいる.このタイプには,述語が否定形式を持つものが多い.これらが判定へとずれ込んでい

ることは,「タブン」の使用によっても分かろう.

　疑いを表す形式として,最後に「マイカ」を瞥見する.「マイカ」の使用は多くない.観察すればすぐに分かることだが,さらに,付く述語や用法に偏りがある.たとえば,

(280)　その繁殖者としての資格がなく,したがって巣の必要の無いはずの一羽者が,何のためにこんなに一日中先着の夫婦者をおびやかすのであろう.彼はもしや先着夫婦の雌を誘惑しようとしているのではあるまいか,あるいは略奪結婚をもくろんでいるのではないか.
(仁部富之助「野の鳥の生態 1」)

などが,この例である.「ニセ札犯人を捕らえ,警察が自信と自覚を取り戻すこと.それが特効薬のひとつになるまいか.(朝日新聞・窓1993.4.28)」のように,他の述語に付く例もあるが,「ある」に付くものが断然多い.

　また,「マイカ」は,判定内容が形成できない,判定放棄から,もはや傾きを持った疑い,和らげを装った主張にずれ込んでいる,と言っていいものがほとんどである.

(281)　黒尾重明の名を知っている人はどれくらいいるだろうか.おそらく,いまの二十代の人で黒尾の名を知っている人は稀なのではあるまいか.
(「酒呑みの自己弁護」)

などは,その例である.この文は,「オソラク」を存在させられる程度に,判定化が進んでいるというものである.

2.12　伝　聞

　最後に,伝聞について触れる.本章では,枚数の都合もあって,伝聞については,ごくごく簡単に瞥見するに止める(伝聞については,仁田(1992)にいくぶん詳しい記述がある).

　伝聞は,命題内容の仕込み方・入手の仕方に関わるものである.伝聞は,大きく,(i)命題内容たる事態は第三者からの情報である,(ii)第三者からの情報を聞き手に取り次ぐ,という伝達性を基本的に有している,という二つの特性

から成り立っている．したがって，「*A氏は来春カナダを訪問するそうだと思う．」といった文の逸脱性が示しているように，基本的に心内発話にならない．ただ，従属節の述語として使われたとき，対話性という制約が解除されることがある．たとえば，「A通信によれば，来週にも通商交渉が再開されるそうだが，本当かな．」のように，独り言でも可能である．

また，伝聞の「ソウダ」は，文の命題内容を作用対象にするだけではない．文を越えた連文やテキスト全体をも，その作用対象にすることができる．これは，伝聞が情報の仕入れ方に関わることによっている．たとえば，

(282) 「米国へ行った連中からの報告だ．米国は三発目の原爆を完成した．もうそいつをつんだB29がマリアナをとび立ったそうだ」
　　　　　　　　　　　　　　　　　　　　　　　　（「地には平和を」）

では，「ソウダ」は最後の文にのみ使われている．その前文は，確認を表すシタ形で表示されている．それにもかかわらず，「ソウダ」は当該の文だけではなく，先行文をもその作用対象にしている．「ソウダ」には，このような，当該の文を越えて連文を作用対象にする，ということが簡単に起こる．さらに，

(283) むかし，むかし，あるところに，それはそれは気のいい，じいさまとばあさまが，すんでおりましたそうな．このじいさまとばあさまに，まえ山のウサギが，たいそうなついて，まいにちのように，あそびにきておりました．……．ところが，そこへ，ひょうばんのいたずらダヌキが，やってきました．……．いつもじいさまとばあさまの目をぬすんでは，台所をあらしまわりました．これにはじいさま，ばあさまも，すっかり手をやいておりましたそうな．……．こうして，わるダヌキは，泥の船といっしょに，川の底へ，しずんでしまいましたとさ．　（「まんが日本昔ばなし・かちかち山」）

のように，ところどころに「ソウダ」が使われ，テキスト全体が伝聞内容であることを表すといった使い方も存在する．

3
副詞と文の陳述的なタイプ

この章では，一般に 平叙文とか疑問文とか命令文といった名で知られる，文のモーダルな あるいは 陳述的な側面に注目した類型，ここではそれを「文の陳述的なタイプ」と呼ぶが，それとの関係・絡み合いにおいて，副詞および副詞的な成分の働きを見ていく．
　一般にどんな言語でも，主語や主題に対して――それが顕在しようと潜在しようと――，なにかを「述べる（predicate する）」成分である〈述語（Predicate）〉が，述べる様式（modality）としての〈叙法性（Modality）〉という文法的カテゴリー（文法範疇）の中核をしめるのが基本である．しかしまた，種々の程度において，述語以外の位置をしめる成分が，種々の述べる様式（述べ方）を補佐・補強ないし補充することもふつうに見られることである．これは，言語の基本的制約である形式面での「文の線条性」という弱点，つまり記号を一次元的にしか並べられないという弱点を克服して，内容面で一定の秩序「文の階層性」を明確にするための，一つの工夫であったと考えられる．
　この章では，文のモダリティ＝叙法性の表現手段として，述語と副詞（的成分）とがどのように役割を分担し，文の組立に協力しているのか，そのあらましを見ていくことにしよう．第1章，第2章と，述語を中心とした「モダリティ」についての記述がつづいているので，この章は「副詞」からはじめることにする．
　近代の科学・技術的な言語学において，ラテン文法以来の伝統的な「品詞」というものは，科学的に厳密に，あるいは操作的に精密に規定することはできないものとされ，現在，一般にあまり人気がない．しかしそうかといって，名詞・動詞などの品詞名を使わずに言語学ができるわけもなく，不承不承「便宜的」なものとして説明が加えられているのが実情であるが，その品詞の中でも，とりわけ不人気なものが「副詞」で，人によっては「品詞論のハキダメ」だとか「ごみため」だとか呼んでいるくらいである．「ハキダメ」と呼んだ国語学者は，その後「ハキダメ」の整理・再構築に精進し一家をなしたが，「ごみた

め」と呼んだ言語学学者は,「君子危うきに近寄らず」とばかりに,中をのぞいてみようともしなかったようである.たしかに,科学・技術をうたう「言語学」の華やかな表舞台の裏には,副詞という,システムの矛盾の集約としての「スラム街」が放置され,いいように利用されているのである.

ハキダメとしての副詞をいくらかでも見通しのよいものにした学説も,いくつかはあるのだが,それもいまだ「通説」と呼ばれるには至っていない現状では,それをいきなり解説し批判するという手順はとれない.遠回りのようだが,学校文法として流布している考え方を,復習的に整理しながら批判を加えてゆき,最近の採るべき学説の解説とその問題点の指摘に及ぶ,という手順をとりたいと思う.そうした記述の中から,いわば,まだ完全にはでき上がっていない料理を調理場で試食しながら,料理のしかたはいかにあるべきかについて考える,といった読み方を,とくに若い読者には,していただければと思う.

3.1 副詞の概観

(a) 通念としての副詞

副詞は,単語を文法的に分類した〈品詞〉の一種に数えられるもので,それ自身語形変化(活用)をせず,もっぱら用言またはそれ相当の語句を修飾(限定・強調)することを基本的な機能とする語をいう.通常は,「わざわざ・ゆっくり(と)・すぐ(に)」などの**情態副詞**,「やや・もっと・非常に・すごく」などの**程度副詞**,「けっして・おそらく(は)・もし(も)」などの**陳述副詞**,の三つに下位分類されている.

形態の面では,用言のように,語尾変化することも,いわゆる助動詞や接続助詞のような文法的な接辞を膠着させること(「活用」)もないし,また体言のように,種々の格助詞や副助詞・係助詞を膠着させること(「曲用」または「格変化」)も,基本的にはない.つまり,文法的な形態変化を基本的にはもたないのである.それは,次のような事情による.

体言や用言は,文の中で,

　　子犬が走っている.　走っているのは子猫だ.

この花はきれいだ． きれいなのはこっちの花だ．
のように，主語や述語となるのをはじめとして，
　　補(足)語：　花を見る．　花に止まる．　花でおおわれる．
　　連用修飾語：走って帰る．　きれいに片づける．　花と散る．
　　連体修飾語：走っている 子犬の写真　　きれいな 花の絵
などの「文の成分」にもなり，種々の構文的な機能をもつわけだが，活用や曲用(格変化)などは，そうした複数の機能を表わし分けるための形態上の手順(手段)なのである．これに対して副詞は，文中での働きが連用修飾という一つの機能にほぼ固定した語であり，そのため活用や格変化をもたない(もつ必要がない)のである．活用や曲用(格変化)をもたず一つの機能に固定されているという点は，連体修飾語にしかならない連体詞，接続語にしかならない接続詞，独立語にしかならない感動詞も同様であり，いずれも文の骨組をなす主語や述語になりえず副次的依存的な機能にほぼ固定しているところから，**副用語**または**副用言**と総称されている．この副用語は，一般に修飾語を受けえない点でも体言・用言(総称して**自用語**または**自用言**)と異なる．他に依存するばかりで他を依存させるだけの実質性をもたないのである(情態副詞に例外があるが後述する)．

　以上のような基本的な分類のしかたが問題なく適用できる単語も多いのだが，分類一般によくあるように，品詞と品詞との境界付近を浮動する単語も少なくない．その際，体言・用言が，曲用・活用といった形態的な支えを持つのに対し，副詞が積極的な形態上の支えをもたないために，そして，「連用修飾」という構文的機能自体がいたって曖昧なために，分類上所属が問題になるものが，たいした吟味も経ないままに(とりあえず)副詞の方に放り込まれるということになりがちである．そこで，日本語に限らず多くの言語で，副詞は「品詞論のハキダメ」の感を呈することになるのである．

　境界線付近の現象をいくつか見てみよう．
　〈時〉と〈数量〉を表わす名詞は，その他の一般の名詞と違って，
　　きょう行きます．
　　りんごを三つ買う．

友人が多数出席した．

のように，格助詞を伴わずに単独で連用修飾語となり，この点副詞と同様なので，副詞に「転成」したとする考え方もありうるのだが，

　　　きょうが約束の日だ．　　　来年のきょうもここで会おう．
　　　一つをむいて食べた．　　　残りの二つは，ジュースにした．

など，格変化もあり連体修飾も受けうるところから，品詞としての副詞とはせず，名詞の「副詞用法」として扱うのがふつうである．また

　　　美しく咲く．　　きれいにかたづける．　cf. きれいに忘れる．

なども，それ自身の働きは副詞とほとんど同じであるが(違いについては後述)，

　　　花が美しい．　　きれいな部屋　　　　cf. *きれいな忘却

などの形と，程度修飾を受けうる性質と語彙的な意味とが共通していることを重視して，同じ語の活用系列をなすと考えて，それぞれ形容詞・形容動詞の「連用形副詞法」として扱う．cf. の「きれいに」のように連用形だけ，意味が大きく変化したものは，副詞に転成したものと扱うことが多い．

　こうした通説での扱いは，英文法の通説での adverb の扱いと異なる．たとえば，"today" は，用法によって adverb(副詞)でもあり noun(名詞)でもある，つまり同形異品詞とすることがふつうであり，また "cleanly" は，"clean" という adjective(形容詞)に "-ly" が接尾して adverb に派生した(品詞の転成)とするのがふつうである(これについても後述)．

　以下，しばらく，副詞の下位類を見ておこう．

(1) 情態副詞

　情態副詞は，動作や変化のしかた(様態)，あるいは出来事の付随的なありかた(状態)を表わして，主として動詞を修飾する副詞である．

　　語構成上，

　　　おのずと分かる　　ゆっくり(と)歩く
　　　ついに完成した　　すぐ(に)行く

のように語尾「と」「に」を持つものが多く，着脱可能なものもある．

　「と」語尾系の情態副詞として，

　　　-リ：　バタリと　　　　ころりと　　　　　だらりと

3.1 副詞の概観——167

```
-ン：  バタンと         ころんと         だらんと
-ッ：  バタッと         ころっと         だらっと
反復： バタバタ(と)     ころころ(と)     だらだら(と)
      ドタバタ(と)     からころ         (だらでれ)       すたこら(と)
```

などの型をした〈擬声擬態語〉を多くもっていることは，日本語の特色の一つと言っていい．また，上の「バタバタ」などをはじめ，

```
名  詞： 道々           いろいろ(と)     口々に
動  詞： いきいきと      思い思いに       しみじみ(と)
         おそるおそる    かえすがえす     つくづく(と)
形容詞： ちかぢか        青々と           ひさびさに
漢  語： 重々           堂々と           内々(に)
```

など，さまざまの要素の〈畳語（反復形）〉が多いことも，情態副詞の語構成上の特徴としてあげられる．

　動作などのあり方を表わし動詞を修飾するという**機能**は，この副詞のほか，形容詞・形容動詞の連用形によっても果たされることは前述したとおりである．情態副詞の命名者山田孝雄は，形容動詞の語幹「静か・堂々」などをも情態副詞と扱ったが，その後吉沢義則，橋本進吉らによって，文語でナリ・タリ，口語でダの語尾をとって活用する「静かなり・堂々たり／静かだ」などは形容動詞という品詞として立てうると提唱され，学校文法等での通説となっている．【口語の形容動詞に関しては，いわゆる形容詞を「イ形容詞」または「第一形容詞」とした上で，「ナ形容詞」または「第二形容詞」と呼んで，異品詞ではなく同一品詞の活用の差と見る方が，日本語教育等，現代語を重視する世界では，有力である．また，文語のタリ活用は口語ではすたれたため，口語では「堂々と」を副詞，「堂々たる」を連体詞として扱う（あるいは文語と見て無視する）ことが多い．二活用形に限られた不完全形容（動）詞とする説も，少数ながら無視できない考え方である．ただ本章では情態副詞との関係に言及する便宜から，形容動詞の語をも用いることにする．】

　このように，現在のいわゆる情態副詞（山田文法と区別する意味もこめて「状態副詞」と書くことも多い）は，形容動詞と意味・機能に一定の共通性をもちながらも，活用しえない点で，いわば取り残された語群である．擬声擬態語

や畳語という特殊な語構成をした語が多いこと，また語尾に「と」「に」をとるものが多いことは，こうした事情による．

それと同時に，具体的で形象的な意味をもつ本来の擬声擬態語から，しだいに一般化された意味を獲得しながら，

　　かなり はっきり(と)言う．ずいぶん のんびり(と)話している．

など，他の副詞一般と異なり，程度修飾を受けうるようになったものや，さらに，

　　ぴったり(と)合う　　きびきびと立ち働く
　　ぴったりな(の)服　　きびきび(と)した動作
　　服がぴったりだ　　　動作がきびきび(と)している

のように，不整合ながら活用を半ばもつに至るものも存在し，両者の間は連続的につながっている．

そのため，両者の共通性を優先させて，これら情態副詞を形容動詞とともに，用言または体言の一種と考える説もある(松下大三郎「象形動詞」，川端善明「不完全形容詞」；金田一京助「準名詞」，渡辺実「情態詞」など)．逆に，副詞法の形容詞・形容動詞の連用形を副詞(に転成したもの)と見なす説も古くからある(最近では鈴木重幸)．

次に，**意味**の面では，その名の通り，

　　ゆっくり・ぴったり・そろそろ・しずしず
　　のんびり・さっさと・てきぱき・ぺちゃくちゃ・堂々と
　　たくさん・たんまり・どっさり／おおぜい／すべて・ほとんど・ほぼ

など，外的・内的な動作の様態(やり方)や量的な状態(あり方)を表わすものが多数を占めるが，そのほか，

　　かつて・あらかじめ／しばらく／しばしば・たまに
　　まだ・もう／ようやく・とうとう
　　突然・不意に／たちまち・すぐ

など，時に関するもの，

　　わざと・あえて・ことさら(に)／つい・思わず・うっかり

など，意志や態度に関するもの，

一緒に・互いに／みずから・直接・かわりに／おのおの・めいめい・それ
ぞれ
など，行為者間の関係のあり方に関するものなども，通常この副詞に入れられ
て，まとまりはよくない．
　なんとなく・どことはなしに／なんか・どこか・いつか
など「不特定性」を表すものも，副詞と名詞にまたがって ゆらいでおり，位
置づけ未詳である．
　以上のうち，時に関するものは，動詞述語に限らず，
　　彼は，いつも やさしい．
　かつてこのあたりは淀橋浄水場だった．
　　まだ 来ていない　／　ぐずぐずしている　／　明るい　／　小学生だ
　　もう 来ている　　／　ぐずぐずしていない　／　暗い　／　中学生だ
など形容詞述語・名詞述語とも共起できるものがあり，また述語のテンス・ア
スペクト形式と呼応関係をもつところから，「時の副詞」として別に立てる考
え方も有力になっている（川端善明ほか）．その他も，一口に動詞を修飾すると
はいっても，動詞のどの側面とかかわるかとか，どんな種類の動詞と結びつく
かなど，動詞の下位分類の問題と並行して，今後さらに整理・再編成される余
地を残している．
　先述した情態副詞と形容動詞連用形との関係の問題に関連して，意味の面で
も，情態副詞の方が（動作中の）動的な様態を表し，形容動詞連用形の方が（変
化結果の）静的な状態を表すという違いがある，と指摘されることがあり，た
しかにそうした傾向も認められるが，
　　夕陽が赤々と燃えている．　　半紙を黒々と塗りつぶす．
　　夕陽が真っ赤に燃えている．　半紙を真っ黒に塗りつぶす．
　　廊下をしずしずと歩く．　　　休日をのんびり過ごす．
　　廊下を静かに歩く．　　　　　休日をのどかに過ごす．
などを比較してみても，必ずしもそうとも言い切れず，結びつく動詞が 状態
変化や現象を表すか 人間の行為や動作を表すかという方がきいている場合も
多いようである．

(2) 程度副詞

　程度副詞は，状態性の意味をもつ語にかかって，その程度を限定する副詞である．結びつく相手すなわち状態性の意味をもつ語は，品詞としてはいろいろなものにまたがる．

　①まず基本的な用法として，形容詞・形容動詞と結びつく．たとえば，「たいへん楽しい」「もっと早く歩け」「かなりきれいな花」「至って健康だ」
この結びつきには，ほとんど語彙的な制限がない．以下は，それぞれ制限つきであるが，

　②情態副詞・連体詞の一部:「とてもはっきり言う」「ずいぶん大きな人」
　③状態性の動詞(句):「たいへん疲れた」「非常に興味がある」
　④相対的ひろがりをもつ時間・空間の体言:「ずっと昔」「もっとこっち」
などとも結びつく．

　①の形容動詞に関連して，一般に名詞とされるものでも，メタファー的な述語として用いられると，臨時的に性質状態の側面が表面化して

　　いいトシをして，あの男もずいぶん子どもだね．
　　あいつは，かなり政治家だよ．

などと程度副詞を受けるようになる．形容動詞への移行の第一歩である．

　②は前述したように，形容動詞に準ずる性格をもつものである．こうした程度副詞を受けうる副詞・連体詞を一活用形だけの(不完全)用言と見なす考え方も，有力になりつつある(古くは松下大三郎から，杉山栄一をへて，近くは川端善明など)．「ハキダメ」としての副詞の整理整頓には，必要なことと思われる．【ただし，この一活用形だけの(不完全)用言とする考えは，活用する点に用言の本質を求める立場では，用言をハキダメにするとしか見えないであろう．この件に関しては，用言も，単に形態的にだけでなく構文的に規定する立場が必要とされるのである．】

　③の状態性の動詞を程度修飾する用法に関連しては，

　　ごはんをたくさん食べる．
　　友人が多数出席した．

などと用いられる，〈量〉を表わす情態副詞や名詞とまぎれやすいが，これらは①の形容詞・形容動詞を修飾する用法をもたない点で，程度副詞と区別される．

ただし，程度副詞の中には，程度用法だけでなく，

　　ごはんを<u>すこし</u>食べる

　　ごはんを<u>もっと</u>食べなさい

　　友人が<u>かなり</u>出席した

のように量の用法をももつものが少なからずあり，両用法・両語群の親近性・隣接性は否めないが，量の用法の場合は状態性をもたない動詞と共起する点で，結びつく語の分布が程度の用法と異なっており，両者は区別すべきである．

　④の用法は，「ちょうど十二時」「ほぼ百人」「もう一つ」「ただ一人」など数詞を限定するものとともに，副詞が体言を修飾する特殊用法と，一般に説かれるが，程度副詞が結びつくのは「時間空間」の体言に限られ，数詞（数量名詞）を限定する副詞とはやはり分布が異なるので，別に考えた方がいい．

　話を強調したい気持ちから，斬新な表現が好まれる程度表現の中には，

　　<u>おそろしく</u>大きな　　<u>とてつもなく</u>高い　　<u>例年になく</u>暑い夏

　　<u>猛烈に</u>暑い　　　　　<u>ばかに</u>元気だ　　　　<u>予想外に</u>高い値段

　　<u>目立って</u>多い　　　　<u>とびぬけて</u>速い　　　<u>ばかげて</u>太い柱

など，評価・注釈的な彩りを持った程度を表わす用言の副詞法も多く含まれている．

　　すごく・ひどく／非常に・はるかに／極めて・至って

などは，こうした段階をへて，元の意味をすり減らしながら程度副詞に移行してきた，あるいは移行しつつあるものである．

　なお，いわゆる副助詞も，

　　見るからに<u>おそろしいほど</u>ばかでかいやつだ．

　　まわりがいやになってしまう<u>くらい</u>おしゃべりなんだ．

などと，程度の副詞句をつくるが，これらを「形式副詞」として扱う考え方もある（森重敏・内田賢徳／奥津敬一郎など）．

　以上の情態副詞と程度副詞は，被修飾語たる用言の属性的な意味（語彙的な意味）の面を修飾するものであり，その用言がどのような用法に立っても，つまりどんな陳述（述べ方）的な意味で用いられても，用いられる．たとえば，

　　ゆっくり歩く　　　—歩け　　　　　—歩けば　　　　—歩かない

もっと大きい　　―大きくなれ　　―大きければ　　―大きくないと
などのように，断定か命令か仮定かなどの違いにかかわりなしに用いられる．この点，次に述べる陳述副詞とちょうど逆であり，情態・程度副詞をあわせて，陳述副詞に対し，**属性副詞**と呼ぶことがある(山田孝雄)．

(3) **陳述副詞**

　陳述副詞(叙述副詞・呼応副詞とも呼ばれる)は，否定・推量・仮定など，述語の陳述的な意味を，補足したり明確化したりする副詞であり，

　　けっして行かない　　たぶん行くだろう　　もし行ったら

のように，一定の陳述的意味をになう形式と呼応して用いられる．代表的なものとして，

　　〈否定〉　けっして・必ずしも／たいして・ちっとも・ろくに・めったに
　　〈推量〉　きっと・おそらく・多分／さぞ
　　〈否定推量〉　まさか・よもや
　　〈依頼〜願望〉　どうぞ・どうか・ぜひ
　　〈条件〉　もし・まんいち・仮に／たとえ／いかに・いくら／せっかく
　　〈疑問〉　なぜ・どうして／はたして・いったい
　　〈比況〉　あたかも・さも・まるで

などが通常あげられる．

　典型的な陳述副詞は，情態・程度の属性副詞とは逆に，もっぱら述語の陳述的な側面にかかわって，属性的な意味の側面には関係しない．その現われとして，

　①たとえば「おそらくこの事件の解明はこれ以上進展しないだろう．」という文から，陳述副詞「おそらく」を取り除いても，文のコトガラ的内容には変化がないこと

　②「けっして行かない」「けっして大きくない」など用言述語だけでなく，「けっして犯人ではない」など体言述語にも自由にかかりうること

という二つの副次的な特徴を指摘することができる．

　ただし，一般に陳述副詞の代表的な例としてあげられるものの中にも，「たいして・ろくに・さぞ」など，否定や推量と呼応する性格をもつとともに，程

度や情態の属性的な意味とも関係する性格をあわせもつものがあり，これらは上の二つの特徴はあてはまらない．

　これは たいして おもしろくない ≠ これはおもしろくない
　さぞ つらかったでしょうね ≠ つらかったでしょうね
　*彼は たいして 犯人ではない．
　*彼は さぞ 犯人だろう．

また，疑問と呼応する「なぜ・どうして」は，理由という状況(取りまく形で存在する別の事態)的な意味をもつため，「なぜ彼が犯人なのですか」のように，体言述語とも関係しうるが，「なぜ」を取り除くと，理由をたずねる文がイエスかノーかの判定をたずねる文にかわってしまう．つまり②の特徴はもつが①の方はもたない．

なお，比況(ようだ・みたいだ)と呼応するものについては，比況自体を〈陳述〉とは認めず，似かよいの度合いを限定する程度副詞の一種とみなす考え方もある．

以上とは逆に，山田孝雄のように，以上のような形式上の呼応が明瞭なものだけでなく，「いやしくも・さすが」など必ずしも「呼応」現象をもたないものも，断言(強める意)を要するものとして陳述副詞と考える立場もある．こうした，いわば中心的・典型的でないものについては，陳述性という意味・機能を重視するか，呼応性という形式を重視するか，また陳述あるいは叙述という概念をどう捉えるか，という問題がからんで説がわかれるのである(3.3節で詳述)．

さらに渡辺実は，陳述副詞にあたるものを「後続する本体を予告し誘導する」機能をもつ「誘導副詞」と捉えなおした上で，

　<u>もちろん</u>我輩は大政治家である．
　<u>事実</u>この帽子はスマートだ．
　<u>幸い</u>京都に住むことになった．

など，「後続する叙述内容に対する表現主体の註釈を表わすもの」や，

　<u>せめて</u>半額でも……
　<u>おまけに</u>次男まで……

など,「素材概念を誘導対象とするもの」をも一括する考えをしめしている.射程が広く興味ぶかい説だが,「事実」「おまけに」あたりになると接続詞(の機能)との関係が問題になってくる.

以上の三分類のほか,「こう・そう・ああ・どう」をとくに**指示副詞**と呼ぶことがある.これらは具体的内容をもたず,特定の場面や文脈の中で,話し手を基準にしてある情態を指し示す(直示する)もので,指示代名詞とともに〈コソアドの体系〉をなす点に特色がある.通常の文法的分類では,「どう」は陳述(呼応)副詞,その他は情態副詞の一種と見なされている.ただ,「こう暑くては……」や「そうは食べられない」のように,程度副詞ないし呼応副詞的用法にも立つなど,文法的にも特異性をもつ.

次に,副詞の,他の品詞との関係や副次的な用法にも触れておこう.

(4) 他品詞からの副詞への転成

副詞には,体言や用言の特定の語形(いわゆる文節の形)から移行してきたものがかなり多い.

    いっぱいある よく故障する 極めてむつかしい
  cf. 残りの一杯 良くできている 奥義を極めて

などのように,連用修飾の形が独自に意味および機能に変化をきたして,活用や曲用(格変化)のシステムからはみだしてきたものが多いが,また,「常に・まさしく・堂々と」などのように,それ自身はさしたる変化を受けないが,他の活用形が失われた結果,孤立して副詞に編入されるものもある.また,「思う存分」や「ことによると」のように,連語や句形式のものが一語化して副詞に移行してきたものもある.意味機能の変化にせよ,活用形の喪失にせよ,一語化にせよ,その副詞への移行の度合いには連続的に様々な段階があり,境界に一線を引くことはむつかしい.副詞と認定するか否かは学者により異同が大きい.

問題になるものも含めて主なパターンを示せば,次のようになる.

 ①体言から:いちばん・じっさい/いまに・力まかせに/すりひざで・はだしで/花と(散る)/心から(感謝する)・頭から(否定する)
 ②動詞から:さしあたり・くりかえし/決して・至って・強いて・はじめ

　　　　　　て・とんで(帰る)／例えば・言わば／思わず・残らず
　③形容詞から：よく・あやうく・すごく・正しく／少なからず・あしからず
　④形容動詞から：常に・非常に・やけに・ばかに／たしか・大変・けっこう
　⑤連語・句から：案の定・念のため・どっちみち／間もなく・なにもかも／
　　　　　　いずれにしろ・ややもすると・なんといっても
　⑥副詞化の接辞：皮ごと・商売柄／事実上・期待通り／散歩がてら

(5) 副次的用法

　副詞は，はじめに述べたように，単独で連用修飾語に立つのが基本であるが，中には，次のような副次的用法をあわせもつものもある．
　①「の」を伴い連体修飾語となるもの
　　　たくさんの人／一層のさびしさ／まさかの時
　②「だ・です」を伴い述語となるもの
　　　まだだ／もうちょっとだ／まだなかなかだ
この二つの用法は，副詞以外の連用形式にも，
　　　北海道への旅行　　　　花を見ての帰り道
　　　電話は彼からでした　　話は歩きながらだ
などの類例がある．渡辺実はこうした現象を「連用展叙の有形無実化」と呼んで，連用機能の原理的説明を試みている．簡単に言えば，連用修飾－被修飾の関係の主導権は，被修飾の述語用言の「統叙」にあり，「連用展叙」は，あってもなくてもいい二次的なものだ，ということである．述語中心の構文観――同様の考え方に「入れ子型構文」(時枝誠記)，「述語一本槍」(三上章)，「単肢言語」(河野六郎)などもあり，かなり有力である――に基づく興味深い指摘だが，すべての副詞がこの副次的用法を持つわけではないことも同時に説明できるように，原理とその適用条件とが求められてしかるべきであろう．

　以上は，主として明治以降，西洋の言語学と出会ってのちの副詞の通説的な取り扱い方であったが，ここで簡単ではあるが，それ以前の扱いをも含めて，副詞の研究史を振り返って見たい．急ぎすぎた近代化を経験した日本語学も，冷静に近代以前をふりかえってみる必要がありそうである．「歴史は繰り返す．………二度目は喜劇として」という悲喜劇を，できれば避けるためにも．

（b）「副詞」研究史略

古く，中世の秘伝の歌論書『春樹顕秘抄』では，「魂を入る手爾葉の事」の項に「ただ・なを・など・いとど」が，副助詞「さへ・だに」とともに挙げられている．現在知られている限りでは，副詞に相当する語に言及したもっとも古いものと言われているが，この考えに対して，江戸期に入って，梅井道敏(とがのい)は『てには網引綱』（明和七年〈1770〉刊）の「てには用意の事」の二項目に，

> 近代てにはの諸注に魂を入るてにはとて「ただ「猶「さへ「だに「など「いとど」等を出せり この説いかが 「さへ「だに」はてにはにて「唯「猶「など「いとど」は詞なるを相混じて抄出せるその理なきに似たり
> かかる杜撰なる書を秘伝などいふ事かたはらいたき事也

と述べて，鋭く批判している．「秘伝」を非難するあたりは，学問の公開性・近代性の問題が絡んで興味深いが，それはさておくとして，副詞と副助詞との機能の共通性だけでなく，形態上の相違をも捉えており，副詞研究の先駆と言っていい．

富士谷成章は，『脚結抄』（安永七年〈1778〉刊）の大旨(おおむね)において，

> 名をもて物をことわり，装(よそひ)をもて事をさだめ，挿頭(かざし)・脚結(あゆひ)をもてことばをたすく

と述べ，現在のほぼ副用語にあたるものを，体言にあたる「名」，用言にあたる「装」，および助詞・助動詞にあたる「脚結」と対立させて，「挿頭」と呼んでいる．身体の比喩による命名を用いて品詞分類するとともに，「物を理り（←事割り）」「事を定め」るという言い方で，主述ないし題述関係とも言うべき文構造にも触れている．また，その命名法にも明らかだが，『挿頭抄』（明和四年〈1767〉成）でも，

> 頭にかざしあり，身によそひあり，下つかたにあゆひあるは……

と明言しているように，文中の位置・語順からも規定している．全体に，語と文との基本的な相関を捉えた，大局的でしかも構造的な分類になっていて，挿頭＝副詞に関しても，その語順（文中の位置）と「たすく」る機能とに注目しているのである．

彼の『挿頭抄』は，挿頭語彙を五十音順に並べた（作歌のための）辞書である

が，その中に現行の情態副詞は含んでおらず，かわりに指示詞「こそあど」を含んでいる．従来はこれを，現行の副詞と比べて「混乱」したものと見なしているようだが，そうではなくて，意味・機能の面で，陳述・評価〜程度・接続・指示など，なんらかの点で「話し手の立場（基準）」に関与しつつ「ことばをたすく」る語群を，一類として考えていたと解すべきだと思われる．富士谷成章の「挿頭」は，副詞の形態（位置）と機能と意味とを，総合的に見事に捉えている，と評してよいと思われる．ただ，あまりに時代を先取りしており，用語も独特であったため，長く跡を継ぐものが出なかった．

鈴木朖『言語四種論』（文政四年〈1821〉成）では「はた・又・いで・あに・そもそも・まだ・なほ」が「詞に先だつてにをは」としてあげられている．富士谷成章と同様，テニヲハに類似した機能と語順とに注意したものであるが，機能を重視するあまり形態をやや軽視しているという点で，富士谷成章より後退していると言うべきかもしれない．

なお，形態重視（機能無視）を特徴とする「八衢(やちまた)学派」——『詞の八衢』を著した本居春庭（宣長の子）の流れを汲む学派——においては当然のことだが，東条義門『玉の緒繰分』（嘉永四年〈1851〉成）では，活用しない点をもって，副詞を「体言」と見なしており，また，富樫広蔭『詞玉橋』（弘化三年〈1846〉成）では，大きく「言（体言）」「詞（用言）」「辞（助詞助動詞）」の三種に分け，「言」に五種「詞」に六種「辞」に五種の差別を設ける包括的な分類を示しているが，しかしそこに，副詞の場所はない．

明治に入ってしばらく続いたいわゆる「模倣文典」を克服し，国学の成果と西洋文典の分類との「折衷」に成功したと言われる大槻文彦（1897）『広日本文典』は，「模倣文典」が副詞としていた形容詞連用形を形容詞に救い出した功績はあるが，しかし副詞それ自体については，とくに取り立てて言うべきことは言っていない．

山田孝雄（1908）『日本文法論』は，冒頭に述べた「副用語」の性格をもつ品詞として副詞を規定し，いわゆる接続詞・感動詞をも接続副詞・感動副詞と呼んで副詞の一類とする．通説の副詞は，山田の「語の副詞」にあたるもので，情態・程度・陳述副詞の三分頼も，山田の分類・命名にもとづく．つまり，近

代における副詞研究の出発点をなしている．ただ，情態副詞——実は大部分はのちの形容動詞——を副詞とした点は，西洋文典のadverbに引きずられた大槻文彦と同様で，富士谷成章の後継者を自任するにしては，成章の「挿頭」の真義が理解できずに，かえって後退している，というべきかもしれない．

　松下大三郎(1928)『改撰標準日本文法』は，副詞を「叙述性の無い詞であって，属性の概念を表わし他語の上へ従属して其の意義の運用を調整するもの」と規定し，接続詞と「於て・以て」など(の後置詞)とをそれぞれ接続副詞・帰著副詞と呼んで副詞に含めつつ，情態副詞の大部分には，

　　威風堂々と行進する．

のように，独自の主語「威風」をとれるところから，述語になれる性格つまり「叙述性」を認めて「動詞」[形容詞を含めた用言(verb)に相当]として除く．松下のいう「属性の概念」というのが，少なくとも現在通用の意味では理解不能なのだが，「叙述性の無い詞」という捉え方は肝腎な点をついているように思われる．副詞に関しては，案外松下が，富士谷成章の後継者と言ってもいいかもしれない．

　時枝誠記(1950)『日本文法 口語篇』は，彼の詞辞非連続説から言って，一般に格をもたない国語の品詞の中で，例外的に連用修飾という「格表現が本来的に備つてゐる」特殊なものとして，情態・程度副詞に当たるものを副詞とする．副詞は詞辞理論にとって，厄介物でアキレス腱となった．時枝の後継者たちが「副詞の整理(解消のこと)」を強行しようとしたのは，そのためである．「けっして…ない」などの陳述副詞は，その全体を一つの陳述が上下に分裂して表現された「一つの辞」であるとして，副詞から除こうとした．この陳述副詞の捉え方は，「詞に先だつてにをは」と捉えた鈴木朖の近代版と言っていい．

　このほか副詞の範囲認定については，もっとも広い山田と，もっとも狭い時枝とを両極として，その間に広狭さまざまな説がある．

　なお，品詞論から構文論的特徴をいっさい排除しようとする徹底した形態主義の立場に立てば，品詞としての副詞は，形容動詞(語幹)とともに解消されることになる．【水谷静夫(1957)・鈴木一彦(1959)．ともに時枝文法の擁護論で，その考

え方は東条義門の近代版である.】

　副詞をどう扱うかという問題は，構文論的特徴を，形態論的特徴や意味論的特徴とともに，品詞論の中にどう位置づけて取り込むかという，文法研究の方法の根本問題と密接に結びついている．副詞は，実態として「ハキダメ」であるからこそ，文法研究の方法にとっては「砥石」となるのであり，それに無頓着な文法学説にとっては「アキレス腱」ともなるわけである．

　以上で副詞全般の概観を終え，次に「文の陳述的なタイプ」との関係を見ることになるが，その前に，「陳述性（predicativity）」や「叙法性（modality）」という用語・概念について ひとわたり見ておきたい．第1章にも多少ふれられているが，この用語は，学者によって用法がまちまちな 大変な「多義語」なのである．

3.2　陳述性・叙法性の概要と陳述副詞・叙法副詞の概観

（a）陳述性

　これから述べる**叙法副詞**というものは，山田（1908）が創設した**陳述副詞**の一部，ただし，中核的な一部を占めるものである．山田は，用言の二大要素として，〈属性〉と〈陳述〉とを考え，それに応じて「語の副詞」を「属性副詞」と「陳述副詞」とに二大別したのであった．山田の「陳述」という用語は，その後，あいまいなもの，未分明なものとして批判され，渡辺実（1953, 1971）の「叙述」と「陳述」や，芳賀綏（1954）の「述定」と「伝達」に代表されるような精密化を受けてきた．

　それと同時に，その精密化の流れの底流には，文が大きく二つの側面に分たれること，すなわち，詞的か辞的か（時枝誠記），客観的か主観的か（松下大三郎・金田一春彦），対象的か作用的か（森重敏），ことがら的か陳述的か（鈴木重幸・南不二男）など，学者により用語はさまざまで，したがって内容にも異なりがありはするものの，文にそうした大きな二側面あるいは二要素があることは，山田以来，多くの学者によって共通して認められていると言ってよいように思われる．

ここでは,「陳述」という ある意味では 手垢のつきすぎた用語を, そうした二大別の一つとして, つまり広義に用いることにしたい. すなわち,〈陳述性・のべかた・predicativity〉という用語を
　　単語や単語の組合せが, 言語活動の最小単位である「文」として成り立つ
　　ために持たされる, 話し手の立場から取り結ばれる文法的諸特性
の総称として用いることにする. この〈陳述性〉という用語のもとに, 具体的に何を理解すべきについては, まだ分からないことが多いが, 少なくとも,
　　叙法性・かたりかた modality: 屈折語形　分析形式　叙法副詞　イントネーション
　　評価性・ねぶみ evaluativity: 副詞(句)　分析形式
　　感情性・きもち emotionality: 間投詞　分析形式　特殊拍(撥・促・長音)
　　対人性・もちかけ(phatics): 間投詞　間投助詞　終助詞
　　待遇性・ていねいさ(politeness):「です・ます／φ」「お-」
　　題述関係・係り結び theme-rheme: 係助詞「は・も／が／φ」　語順
　　対照性・とりたて(focusing): 副助詞・とりたて副詞　プロミネンス
などが, 問題になるだろう.
　こうした文の陳述性のうち, 副詞あるいは副詞的成分に関係のあるものとしては,(a)叙法性,(b)評価性,(c)対照(とりたて)性, の三つがあると思われる. 例を挙げれば,
　　(a) たぶん晴れるだろう. ／どうぞこちらに来て下さい.
など, 推量, 依頼といった, 文の語り方＝叙法性に関係するもの,
　　(b) あいにく雨が降ってきた. ／奇しくもその日は父の命日だった.
など, 文の叙述内容に対する話し手の評価的な態度に関係するもの,
　　(c) ただ君だけが頼りだ. ／少なくとも十年はかかる.
など, 限定, 見積もり方といった, 文の特定の部分の「とりたて」——表現されていない 他の同類の物事との範列(範例)的(paradigmatic)な関係の中で問題の語句に対してどのような取り上げ方をするかということ——に関係するもの, の三つである.
　こうして, 陳述副詞の下位分類としては,

3.2 陳述性・叙法性の概要と陳述副詞・叙法副詞の概観 — 181

陳述副詞 { (a) 叙法副詞
(b) 評価副詞
(c) とりたて副詞 }

のように，とりあえず考えて，話を先に進めることにする．

このうち「文の陳述的なタイプ」に直接的に関与ないし干渉するのは，叙法副詞であるが，評価副詞（および評価的な程度副詞）や，とりたて副詞も，みずからの住まう環境として文の陳述的なタイプを選ぶ．

また，時の副詞や，その他の情態副詞の中にも，以上とは異なる種々の理由から，文の陳述的なタイプとの共起制限のある語群が，存在する．

以下，この順序で見ていくことにするが，文の陳述的なタイプとの関係が直接的な「叙法副詞」が中心となる．また，網羅的な実態記述をめざすというよりは，いくつかの具体的な記述を通して，その記述方法について検討することに，重点を置くことにする．

(b) 叙法性(モダリティ)

文の**叙法性**(modality)という用語は，本章では，動詞の形態論的カテゴリーとしての**叙法**(mood)に対応する，文レベルの構文論的カテゴリーとして用い，両者を区別して扱う立場に立つが，従来の研究を概観するしばらくの間は，両者の違いを見ないことにする．

叙法あるいは叙法性の規定のしかたとしては，大きく分けて，二つの立場がある．ひとつは，〈文のことがら的内容に対する話し手の（心的）態度〉といった主体的・作用的な側面から性格づける立場であり，もうひとつは，〈文のことがら的内容と現実との関係〉とか〈主語と述語との関係のありかた〉といった客体的・対象的な側面で性格づける立場である．

この二つの立場に関連しては，日本文法の世界では「助動詞」をめぐる金田一春彦と時枝誠記との論争が有名である．

英文法の世界では，私のとぼしい知識のかぎりでも，O. Jespersen(1924)のmoodの定義「文の内容に対する話し手の心的態度［心の構え］」（訳本 p.460）は，前者の代表であり，彼によってあまりにも簡単に批判されてしま

ったH. Sweet(1891)のmoodの定義「主語と述語との間の色々異なった[種々に区別される諸]関係を表わす文法形態」(訳本p.118)は，後者のひとつの代表と言えそうである．

ロシア文法においては，これまた，管見のかぎりで言わせてもらえば，V. V. Vinogradov(1955)に代表される「発話(rech'≒speech)の内容と現実とのさまざまな諸関係を文法的に表現する諸形式」(p.268)といった，客体的に規定する立場が主流をなしているようである．そのさいVinogradovはまた，「具体的な文では，人称性・時間性・叙法性の意味は，話し手の観点から定められる．しかし，その観点自体は，発話の瞬間における，話相手との関係，および，文に反映され表現される現実の〈断片・切れはし〉との関係の中における，話し手の客観的な位置によって規定されるのである」(同頁)と述べることも忘れていない．ちなみに，この論文とほぼ同一内容のものが，1954年のアカデミー文法(ソ連・ロシアの学士院に直属するロシア語研究所が，ほぼ10年ごとに刊行する，かなり大部の標準的な文法書)のシンタクスの序説の一部におさめられていて，アカデミー文法の基調をなす考え方である(なお，1960年のアカデミー文法はこの年のものの復刻である)．

1970年と1980年のアカデミー文法(N. Y. Shvedova責任編集)では，叙法性を，客観的なものと主観的なものとに二分して扱っている．客観的叙法性とは，「文内容と現実との関係」であって，主に動詞の叙法(mood)形式や文音調(イントネーション)によって示される；主観的叙法性とは，話し手の文内容に対する関わり方(otnoshenie≒関係～態度)であって，語順や文音調(プロミネンス・ポーズ)や挿入語[≒陳述副詞や間投詞]などの補足的な文法手段によって示される；という．

V. Z. Panfilov(1971, 1977)は，これらの問題を，文の形式的シンタクスのレベルと，文のアクチュアルな分析(伝達機能的シンタクス)のレベルという，二つのレベルの別に関連させて，再編成しようとしているようである．これが，V. Mathesiusをはじめとするプラーグ学派の流れをも汲むものであることは疑いない．その点では，イギリスのM. A. K. Halliday(1970)が，"Modality"を対人的(interpersonal)な機能のものとし，"quasi-modality"

による"Modulation(調整)"を観念(化)的(ideational)な機能のものとして区別しつつ，その絡みを見ようとしているのも，同趣のものと言えようか．

以上，叙法(性)の学説の概観としては，きわめて荒っぽく抜け落ちも多いことだろうが，その規定のしかたに，近代の「主観－客観図式」との関係で，種々の議論があることが分かっていただければ，それで良しとしなければならない．

さて，こうした，主体的な面から規定するか，客体的な面から規定するかという理論的な対立があるということは，どちらかが完全な間違いだということでない限り，規定されるべき現象にその両側面が絡んでいる，ということでもある．Vinogradovが明言していたように．そして，日本でも若き金田一春彦(1953)が，最終的には一方を切り捨ててしまうのだが，ひとまずは指摘したように．

たとえば，「彼も行くらしい」という文において，ラシイと推定しているのは誰かと問えば，それは話し手である(主体の作用面)し，行くラシイという蓋然的な状態の主は何(誰)かと問えば，それは「彼(も)」である(客体の対象面)．つまり「らしい」は，前者・作用面から見れば〈話し手の推定的な態度〉であり，後者・対象面から見れば〈一定の蓋然的な状態〉，くだいて言えば，「彼(も)行く」ということがら内容が，現実との関係において一定の蓋然性(ラシサ)をもっていることを意味している．金田一は，時枝の詞辞論を批判する勢いがあまって，前者の見方を否定するのだが，その後の，渡辺実(1953)や南不二男(1964)の研究が示唆するように，この二側面を二者択一的に見るよりも，連続的に見る方がいいだろう．すなわち「彼も行きそうだ」のように〈出来事の様態性〉とでも言うべき対象面が強く押し出されているものもあり，「彼も行くだろう」のように〈話し手の推測性〉という作用面が強く押し出されているものもあって，対象面，作用面どちらかにかたよるにしても，この二側面は同居し得るのだ，と．

「彼も行きますか？」「はやく行きなさい」のような，質問や命令の叙法については，ほとんどの学者が一致して〈話し手の態度〉という面を基本と見ており，それは表面的には決して間違いではないのだが，それと同時に，話し手の置か

れている現実との関係において〈不確定,不確実なことがら〉を聞き手に質問したり,〈まだ実現されていないことがら〉を聞き手に命令したりするのだという(あまりにも当然な)ことも,見逃してはならないのである.確定したことを質問することは,遊びとしての「クイズ」や教師の「試問」など特殊なものに限られるか,あるいは「どこに目がついているんだ」のように「叱責」になるということも,また,すでに実現していることを「ざまを見ろ」とか「うそをつけ」などと「命令」すると,「罵倒」や「難詰」になってしまうのも,そうした対象面の性質が,質問や命令という作用面の「質」に絡んでくるからである.心的態度の面のみを見るのは,やはり一面的だと言うべきである.対象面(noema)なき作用面(noesis)など,そもそもありえないのである.

【時枝の詞辞論は,現象学を根本において誤解ないし曲解しているように,私には思われる.また,O. Jespersenのmoodの定義の中にある"attitude of the mind(心の構え)"は,訳本の日本語「心的態度」よりは,対象面にも目配りのきいたことばのように思われる.「構え」でも「態度」でも,なんらかの"対象に対する"ものであり,どちらでも大した違いはない.問題は,「心の」という名詞の所有格を「心的」という形容(動)詞で訳し(理解し)たことにあるのだろう.「心的」がいつの間にか「主観的」にすりかわるのが,現今の日本語・日本文化の通例である.】

このように考えてきて,本章では〈叙法性 modality〉を
 話し手の立場から定められる,文の叙述内容と 現実および聞き手との 関係づけの文法的表現

と規定しておくことにする.平たく言ってしまえば,この定義のポイントは,話し手,聞き手,現実(状況),それに文の叙述内容という,言語活動の場における必須の四契機(cf. K. Bühler(1965^2)のオルガノン・モデル)の間の関係表示(関連づけ)が叙法性である,と見なす点にある.また,それだからこそ,文の文法的な,陳述的なカテゴリーの中核をなすとも言えるのである.

この叙法性の性格を,もう少し分析的に規定するなら,客体―対象的なことがらの側面から言えば,文の〈ありかた〉,つまり存在の「様式 mode, mood」であるとともに,主体―作用的な話し手の側面から言えば,文の〈語りかた〉,つまり話し手の「態度・気分 mood」である.金田一―時枝論争のようにそのどちらか一方だというのではなく,主体―作用面と客体―対象面との総合とし

て，あるいは相即として，叙法性は存在すると考えるべきである．この二側面は，具体的には，たとえば次のような形で現れる．

①助詞「か」における，主体的〈疑問〉性と客体的〈不定〉性との統一

文末の終止用法「あした来られますか？」において〈疑問性〉が卓越し，文中の体言化用法「どこか遠くへ行きたい」において〈不定性〉が卓越し，そして，その中間の「どこからか，笛の音が聞こえてくる」のような挿入句的な（間接疑問の）場合に，両性格はほぼ拮抗する．

②助動詞「ようだ」における，客体的〈様態〉性と主体的〈推定〉性との統一

「まるで山のようなゴミ」「たとえば次のように」などの「連体」や「連用」の「修飾語」用法においては ことがらの〈様態～比喩性〉や〈例示性〉の面が表立っており，「どうやらまちがったようだ」のような「終止」の「述語」用法において主体的な〈推定性〉が表面化することになるが，「だいぶ疲れているようだ／ように見える」のように，〈様態性〉と〈推定性〉がほぼ拮抗する場合も多いし，「副詞はまるでハキダメのようだ」のように，〈様態性〉ないし〈比喩性〉の叙述にとどまることもあって，複雑である．そのため，学者間の「あれかこれか」の論争の種になっている．

文内での「位置」の違いや，他の部分との「きれつづき」に関わる「機能」の違いといった〈環境または条件〉を精密に規定しないまま，助詞・助動詞の意味の「本質」を「あれかこれか」とあげつらっても，水掛け論になるだけである．どちらにも一面の真理は，やどっているのだから．

(c) 基本叙法と副次叙法

以上のようにあらまし考えたうえで，その内部を見ていくことになる．

まず，叙法性を，言語活動の最小単位としての〈文〉の〈統一と成立〉のための特性の一つだとする点から考えれば，叙法性のもっとも基本的なものは，その関係づけ（ここでは，態度といっても大過ない）が，①発話時のもの，②話し手のもの，という二つの特徴をもつものである．「しよう・しろ・してくれ・だろう・(ダ)そうだ・か」などの形式がこれであり，また終止の位置に立った「する．／した．」が，上の有標的な形式（marked form）と「対立」して，無

標的な形式（unmarked form）として〈断定〉をになうとすれば，それもここに入る．これは芳賀綏（1954）のいう意味での「陳述」，すなわち〈述定〉と〈伝達〉とにあたる．

これに対して，金田一春彦（1953）がつとに指摘しているように，
 ・彼はつかれているらしかった．　　　　〈過去形〉
 ・銃声らしい物音が遠く聞こえていた．　〈連体形〉〈主文過去形〉
などは，話し手の推定とは言えても，その推定は発話時のものではない．
 　彼はつかれていたらしい．　　　　　　〈終止現在形〉
の場合は，終止の位置に立つ現在形であることによって，発話時の話し手の推定という基本叙法性をもつのだが，「らしい」という助動詞自体としては，テンスの対立をもち，連体形（もしくは自立形の連体用法）をもつ点で，上の「だろう」などとは区別しなければならない．また，やや特殊な例を引くようだが，
 ・彼女の話では，彼は来ないかもしれないそうだ．
のような「かもしれない」は，ことがらの可能性（不確定性）を示すという対象的な性格の方が強いが，これを不確実な判定という作用面で見るとしても，その判定作用の主は，直接的には「彼女」であり，話し手はそれを取り次いでいるのである．

このほか「するようだ・しそうだ・するにきまっている・すると見える」等々の形式が，過去形をもち，連体形・条件形など文中の位置に立つ語形（または用法）をもち，また，判定作用の主が必ずしも話し手ではない，といった性格をもつ．これらを，**副次叙法**と呼んでおく．先の叙法性の規定のうち，「話し手の立場から定められる」という部分が間接化される点で，副次的である．

以上は，認識系の，いわゆる判断様相的な叙法であるが，行為系の，願望や当為の叙法にも，同様の副次的なものがある．たとえば，
 ・ぼくも　行きたかった．　　〈過去形〉
 ・行きたい人を　さがす．　　〈連体形〉
 ・彼も　行きたいらしい．　　〈主体三人称〉
のように用いられる「したい」は，副次叙法である．このほか「しなければならない・してもいい・してはいけない・するつもりだ」等々の形式が，行為的

な副次叙法として挙げられる．
　ただ，こうした副次叙法の諸形式も，
　・ぼくは　行きたい．
　・ぼくは　行くつもりだ．
のように，一人称主語をとり，自らは終止の位置に立って現在形をとる場合には，発話時の話し手の関係づけ＝態度と一致する．また，
　・きみは　行かなければならない．
　・きみが　行くといい．
などでは，二人称主語その他の条件のもとで，命令や勧誘に準じた性格をもつ．これらを，助動詞・補助動詞という要素（部品）としてではなく，文の述語という成分（部分）として見るときには，基本叙法（に転化したもの）と見てよいのかもしれない．
　こうした，助動詞・補助動詞として見るか，文の述語として見るかという区別，ややラフに言い換えて，形態論的な叙法（ムード）として見るか，構文論的な叙法性（モダリティ）として見るかという問題は，以下，叙法副詞との構文的な関係を見ようとするときに，重大な問題として立ちあらわれてくるだろう（3.3節参照）．

（d）叙法副詞

　本章でいう〈叙法副詞〉とは，以上見てきたような副次叙法をも含めた文の叙法性に関わりをもつ副詞であると，とりあえず規定しておく．
　日本語においては――多くの言語と同様に，あるいはそれ以上に――述語が文の叙法性表現の中核である．基本的には，述語の叙法が文の叙法性を決定する．叙法副詞がなければ文の叙法性の大枠が定まらない，というような文は，少なくとも日本語にはないだろう．
　日本語では，
　　＊けっして　行く．
とは，決して言わず，
　　けっして　行かない．

と，述語を否定形にしなくてはならない．この点，

  Je n'y vais jamais.

  Никогда не буду.

など，フランス語の"jamais"やロシア語の"никогда"と同様であって，

  I'll never go.

のように言える英語の"never"とは異なる．また，条件表現において，

  *もし雨が降って(降った)，行かない．

とは，決して言わず，

  もし雨が降ったら(たなら)，行かない．

と，従属節述語を条件形にしなくてはならない点も，

  If it rains, ………　　cf. It rains.

のように言える英語の"if"とは異なる．

　叙法副詞は，必要に応じて述語の叙法の程度を強調・限定したり文の叙法性を明確化したりするものであって，文構造上必須のものではない，つまり任意的であって義務的ではないという意味では，「語彙的」な(文法的ではない)表現手段である(R. Jakobson)．ただ，その語彙的な内容が，実質概念性が希薄で，形式関係性が濃厚であるという意味では，「文法的」である．ここでは，叙法副詞を，文の叙法性の「語彙・文法的」な表現手段だと考えておく．

　叙法副詞の文法的な記述は，その語彙・文法的な意味と文法的な機能——他の部分との関係の中での役割——とを，相関するものとして見ることになるだろう．細部の議論に入る前に，叙法副詞の代表例を一覧しておくことにする．

【叙法副詞代表例一覧】

A　行為的な叙法

 (a) 基本叙法

  (1) 依頼——どうぞ　どうか　なにとぞ　なにぶん　／　頼むから

  (2) 勧誘・申し出 etc.——さあ　まあ　なんなら(なんでしたら)

 (b) 副次叙法

  (3) 願望・当為 etc.——ぜひ　せめて　いっそ　できれば　なんとか

3.2 陳述性・叙法性の概要と陳述副詞・叙法副詞の概観

                    なるべく　できるだけ　どうしても　当然　断じて
        cf. 意　志——あくまで(も)　すすんで　ひたすら　いちずに etc.
            意　図——わざと　わざわざ　ことさら　あえて etc.

B　認識的な叙法
　(a) 基本叙法
　　(4) 感嘆・発見 etc.——なんと　なんて　なんともはや
　　(5) 質問・疑念　　——はたして　いったい　／　なぜ　どうして etc.
　　(6) 断定——勿論　無論　もとより　／　明らかに　言うまでもなく
　　(7) 確信——きっと　かならず　ぜったい(に)　断じて
　　(8) 推測——多分　恐らく　さぞ　定めし　大方　／　大概　大抵
　　　　　　　／　まさか　よもや　／　たしか　もしや　さては
　　(9) 伝聞——なんでも　聞けば　　cf. D(27)情報源　～によれば etc.
　(b) 副次叙法
　　(10) 推　定——どうも　どうやら　／　よほど
　　(11) 不確定——あるいは　もしかすれば　ことによると　ひょっとしたら
　　　　　　　／　あんがい
　　(12) 習慣・確率 etc.——きまって　かならず　きっと
　　　　　　　　／　とかく　えてして　ややもすれば　ともすると
　　　　　　　　／　いつも　よく　／　大抵　大概　普段
　　(13) 比況——あたかも　まるで　ちょうど　／　いかにも　さも
　　(14) 否定
　　　(ⅰ) 否定判断性——けっして　／　まさか　よもや　／　断じて
　　　　　部分否定性——必ずしも　一概に　あながち　まんざら
　　　　　とりたて性——別に　別段　格別　ことさら
　　　(ⅱ) 程度限定性——たいして　さほど　さして　ちっとも　すこしも
　　　　　　　　　　　一向(に)　てんで　／　まるで　全然　まったく
　　　(ⅲ) 動作限定性——ろくに　めったに　さっぱり　ついぞ　たえて
　　　　　(不可能)　　　とても　とうてい　なかなか　どうしても
　　　　　(疑問詞)　　　なんら　なんの　なにも　なにひとつ etc.

　　　　(iv) 慣用的偏性──毛頭　皆目　寸分　とんと　おいそれと(は)etc.
　　　　　　cf. 否定的傾向──所詮　どうせ　どだい　なまじ　へたに
　　　　　　　　(相対的テンス)　まだ　もう　いまさら
　　(15) 肯定──かならず　さぞ　ぜひ
　　　　　　cf. 一般の程度副詞　ある種のアスペクト副詞
　※ A 行為的な叙法にも，B 認識的な叙法にも用いられるもの
　　　　　　きっと　かならず　絶対(に)　断じて　／　もちろん　無論
C　条件的な叙法
　　(16) 仮定　条件──もし　万一　かりに　／　いったん
　　　　　　　　　　／　あまり　よほど　／　どうせ　同じ
　　(17) 仮定逆条件──たとえ　たとい　よし　よしんば
　　(18) 逆条件(仮定〜既定)──いくら　いかに　どう　どんなにetc.
　　(19) 原因・理由──なにしろ　なにせ　何分　／　さすがに　あまり
　　(20) 譲　　歩──もちろん　たしかに　なるほど　いかにも
　　(21) 譲歩〜理由──せっかく
D　下位叙法 sub-modality
　　(22) 確認・同意──なるほど　確かに　いかにも　全く　／　道理で
　　(23) うちあけ　──実は　実の所　実を言えば　本当は　正直(言って)
　　　　思い起し　──思えば　考えてみると　思い起せば
　　(24) 証拠立て　──現に　事実　じっさい　だいいち
　　　　たとえ　　──いわば　いうなれば　言ってみれば
　　(25) 説き起し　──およそ　そもそも　一体　大体　本来　元来
　　　　(概括)　　　　一般に　概して　総じて
　　　　まとめ　　──結局　畢竟　要するに　要は　つまり　早い話(が)
　　　　(はしょり)　どうせ　どっちみち　いずれにせよ　所詮　とにかく
　　(26) 予想・予期──案の定　やはり　はたして
　　　　　　　　　　めずらしく　案外(に)　意外にも　／　かえって
　　(27) 観点〜側面──正しくは　正確には　厳密には　／詳しくはetc.

3.2 陳述性・叙法性の概要と陳述副詞・叙法副詞の概観 — 191

	技術的には　時間的には　文法的には etc.
(情報源)	～によれば　～に従えば etc.　　cf. (9)伝聞

　この一覧の中に，二つ以上の欄にまたがって現れるものがあるが，これには，同時に二重の叙法性をもつもの(まさか・よもや etc.)と，多義語もしくは「構文的同音語」(Greenbaum 1969, p.6)とみなしたもの(はたして・きっと・まるで etc.)とがある．前者は説明する必要もあるまい．後者については，3.5節で論じる．

　「たしかに・きまって・できれば」など，副詞とするか用言の一語形とするかについて，また，「言うまでもなく・ひょっとしたら・実を言うと」など，語としての単位性について，つまり，副詞への「語彙化(lexicalization)」の程度について議論の余地のあるものも，このリストに挙げてある．とくに，「D下位叙法」の項に目立つことに留意されたい．これについては，最後の3.8節で「陳述副詞の品詞論上の位置」という問題として考えよう．

　さてこの一覧では，大きくA～Dの四種に分けたが，これを二分法的に整理してみれば，次のようになるだろう．

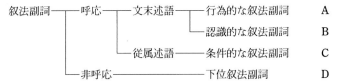

ABCの三種は，いわゆる呼応現象をもつものであり，Dは，用いられる文の陳述的なタイプがほぼ叙述文に限られるという叙法的な共起制限はある(だからこそ叙法副詞の一種なのだ)が，積極的に一定の述語形式と呼応する現象が見られないものである．次にABCのうち，AとBが主文の述語と呼応する(しうる)ものであるのに対し，Cは，原則として複文の従属節の述語と呼応するものである．細かいことを言えば「もちろん………だ．しかし………．」や「もしこれがぼくのものだったらなあ．」といった独立用法もあるが，それは二次的なものとして扱ってよいだろう．最後に，Bが話し手または動作主の願望や意志に関わりなく，存在または実現する事態の認識(知)に関するものである

のに対し，Ａは，話し手または動作主の願望や意志(情意)に基づく行為に関するものである．

　ＡとＢにはそれぞれ，先にも触れたように，(a)基本叙法に関わるものと，(b)副次叙法に関わるものとが区別しうるが，これについては3.4節で，具体例を挙げて議論しよう．ＡとＢの両叙法にまたがる「きっと」などを，※印をつけて特立しておいたが，これは3.5節で「多義性・多機能性」を議論するための便宜である．

3.3　「どうぞ」の呼応する形式――「形式」とはどんなものか

　この節では，叙法副詞が「呼応する形式」とはどういう性格のものか，という点について「どうぞ」を例にして考えてみることにする．「どうぞ」が共起して用いられる形式としては，「してください」が代表的なものとして挙げられるが，そのほか「してくれ・してちょうだい・してくださいませんか」などをはじめ「していただきたい・(するよう)お願いします」などとも共起して用いられることがあり，現象的には多様である．多様ではあるが，これらを一括して《依頼》の叙法を表わす形式と見なすことは，まずは常識のレベルで許されることだろう．

　ただ，ここで注意しておかなければならない大事なことは，これらの形式のうち，最後のグループの「お願いする」という動詞自体や「していただきたい」という組合せ形式自体が，《依頼》の叙法的意味をもっているわけではない，ということである．たとえば，「していただきたい」という形式が次のような形で用いられた文には，「どうぞ」を共起させることはできない．

　　　　　　　⎧(a)　来ていただきたい方々に連絡しているところです．
　＊どうぞ　⎨(b)　かれはあなたに来ていただきたいのでしょう．
　　　　　　　⎪(c)　わたしはあなたに来ていただきたかったのです．
　　　　　　　⎩(d)　わたしはあなたに来ていただきたくない．

「どうぞ」がなければ，(a)～(d)の文は文法的になんの問題もない文である．つまり，「していただきたい」という組合せ形式(分析的形式)は，連体(a)な

ど文中の位置にも立ち，人称的にも，主体が一人称に限られるわけでもなく（b），また，過去（c）や否定（d）の形をもとりうるものであって，それらに共通する「していただきたい」自体の基本的な意味は，依頼ではもちろんなく，「自行自利（シテモライ）」の「謙譲（または丁重）」の「願望」とでも言うほかはない——簡略化して「丁重」な「希求」と言ってもいい——ものである．こうした性格の「していただきたい」が依頼に準じた〈意味〉を実現し得るようになるのは，形態的に〈肯定〉の〈現在〉の形をとり，構文機能的に〈終止〉の位置に立って，構文意味的に〈一人称のシテ〉と〈二人称のウケテ〉と組合わさるという条件のもとでである．つまり，

　（e）　わたしは　あなたに　来ていただきたい．

という文は，「依頼文に準ずる文」とも解し得るようになる．しかし，厳密にはこの文はまだ，「希求の叙述文」としての性格の方が本質的であろう．というのは，この文は，

　（e′）　じつは　わたしは　あなたに　来ていただきたい（のです）．

のように，「じつは」という下位叙法副詞と共起しうるが，この「じつは」は，

　　＊じつは　来てください．　／　来てくださいませんか．

のような依頼の文には用いられないものなのである．また，「どうぞ」と共起させる場合も，

　　？どうぞ　わたしは　あなたに　こちらに来ていただきたい．

という「わたしは」という主語のついた文は，非常に落ち着かない不自然な文である．

　（f）　（あなたに／は）　どうぞ　こちらに来ていただきたい．

のように一人称主語がない方が，許容度が高くなるだろう．二人称補語の「あなたに／は」もない方がふつうだが，こちらは相手を〈指定〉したり〈対比〉したりする必要のある場面では，顕在してもおかしくないだろう．

【なお，「どうぞ」と「していただきたい」との共起そのものに，まだ不自然さ（構文的な混線 contamination 性）を感じる人（たとえば大正2年生まれの林大氏）もいることは確かだが，そ（うした世代）の場合は，「どうぞ」の代わりに「どうか」と共起させた例で，同様の趣旨のことが言えると思う．】

こうしてみると,「していただきたい」という組合せ形式が依頼に準じた〈意味〉を獲得するためには,構文意味上〈一人称のシテ〉が必要なのだが,依頼(あるいは命令)の叙法の述語として〈機能〉するためには,意味上のシテならぬ,構文機能上の主語が,表現上の単なる省略としてではなくて,文法構造上の制約として〈消去〉されなければならないのではないか,と思われてくる.この現象は,

・(あなたが)　行きなさい.
・(あなたは)　残ってください.

といった命令文・依頼文において,命令・依頼という発話行為の主体である話し手が一人称主体の形では,文の中にけっして顕在しえないことに対応する現象なのであろう.叙述文の一種に組み込まれる願望や希求といった副次叙法とは異なり,いわゆる命令文の一種である依頼の叙法として機能するためには,話し手自らを対象化して一人称主語として表現することが許されない——というか,対象化して表現すれば,叙述文に変質してしまう——のだと考えられる.

ちなみに,(f)の文で「あなたに／は」という聞き手を指示する補語が表現されない方がふつうであることは,命令文が通常「主語なし文」であることに対応する事実であろう.命令文では,聞き手を指示する語は,

・君,さっさと行きなさい.
・田中さん,こちらに来てください.

のように,呼びかけの独立語として機能するのが基本である.

・君は,さっさと行きなさい.
・田中さんが,こちらに来てください.

といった形で主語や主題として表現されるのは,(f)の場合と同様,指定性または対比性といった「とりたて性」のある場合に限られるのである.

【なお,こうした「君が／は　行け」型の文は,主語・主題をもつことによって,
・君が　行くべきだ.
・君は　行かなければならない.

のような,当為をあらわす副次叙法形式による叙述文に近い性格をもたされるのではないか.つまり,「君が行け」型の文は,「君,行け」という命令文と「君が行くべきだ」という当為の叙述文との間にあって,中間的あるいは二面的な性格をもつ文なのではな

いか，と考えられる.】

　以上の「していただきたい」と基本的に同じことが，「お願いする」にも言える．くりかえしをさけて，論証例をあげるに止めさせてもらう．

＊どうぞ　｛
(a)　よくお願い<u>すれば</u>，ききとどけてくれるだろう．
(b)　<u>彼は</u>，彼女にきてくれるよう，お願いするらしい．
(c)　わたしは，彼にきてくれるよう，お願いし<u>た</u>．
(d)　わたしは，彼にきてくれるよう，お願いし<u>ない</u>．

(f)　どうぞ　一日も早く来てくださるよう，お願い申し上げます．
(e)？どうぞ　<u>私は</u>一日も早く来てくださるよう，お願い申し上げます．

　さて，以上のことから，叙法副詞の呼応する〈形式〉は，たとえば「していただきたい」や「お願いする」の「終止形」といった，単語－形態論レベルの形式ではなく，文の中で他の一定の単語と結びつきながら機能している述語－構文論レベルの形式なのだ，と言えるだろう．「どうぞ～してください」のような形態論的な依頼形（丁寧な命令形）と呼応する場合は，こうした二つのレベルの別をわざわざ言う必要はないのであるが，それは，依頼形が，文－述語の叙法性が語形態にまで十分にやきつけられた形式だからである．

　形態論的な語形変化が，構文論的な意味機能の基本的な表現手段（grammatical processes）である以上，形態論的な形式と構文論的な形式とが基本的な部分で一致するのは当然である．後述する橋本進吉のように「呼応」を形態論的な形式においてのみ見ようとする立場が一応は成り立つのも，このためである．だが，それとともに，構文論的な意味機能の表現手段が語形変化に限られるわけではなく，語順（文中での位置）やイントネーション，それに他の文の部分との結合関係（とくに人称関係）なども表現手段として働くのである以上，呼応の形式を形態論レベルでのみ見ることは許されない．

　こうした区別は，次のような場合にも，現実に意味をもってくる．
(a)　たぶん　彼は行く．　／　私も行く（ことになる）．　〈推量〉
(b)　断じて　（私は）行く．　　　　　　　　　　　　〈意志〉
のような文に用いられた「たぶん」や「断じて」を記述・説明する場合や，
(a′)　きっと　彼も行く．　／　きっと私も行ける．　〈推量〉

(b′)　きっと　あしたまでに(私が)届けに行く．　　　　　　〈意志〉

のような文に用いられた「きっと」の多義性を記述・説明する場合，つまりは，いわゆる無標の(unmarked)形式が問題になる場合である．

　(a)と(b)の違い，(a′)と(b′)の違いは，「行く」が動詞の「終止形」あるいは「断定形」だといった形態論レベルの説明だけでは，解けない．(b)の「断じて」や(b′)の「きっと」が呼応しているのは，「行く」という語彙的に〈意志行為〉を表わす動詞が，形態的に〈非過去形〉をとり，構文意味的に〈一人称のシテ〉と組み合わされることによって得られた《意志表示》の叙法をになった述語である，という記述が最低限必要である．(先の《依頼》の場合と異なり，《意志表示》の場合は，一人称主語の構造上の消去は起こらない．)そのほか，たとえば，

・もし雨が降った場合／時は，来週に延期します．　　　〈仮定〉
・あまり大きいものは，かえって不便です．　　　　　　〈条件〉
・せっかくたたんだ洗濯物を，メチャクチャにされた．　〈逆接〉
・けっしてひとりで行ってはダメですよ．　　　　　　　〈禁止〉
・とてもひとりで行くのは無理だ．　　　　　　　　　　〈不可能〉
・どうやらなにかかくしている節がある．　　　　　　　〈推定〉

などなど，一般に「相当形式」とか「準用形式」とか呼ばれているものも，ここでいう構文論的な形式(あるいは「迂言的形式」)と考えられる．こうした文に用いられた副詞の記述においては，これらの形式を条件づけている文構造——たとえば「〜のは無理だ」や「〜節がある」が，これこれの理由から主文の主述関係ではなく「合成述語(complex predicate)」化している，といったようなマクロな階層構造——の分析が必要とされるだろう(3.5節(c)参照)．

　以上のように叙法副詞の呼応を考えるということは，橋本進吉(1929)が，山田孝雄の陳述副詞を「感応副詞」または「呼応副詞」と捉えなおしたうえで，「山田氏の陳述副詞のうち，確かめる意及び決意を表はすものは，必ずしも，言ひ方を制限しない」として，「かならず・是非・所詮」などを呼応副詞から除こうとした，そのような立場には，本章は立たないということである．橋本流の形式本位の立場をつきつめていけば当然起こり得る傾向，そしてじっさい

一部に存在する傾向，たとえば「たぶんあしたは晴れるよ．」や「たぶん晴れそうだね．」などの文を〈たぶん………だろう〉という呼応の「乱れ」と見るような，形式主義的かつ規範主義的な傾向（たとえば元教科書調査官・池上秋彦）と，その裏返しとしての「本来陳述副詞はどんな述語と呼応するのが標準的な用法か，ということについて，あまり厳格なことは言えないような感じもする」（島田勇雄）というような，言語事実に対して良心的ではあるが，構文現象の基本に対して懐疑的・消極的になってしまう傾向とを，同時に克服したいのである．

呼応というのは，むろん形式に現われる現象であるが，その「形式」は，なにもいわゆる助動詞じつは接尾辞（複語尾）や助詞（助辞）や活用形に限られはしないのである．形態素（morpheme）や助辞（particle, clitic）がつかないことも，無標形式（unmarked form）という一つの形式（語形）であることはもちろん，文内の位置（position）や分布（distribution）といった形で現われる，他の語との〈結びつき〉とその〈構造的型〉もまた，いわば「構文論的な文法形式」なのである．

3.4 副次叙法の副詞をめぐって

（a）「ぜひ」について

3.3 節で見た「どうぞ」の場合は，その共起する形式が「してください・してくださいませんか・していただきたい（のですが）」等々にわたるとはいっても，それらは構文論的な単位としては〈依頼〉の形式として統一的に見うるものであった．その意味では「どうぞ」の呼応は単純だとも言える．

ところが，「ぜひ」という副詞の場合は，もう少し事情が複雑であって，次のような諸形式と共起して用いられる．

① 依頼・命令: してください／しろ／してくれないか etc.
（1）「まさか．いま時，そんなことが出来ますか．結婚式は今夜挙げてしまいますよ．明日から汁粉屋でもやろうと思うんです．午後店開きをするからぜひ来て下さい」　　　　　　（井上靖「あすなろ物語」）

(2) 「十月になれば入内される．そうなっては手おくれだ．もしかして主上のご寵愛をうけられるようなことになれば，万事休す，どんな求婚者も，すごすごと引き下らねばならぬことになる．たのむ．入内される前に，ぜひよい機会をつくってくれ．たのむ」
　　　　　　　　　　　　　　　　　　　　　　（田辺聖子「新源氏物語」）
(3) 「それは，是非私にやれと言われれば，一年や一年半は存分に暴れて御覧に入れます．しかしそれから先のことは，全く保証出来ません」
　　　　　　　　　　　　　　　　　　　　　　（阿川弘之「山本五十六」）
(4) 「いや別に君の能力がどうこう，という問題ではなく，むしろその逆で，原島さんが君の力を見込んだ上でぜひこっちの編集部に来てくれないか，と頼んできたのですよ」　　　（椎名誠「新橋烏森口青春篇」）

② 勧誘・意志：しよう・する／するつもりだ etc.

(5) 「行こう，是非行こう！」　　　　　　　　（谷崎潤一郎「痴人の愛」）
(6) 「玉枝はん，早うようなって，また，竹神のお父つぁんの墓へまいりにきとくれやす．わいも，福井へ商売にきた時はぜひよせてもらいます」
　　　　　　　　　　　　　　　　　　　　　　（水上勉「越前竹人形」）
(7) 「違えねえ．でも今夜は是非医務室へ忍び込んで，暫く命を延ばすつもりだ」　　　　　　　　　　　　　　　　　　（大岡昇平「野火」）

③ 願望・希求：したい／してほしい・してもらいたい etc.

(8) 「いえ本当です．二年まえ見えた時，先生のお話をしたら新聞で知っていて，是非お会いしてお話を伺いたい，と大変な熱のあげようでした」
　　　　　　　　　　　　　　　　　　　　　　（渡辺淳一「花埋み」）
(9) 「しかし，僕はぜひ肺摘をやってもらいたいのです．」
　　　　　　　　　　　　　　　　　　　　　　（福永武彦「草の花」）
(10) 「会って話したいことがある．今夜，ぜひ来てほしい」
　　　　　　　　　　　　　　　　　　　　　（赤川次郎「女社長に乾杯！」）

④ 必要・当為：しなけばならない・スル必要がある／すべきだ etc.

(11) 「そうだ加藤君，きみにはぜひヒマラヤに行ってもらわねばならない」
　　　　　　　　　　　　　　　　　　　　　　（新田次郎「孤高の人」）

(12)「そりゃそうだが，向うの人は速記を取られるのはいやだというのだ．しかし，こっちとしちゃ是非その話を取っておく必要があるので，一つ骨が折れるだろうけれども，蔭でやってくれないか．」

(山本有三「路傍の石」)

(13)「後藤閣下はヨーロッパに留学はなさっておいでですが，まだアメリカをごらんになっておりません．アメリカには学ぶべきことがたくさんあり，とくに閣下のごとく新領土経営の責にあるかたは，ぜひ視察をなさるべきです」　　　(星新一「人民は弱し官吏は強し」)

以上のように，「どうぞ」と比べて共起の範囲が広いが，無制限ではない．

　*ぜひ　きのう私が行きました．
　*ぜひ　いま田中くんが走っている．
　*ぜひ　あしたは晴れるだろう．

などの，ごくありふれた〈認識―記述〉的な叙法の叙述文――テンスが過去・現在・未来という(論理的に)典型的な形で分化している文――には用いられない．先述の橋本進吉(1929)が「必ずしも言ひ方を制限しない」という言い方で，「ぜひ」を呼応副詞から除こうとしたとき，この自明とも思える現象は，実証家として稀代の碩学であった彼の目からも，こぼれ落ちてしまったのだろう．語形態のみを「形式」とする方法になれた目には，おそらく見えてこないのである．これは個人の力量の問題ではなく，研究方法のなせる業である．

【なお「ぜひ私も行きました．」という形の文が　もし言えるとしたら，それは，
　そうと知っていたら，私も　ぜひ行きましたのに(ものを)．
　?そうと知っていたら，私だって　ぜひ行きましたよ．

のような反実仮想の場合であろう．反実仮想の「過去形」は，叙法形式の一種であって，意味的に確定した過去の表現ではないため，「行きまし(た)」が，未確定事態に対する意志性をもつことを排除しないのである．とは言え，「ぜひ私も行きましたのに．」という終助詞化した「のに」のついた実例ならけっこうあるが，「ぜひ私も行きました(よ)．」という形の実例は，後述の「近代語データベース」[小説と新聞中心．現在約230 MB＝1億1500万字分・巻末参照]にはなかった．

こうした「条件」ないし「環境」の確認も重要である．一般に，特殊な用法は特殊な条件の下で現象する．「直観」やら「内省」に基づいて，ある用法が言えるか言えないか(文法的か非文法的か)と，条件を無視ないし捨象して(多くの場合は見落として)判定

していく方法が，(少数の天才や達人は別とするにしても)きわめて危険な方法であるのは，このためである．】

　このように，「ぜひ」という副詞にも一定の叙法的な制限があることは確かであるが，その「制限」をどのように規定するかとなると，橋本進吉ほどの学者が一般化に失敗したことからも察せられるように，ことはそれほど簡単ではない．まず，問題になるのは，共起形式のなかに「したい」などを始めとする副次叙法の形式が含まれていることである．そして，じっさい，
　(14)　私も是非あなたに一度あの長老を見せたかったんです．
　　　　　　　　　　　　　　　　　　　　　　(長与善郎「青銅の基督」)
　(15)　御父上も是非ご覧になりたいだろうと考えまして………
　　　　　　　　　　　　　　　　　　　　　　(シナリオ戒厳令)
のように「ぜひ」は，発話時ならぬ過去の願望を表わす文にも，話し手ならぬ文主体(有情主体)の願望を表わす文にも，用いることができる．また，国立国語研究所(工藤浩担当)の副詞資料にはなかったが，
　(16)　私のぜひ行ってみたい国はアフガニスタンです．
のような純然たる連体節――「ガノ可変」(三上章1953)のものと一応しておく――に用いられる用法も，あり得るだろう．国語研究所の副詞資料になかったということの意味については，またあとで考えることにして，「ぜひ」が過去の願望形式とも，一人称以外の文主体の願望表現とも，さらに連体節の願望とも共起し得るということは，「ぜひ」が副次叙法に関わる副詞であり得ることを意味している．

　このことは，「どうか」と比べてみると分かりやすくなる．
　(17)　どうか倅が中学を卒業する迄首尾よく役所を勤めて居たい．
　　　　　　　　　　　　　　　　　　　　　　(二葉亭四迷「平凡」)
　(18)　どうかまにあいますように．　　　　(シナリオ忍ぶ川)
のように「どうか」は，前節で見た「どうぞ」とは異なり，聞き手をめざさない，内心の願望や祈りを表わす文にも用いられるのだが，また，

3.4 副次叙法の副詞をめぐって ── 201

*どうか
- (14′) 私はあなたに一度あの長老を見せたかったんです．
- (15′) 御父上もご覧になりたいだろうと考えまして……
- (16′) 私の行きたい国はアフガニスタンです．

といった用法には立たない点で，「ぜひ」とも違っている．つまり「どうか」は，〈話し手の発話時の〉願望なり祈りなのであるのに対して，「ぜひ」は，文あるいは節の〈有情主体〉の〈テンスの対立を持つ〉願望であり得るのである．

そうだとすると，

- ・ぜひ 今度来てくれ．　／　来てください．
- ・ぜひ 行こうよ．　　　／　行きましょう．
- ・ぜひ 私も行きたい．　／　行くつもりだ．

など，発話時の話し手の，依頼や勧誘や決意，あるいは願望や意図を表わす文に用いられた場合であっても，「ぜひ」という副詞は，その文の〈話し手性〉〈発話時性〉といった基本的叙法性の面には，直接は関わらない，と見た方がよいことになるだろうか．

「ぜひ」という単語の意味の「統一的な把握」のためには，まずは，そうした見方をしてみることが必要だろう．一つの語に一つの「本質」的な意味(あるいは「意義素」)を求めたいという，ある意味では素朴な欲求が，研究者に生じたとしても不思議はない．そうした欲求は，「ぜひ」と共起しうる「依頼・命令・決意・願望・当為」等々の述語に共通して存在し，かつ，

*ぜひ私も行った．　／　*ぜひ彼が走っている．　／　*ぜひ晴れるだろう．

等々の「ぜひ」と共起しえない述語には存在しないような「意味特性（semantic features）」を抽出するように，我々に命ずるだろう．そうした抽出作業の結果，依頼・決意・願望等々の述語の叙法性に関しては，概略，

依頼「してくれ」＝[実現の必要性]＋[話し手の聞き手への要求]
決意「しよう」　＝[実現の必要性]＋[話し手の自らへの要求]
願望「したい」　＝[実現の必要性]＋[有情主体の自らへの要求]

といった具合に「成分分析（componential analysis）」ができたとしよう．すると，「ぜひ」はその述語に含まれる[実現の必要性]という副次叙法的な意味特性（もしくは，それを有する形式）と呼応する副詞だ，ということになるだ

ろう.

　以上のべてきたことを,南不二男(1964,1993)の文の四段階理論にひきあてて言えば,次のようになる.
　「ぜひ」は,B段階の連体節には収まるが,A段階の「-ながら」句には収まらない.

　　ぜひ手に入れたかった本が,やっと手に入った.
　　*ぜひゆっくり歩きながら,彼はこんなことを言った.
　　cf. できるだけゆっくり歩きながら,彼はこんなことを言った.
　「どうか」は,連体節には収まらないが,

　　どうかあしただけでも晴れてほしいものだが,雲行きは怪しいなあ.
のようなC段階の「-が」節には収まる.
　「どうぞ」は,

　　どうぞ,こちらに来ていただきたいのですが,(いかがでしょう).
のような,ほとんど終助詞的といっていい用法の「が」節には収まるが,この用法【三尾砂(1942)のいう「半終止」の用法】は,C段階というよりはD段階に近いというべきものである.すくなくとも,

　　*どうぞ,こちらに来ていただきたいから／し,お呼びしたのです.
など,他の典型的なC段階の従属節には収まらない.
　こうして,「どうぞ」は[相手(＝聞き手)]の出てくるD段階の副詞,「どうか」は[自分(＝話し手)]のC段階の副詞,「ぜひ」はそれ以前のB段階の副詞,ということになるだろう.
　このようなエレガントな記述が得られることは,たしかに魅力的である.しかし,これだけの記述では,なにか大事なことを分析しえていないという思いが残る.妙な言い方になって恐縮であるが,じつは南(1964:15)では「ぜひ」がD段階の要素として挙げられていたのである.ただし,その後の南(1967,1974,1993)では,言及がひかえられているようである.南氏も,迷っておられるのだろう.
　私の常識的な日常的言語感覚もまた,「ぜひ」をB段階の要素だといってすませておくことに違和感がある.「どうか」をC段階の要素だとした点も同様

である．こうした常識感覚（いわゆる「直観」）を生み出しているのは何かと言えば，おそらく，どういう用法にどれだけ使用されているかという使用量（使用頻度）の実態であるだろう．国語研究所の副詞資料によれば，「どうか」は，全96例のうち84例(87.5%)がD段階の依頼形式と共起して用いられており，「ぜひ」も，全119例のうち93例(78.2%)が，C・D段階の発話時の話し手の，願望・決意・命令・依頼等の叙法形式と共起して用いられているのである．つまり逆から言えば，「どうか」をC段階だとする根拠は，わずか12.5%の使用例であり，「ぜひ」をB段階だとするのは，たかだか21.8%の使用例をもとにして言っているのだ，ということになる．

このように考えてくると，ある用法が可能か否か（○か×か）という二項対立的な記述方法の機械的な適用は，それだけでは十分な記述が得られないというばかりではなく，少数の特殊例の性格を，一般的な基本性格にまで不当に拡張するという論理的誤りを犯す危険さえあるのではないか，と思われてくる．

しかし，結論を急がず，別の例も見てみることにしよう．

(b)「主体」的な推量と「客体」的な蓋然性

いままでは，「どうぞ」にせよ，「ぜひ」「どうか」にせよ，(A)行為的な叙法を例に考えてきた．ここで目を転じて，(B)認識的な叙法についても見てみよう．問題の多そうな「推量」的な副詞をとりあげることにする．ここでははじめから数値を示そう．問題の副詞が，どのような形式とどのくらい共起して用いられているかを，表3.1に示す．

この表を見れば，推量的な副詞群は，四つにひとまず分けられよう．かりに名まえもつけておけば，

① 確　信：きっと　かならず　ぜったい(に)
② 推　測：おそらく　たぶん　さぞ　おおかた　たいてい　たいがい
③ 推　定：どうやら　どうも　よほど
④ 不確定：あるいは　もしかすれば　ひょっとしたら　ことによると

しかし，四つに区分しうるということ以上に，ここで重視したいのは，この四種の相互関係，いわゆる連続的な関係である．連続は二つの面で言える．

表 3.1　推量的な副詞と叙法形式の共起

副詞＼述語	する φ・のだ	にちがいない	に決っている	はずだ	だろう・まい	のではないダロウか	と思われる	らしい	ようだ・みたいだ と見える	しそうだ	かもしれない	だろうか	せぬとも限らぬ	する節がある	計	推量以外の用法
きっと	139	38	8	3	66	12					1	4		8	279	85
かならず	17	5	2	1	11										36	146
ぜったい(に)	48														48	38
おそらく	31	18		1	112	5	10	2		1		2			182	—
たぶん	19	1		2	74		1	1			2	3			103	—
さぞ					52		1			1					54	—
おおかた	2	1			24		1								28	13
たいてい	3			1	7										11	80
たいがい	2				4										6	33
どうやら	5						1	29	10					1	46	39
どうも	13	1					6	24				1			45	385
よほど・よっぽど	6	2			7		2	12	9	3		2			43	150
あるいは					3	2	4					53	3	1	66	69
もしかすれば	2			1	1	1	11					30			46	—
ひょっとしたら	2						7					16	1		26	—
ことによると	1						4					7	1	1	14	—
あんがい		1				1	3	1			1	8			15	81

・「もしかすれば」の項は,「もしかしたら」「もしかすると」を含む. 条件の形 -ば・-たら・-と
を包括する点,「ひょっとしたら」「ことによると」の項も同様.
・その他の副詞の項は, 表に出した形以外を含まない. たとえば「ぜったい(に)」は「ぜった
い」と「ぜったいに」を含むが,「おそらく」には 「おそらくは」を含まず,「さぞ」には「さ
ぞや」「さぞかし」「さぞさぞ」を含まない.
・述語形式の項(見出し)は, 代表形である. たとえば「らしい」には,「らしく」「らしかった」
「らしい(人)」などを含み,「-のではないダロウか」には,「-のではないか」「-のではないだろ
うか」のほか,「-のではありませんか」「-のではあるまいか」等々を含む.
・呼応すべき述語部分が省略された用例は「計」の中に数えていない. 倒置文は含む. そのさい
「来るよ. きっと」のような句点で切れたものも倒置と見なして含めた(ただし1例のみ).

ひとつは，対象面から言えば事態実現の確実さ（蓋然性）が，作用面から言えば話し手の確信の度合いが，①から④の方向で低くなっていくことである．この面では，④不確定（不確信）の延長上に「はたして／いったい……（だろう）か」「さあ（どうかなあ）」などの〈うたがい〉や〈ためらい〉を表わすものが位置するだろう．また，①確信（確実）の手前に「もちろん・むろん」などの〈断定（確認）〉がある．①の「きっと」などは断定に近いものではあるが，それはあくまでも話し手にとって未確認（未確定）の事態についての「推量判断」である．その点，

(19) 「やっぱり，奥さまは，きのうの勧告を，拒否なさいましたか？」
　　　「退職勧告？　もちろん 拒否したよ」と志野田先生は言った．
　　　　　　　　　　　　　　　　　　　　　　　　（石川達三「人間の壁」）
(20) 「もちろん，私も，賭けてるわ」と一語一語切るやうに言った．
　　　　　　　　　　　　　　　　　　　　　　　　　　（井上靖「闘牛」）
(21) 妻は無論喜んで私を迎へた．　　　　　　　　　　　　（「野火」）
(22) 無論，ぼくは，あなたの病気を，重要な研究対象と考へてゐる．
　　　　　　　　　　　　　　　　　　　　　　　　　（船橋聖一「木石」）

などのように，話し手にすでに確認された事態（の報告）について用いることのできる「もちろん」「むろん」とは明らかに異なっている．「もちろん」の類をかりに〈断定（確認）〉と呼んで，〈推量〉の一種としての〈確信〉と区別しておく．

このように，「する・するだろう・しそうだ」などを区別しつつも，未確認推量の下位類という，程度差をもった同類であると考えることによって，

(23) 今日は来れないわよ，多分．地の人の宴会だから．
　　　　　　　　　　　　　　　　　　　　　　　　　（川端康成「雪国」）
(24) あなたがいなくなると多分私はそういう用ばかり多くなりそうよ．
　　　　　　　　　　　　　　　　　　　　　　　　　（円地文子「女坂」）

などの例を，呼応の乱れとしたり，呼応には厳格なことが言えないとしたりすることなく，それが少数例の非基本的用法としてある（ありうる）ことを，正当に記述し説明することが可能になる．

連続的な関係のもうひとつの面は，①「きっと」，②「たぶん」，③「どうや

ら」,④「あるいは」などの叙法性の強弱である.③「どうやら」と④「あるいは」には,

(25) ある日,どうやら梅田へ出掛けたらしかった.
(織田作之助「夫婦善哉」)
(26) この智恵子にどうやら秘かに慕情を寄せてゐたらしい松下は,〈中略〉ニヤニヤしながら,どうしたいと言った.
(高見順「故旧忘れ得べき」)
(27) 或ひは召使かも知れなかった. (「野火」)
(28) あるひは協力者たり得たかも知れなかった者も,ある事情から,その頃は急速度にわしに背を向けて離れて行った.
(島木健作「生活の探求」)

のように,過去や連体節内の推量ー蓋然性と呼応する用法が,少なからずある.「どうやら」では46例中11例がこの用法で23.9%,「あるいは」では66例中7例で10.6%である.これが,①「きっと」,②「たぶん」「おそらく」になると,

(29) それはきっと刑務所のなかで何度も考えつくされた話にちがいなかった.
(野間宏「真空地帯」)
(30) おれはきっとてめえが尋ねて来るときがあることを見ぬいてゐて,〈中略〉知らせてやりたかったのだ. (室生犀星「あにいもうと」)
(31) それが,一度や二度のことなら,たぶん,佐蔵にわからずにすんだかもしれなかった. (宇野浩二「子を貸し屋」)
(32) この辺には多分沢山ゐる筈の同じ画家仲間が,どうしてこの家を見過してゐたらうかを疑った. (野上弥生子「真知子」)
(33) 恐らく他の女助手を使ってゐるのにくらべて,三倍も四倍も,能率がちがふにちがひなかった. (「木石」)
(34) 彼は恐らくこの半年間といふもの,手を通したことがないと思はれる皺だらけの制服を着,………〈下略〉 (「故旧忘れ得べき」)

のような例がないわけではないが,しかしその数量は,「きっと」279例中7例で2.5%,「たぶん」103例中7例で6.8%,「おそらく」182例中14例で

7.7%，である．

　さて，こうした数値をどう見るか．たとえば「たぶん」は，6.8%とはいえ，過去・連体節内の推量－蓋然性の用法に用いられる以上，副次叙法だと見るべきだろうか．内省にもとづいて可能か否かとテストしていく研究者なら，まちがいなくそうするだろう．6.8%もあるのだから．

　たしかに，無と有（6.8%）とは質的に異なる．その限りでこの方法はまちがっていない．しかし，6.8%の用例と93.2%の用例と，そのどちらでその語の基本性格を規定すべきか，ということが問題にならないような方法は，歴史的社会的所産としての言語の研究方法としては，極めて危険なものである．言語現象には常に「中心的なものと周辺的なもの」とがある，というプラーグ学派の主張したテーゼ[cf. TLP 2(1966)]に同意するならば，とれない方法である．

　過去・連体節内の推量－蓋然性の用法の使用頻度は，①「きっと」では2.5%，②「たぶん」では6.8%，「おそらく」では7.7%，④「あるいは」では10.6%，③「どうやら」では23.9%，となっているが，この数値は，やはりすなおに，叙法性の強から弱への連続と見るべきであろう．そして④の不確定，③の推定ないし様態より，さらに対象的コトガラ的なものとして，「きまって」「いつも・よく」「とかく」など，習慣的・反復的な事態の起こる「確率」に関する副詞があると見るべきだ．先の表にも示した「大抵」「大概」などは，「大抵の男」「大概の物」のような実体量を示す数量詞の用法から，

(35)　山に行く時は たいてい 深田久弥と一緒だ．
　　　　　　　　　　　　　　　　　　　　　（小林秀雄「私の人生観」）

(36)　山上という女は十時ごろには 大概 帰って行った．
　　　　　　　　　　　　　　　　　　　　　（志賀直哉「暗夜行路」）

のような，事態の確率を示す用法をへて，

(37)　大将のことだから，大抵 出かけて来るだらうけれど……〈下略〉
　　　　　　　　　　　　　　　　　　　　　（里見弴「多情仏心」）

(38)　例の（考えておこう）だから，大概 いいだろうと思う．（「暗夜行路」）

のような，推量と呼応する用法を派生しかけている，と推測される．「おおかた」の場合は派生が一応完了して，多義語もしくは同形異品詞として分化して

いる.「大抵・大概」は,いまだ過渡的な状態にあると思われるが,共時的研究としても,こうした(叙法副詞から見て)周辺的なものも,そういうものとして記述すべきだろう.そしてそのさいの手がかりは使用量であろう.質的なちがいは量的なちがいとして現象するのである.

前節まで,基本叙法と副次叙法とを質的に異なったものとする点に力点をおいて考えてきた.本節では,両者を程度差をもって連続するものとする点に力点をおいて考えた.この二つの見方は,けっして矛盾・排除しあうものではない.量的な推移の「変」と質的な転換の「化」【あわせて「変化」】との相互作用の問題であって,比喩的にいえば「段階的に連続している」のである(森重敏1965, pp. 34-36).《分類》とは本質的に,〈段階差〉と〈連続相〉とを,平たく言えば相違点と共通点とを,同時に捉えなければできるものではない.そして,その具体的な姿は,言語によって異なった形をとるだろう.外国語の分析を日本語に「翻案」もしくは単純に「適用」するような方法は,科学とは,少なくとも人文科学とは言えない.しかしそのたぐいが,いかに多いことか.

個別言語には,特殊相ばかりでなく普遍相もむろんやどっており,人文学者 Karl Wilhelm von Humboldt の言う「比較言語研究」——現代風にいえば,対照的(contrastive)研究ないし対比的(confrontational)研究,および類型的(typological)研究——は,もちろん成立すると思われる.だが「分類学的言語学」を,おそらくは最低の鞍部で「乗り越え」てしまった人たちの中には,〈universal な意味分類〉の名のもとに,英語の分類にひきあてて日本語を分割しておきながら,両言語には興味深い共通性・平行性が見られる,などといった循環論に陥っている人たちもいるように見える.日本語学史にひきあてて言えば,鶴峯戊申(1833)『語学新書』以前とも言うべきこうした傾向が,副詞研究にのみ見られる特殊現象であれば幸いである.

3.5 単語の多義性・多機能性と その「やきつけられかた」

(a) 呼応と共起

3.4節(b)で,「たぶん」は 6.8% の用例ではなく 93.2% の用例の方で,基本

的性格を記述すべきだと述べた．では，23.9％の副次叙法用法と76.1％の基本叙法用法とをもつ「どうやら」は，どうだろう．76.1％という過半数が基本叙法と共起しているから基本的叙法副詞だと単純に言ってしまうのは，おそらくまずいだろう．なぜなら「ゆっくり」のような全く叙法に関わらないと思われる副詞でも，副次叙法的述語と共起する例が過半数をしめることはないだろうから．また，共起現象の数値を単純にウノミにすると，たとえば「とっとと」という副詞は，命令と共起した例が過半数【後述する「近代語データベース」では，34例中20例(58.8％)．巻末およびp.215参照】をしめるから，命令と呼応する叙法副詞だ，ということになりかねない．

ここには問題が二つある．一つは，「ゆっくり」などの非叙法的な副詞をも含めて，一般的な基準として「叙法度」を計る方式を求めることができるかどうかということ．これは私の手にはあまる．その道の専門家に任せたい．

もう一つは，「共起」することと「呼応」することとは，並行関係にあることも多いが，原理的には区別すべきかもしれない，という問題である．こちらは，避けて通るわけにはいかない．こちらに一応の解答を出さなければ，数量的方法も求められないだろう．

共起現象は，同じレベル（節 clause）に同居しているということだから，比較的簡単に形式化しうるだろう．ただし「同じレベル」かどうかは，結局は，意味抜きには不可能だろうが，その難問を避けるために，「明白に」一つの節しかない単文のみで検証するという「便法」もあるだろう．

これに対して，**呼応**は，単なる同居ではなく，〈むすびつき〉であるから，つきつめていけば〈意味〉的関係である．「ぜひ私も行きたい．」の「ぜひ」を，話し手の願望と呼応していると見るか，有情主体の願望と呼応していると見るか，ことがらの実現の必要性と呼応していると見るか，という問題が生じるのも，このためである．最終的には，分析者の解釈力が問われることになる．

しかしまた，「共起」と「呼応」が基本的に——あるいはこの際，大多数の場合というべきか——並行関係にあることも，まぎれもない事実である．先の「とっとと」も，

（39）そう言って，今までそうじをやっていた小僧が，そうじのしかたを簡

単に教えて，<u>とっとと</u>向こうへ行ってしまった． （「路傍の石」）
(40) しゃんと腰をのばして，<u>とっとと</u>歩いている．

(丹羽文雄「厭がらせの年齢」)
(41) 「………」いい置いて雪州和尚は，隠寮の方に曲る廊下を<u>とっとと</u>奥の方へ入った． （水上勉「雁の寺」）

のような用法を自らは使用しないという世代も，すでに存在するかもしれない．上の3例は，「近代語データベース」に現れた もっとも現代に近い作家のものであるが，うち二名はすでに現役ではない．とすれば，「とっとと」は叙法副詞化の傾向にあるとは言ってよいのかもしれない．ただし「とっとと……出て行け／歩け／しまえ」など，退去・消滅の意の動詞にほぼ限られる傾向にある，慣用句性の高いものではあるのだろうが(cf.「皆目」「寸分」「とんと」)．

「共起」はいわば量的現象，「呼応」は質的関係だが，質的なものが量的現象を生じるとともに，量的現象が質的変化をもたらすとも，一般的に言える．文の中での意味機能が，使用のくりかえしの中で，しだいに単語の意味機能として「やきつけられていく」のである．「共起」と「呼応」とが，基本的なところで並行することは，不思議なことではない．

ここで，話をもうすこし具体的にしよう．

(b)「きっと」と「かならず」

前節で〈確信〉の副詞として扱った「きっと」は，ほかに次のような用法にも立つ．

(42) 明日は<u>屹度</u>入らしって下さいましね． （有島武郎「或る女」）
(43) よろしい，<u>きっと糾明</u>しましょう． （獅子文六「自由学校」）
(44) 新さん，済まない，そのうちに，<u>きっと行く</u>よ．

(久保田万太郎「末枯」)

など，依頼・命令・決意・意志表示(約束)といった〈意欲〉的な叙法と共起する用法に44例，

(45) 何か嘘をつくと，その夜は<u>きっと</u>夜半に目が覚めた．

(佐藤春夫「田園の憂鬱」)

3.5 単語の多義性・多機能性と その「やきつけられかた」——211

(46) 一盃やると，きっとその時代のことを思出すのが我輩の癖で………だって君，年を取れば，思出すより外に歓楽が無いのだもの．

(島崎藤村「破戒」)

(47) 高いノックの先触れで入って来たのは，三日に一度 きっと帰ってゐる富美子であった．　　　　　　　　　（「真知子」）

など，一定の条件の下にくりかえして起こるコトガラの〈確率〉の高さを表わす用法に 41 例である．これは，前節末にふれた「きまって・いつも」「よく・往々にして・えてして」などと類義関係をなすもので，過去や連体節内の用例も珍しくはない．ところで，〈確信〉の用法は 279 例であった．

ふつうはこうした場合，これらの諸用法を「きっと」が多義語だとして説明するだろう．つまり「きっと」は，叙法（確信と意欲）の副詞でもあり，確率の副詞でもあると考えるだろう．アクセントは違うが，「きっとにらみつける」「きっと申しつけたぞ」の「きっと」も同一語と考える（歴史主義的な）立場では，情態副詞でもあるとするだろう．

しかし，先に 3.4 節 (a) で触れた，単語の意味の「統一的な把握」をめざす研究者にしてみれば，安易に多義語とせず，「きっと」の「本義」もしくは「意義素」を追求すべきだと言うかもしれない．その立場に立って，「きっと」を〈きわめて高い確率で〉とか〈例外なく〉とかの意味だとして，確信や命令の叙法と共起する場合も，図式的に示せば，

・[きっと彼は来る]φ／ダロウ．
・[きっと来]いよ／てね．

の如く，「きっと」はコトガラの確率を限定するのみで，叙法とは呼応しない，累加もしくは包摂の関係にあるのだ，と「入れ子」式に考えるのも，論理的には一応可能だろう．じっさい，そうしている学者もいる．しかし，こうした論理が通用するのは「きっと」だけを見ていれば，の話である．

「きっと」に似た副詞に「かならず」がある．

(48) 必ずあんたを狙ってこっちへ来るだろうな………〈下略〉

(シナリオ女囚七〇一号)

(49) この男をマークすれば 必ず奴は現われる………〈下略〉　　（同上）

のような，特定の個別的なことがらについてのアクチュアルな〈確信・推測〉と共起する用法に 36 例，

 （50） 必ず無傷でお返ししよう．   （シナリオ宵待草）
 （51） はい，必ず参ります．   （シナリオ華麗なる一族）
 （52） 私も裁判には必ず一緒に行ってやるからな．

            （シナリオ狭山の黒い雨）

のような，アクチュアルな決意や意志表示という〈意欲〉と共起する用法に 29 例，

 （53） 一匹が鳴くと，必ず何処かで又一匹が呼応する．

            （火野葦平「麦と兵隊」）
 （54） 父は勝った時には必ずもう一度遣らうと云った．

            （夏目漱石「こゝろ」）
 （55） 生あるものは必ず滅する． （森鷗外「阿部一族」）

のような一定の条件の下にくりかえされることがらや，普遍的な現象などの確率が(ほぼ)100％であることを表わす，副次叙法の用法に，これがいちばん多くて，96 例用いられている．

 以上のほか，

 （56） この面，頭に叩き込んで，必ずひっ捕えて来い………いいな．

            （シナリオ女囚七〇一号）
 （57） 年頃になったなら，必ず木下と娶はして欲しいといふのであった．

            （岡本かの子「河明り」）

のような，命令や希求と共起した例が 9 例，

 （58） 所有者が真に所有権を主張したい品物は，必ず戸の内側に納わなければならない．   （「自由学校」）

のような，義務・必要と共起した例が 12 例ある．

 しかし，これらのうち，とくに後者は，個別的な出来事ではなくて一般的な命題が多く，また，前者のように個別的な出来事であっても，『河明り』の例のように，希求という叙法に関わっているのか，「年頃になったなら，木下と娶は」すことが「必ず」という確率であってほしいと希求しているのか，疑わ

3.5 単語の多義性・多機能性と その「やきつけられかた」——213

しいものもある．〈確率〉の用法に加えるべきかもしれない．じつは，先に〈確信〉と〈意欲〉の用法とした中にも，点下線で示した「条件」をもった各1例のように，あるいは〈確率〉の用法とすべきかと疑われる例がないわけではない．こうした疑問が「きっと」にくらべて，はるかに多く出るのも，「かならず」の基本的用法が〈確率〉であるためである．

さて，このように「きっと」と「かならず」は，用いられる用法の範囲としてはさしたるちがいはないように見えるが，各用法の使用量の分布は明らかに異なっている．

	確信	意欲	確率	（位置づけ未詳）
きっと	279	44	41	
かならず	36	29	96	（21）

一語一義的に考えた方がよくはないかという誘惑は，「かならず」の場合に，とりわけ強い．確信的推量と呼応する機能も，それを限定強調する意味も，「きっと」にくらべて，その「やきつけられかた」が弱いのである．「きっと」と「かならず」とを，ともに一語一義的に考えるのは，両者の構文的な機能（用法）のちがいを，そしてそれに応じてやきつけられた（やきつけられつつある）意味のありかたのちがいを，見過すことになる．

「きっと」は多義的に考えてよいが，「かならず」は一義と考えるべきだとするのは，「かならず」と「きまって」との，次のようなちがいを説明しにくくするだろう．

```
 かならず ｜ ｜あした来て下さい．   〈依頼文〉
*きまって ｜ ｜あしたは晴れる．    〈未来予測の叙述文〉
```

「きまって」と「かならず」とのちがいを一つの意味で区別しようとすれば，おそらく［習慣的・反復的なことがら］という意味特性の有無ということになるだろう．使用範囲（外延）の広い「かならず」をひとからげに規定しようとすれば，当然その意味特性（内包）は希薄な，抽象的なものとならざるをえない．

それは仮によいとしても，次には「きっと」との，次のようなちがいを論ずる基盤を失うことになるだろう．

```
*かならず  ┐ ┌あの子はどこかに行ったのだ．    〈説明文〉
           ├ ┤あれは鈴木さんだよ．            〈名詞文〉
   きっと  ┘ └田中さんは来ませんよ．          〈否定叙述文〉
```

内包の希薄な，それだけ抽象的な語である「かならず」が，なぜ説明文や名詞文や否定叙述文に用いられないのか，説明不能になるからである．

他の語との比較をしなければ，意義素説や本義説は成立しやすい．論理的「抽象」能力さえあれば，たいていの人にできることである．しかし，いくつもの類義語との比較・対照をすれば，つまり体系的に記述しようとすれば，そうは問屋が卸さない．体系の中心に近い基本的な語ほど，「網の目状」に結びつく語は多いものである．

そしてじっさい，使用頻度の高い基本的な語彙の多くは多義語である．それは外延的に広い諸用法に立ちつつ，内包を貧弱なものにしないための，必然的ななりゆきなのだと言っていい．多義語を生み出したのは，人間の叡知である．「あいまいさ(ambiguity)」と抱き合わせの「両刃の剣」としての叡知であったのである．【なお，「機械言語」と違って人間言語は，その「あいまいさ」をも単純に弱点とはしていないことも忘れてはならない．メタファー・掛詞・地口・駄洒落などなど．科学を自然科学としてしか理解できない頭脳に，「言語の科学」は無理かもしれない．あるいは，無謀であるかもしれない．】

ちなみに，一語一義説とは対極をなす，単語の意味を「用法の総体」だとする説もまた，極端で受け入れがたい．文の中での用法(意味と機能)が，すべて単語にやきつけられた性質ではあるまいから．また，文の意味が単語の意味の総和以上のものであることは，今では言うまでもあるまい．そうでなければ，そもそも構文研究など，おこりようもなかったろう．

一語一義説も，意味＝用法説も，いずれも単語の〈意味〉を，あるいは〈語形〉に あるいは〈用法〉に，一対一に対応させようとする〈単純なもの〉への憧れであり，記号に対する理想もしくは幻想である．私にも共感するところが全くないわけではない．しかし，「自然言語」の，とりわけ「副詞」の真実は，この両極の間に，どこまで 身につけ やきつけられたものとしてあるか，という形で存在するように，私には思われる．

3.5 単語の多義性・多機能性とその「やきつけられかた」

(c)「ぜひ」について ふたたび

以上見てきたように，構文的な意味・機能が使用のくりかえしの中で，単語にやきつけられるのだとすれば，そしてそれが共時的には，使用量のかたよりとして現象するだろうと考えるならば，さきに 3.4 節(a)で「ぜひ」を[実現の必要性の強め]という意味特性をもつ副次叙法的な(B 段階の)副詞だとした扱いは，再考を要することになるだろう．すでに述べたように，国語研究所の副詞資料に見られた 119 例(名詞用法や「-に(も)・-とも」などを除いた数)の中には，内省によってありうるとした純然たる連体節内の用例は一例もない．これは，まずは，資料の貧弱さを示すものと考えるべきかもしれない．

【これは，かれこれ 20 年ほど前の数年間に手作業で集めた国語研究所の副詞資料[小説・論説文・映画シナリオ計 84 作品]についての反省であるが，現在私の使用しているパソコン用「近代語データベース」[小説と新聞中心で，現在約 230 MB＝1 億 1500 万字分．分かりやすく言えば，文庫本約 150 編の小説と，1995 年一年間の新聞全紙面と 1997〜1999 年三年間分の新聞主要紙面が，データの主要部分である]に「グレップ」という文字列検索をかけてみると，1732 例(国語研究所資料の約 14.5 倍．名詞用法や「-に(も)・-とも」なども排除した数)が検索されるが，この中にも「純然たる連体」の例はないようである．「1 億 1500 万字」のデータベースのうちの 1732 例といっても「有限」であることに変わりはないが，ざっと目を通すだけでも大変な量であることも確かで，こうした資料体(corpus)にもないとなると，「純然たる連体」に用いられる用例というのは，文法の「現実性」よりも「可能性」に賭けたくなる性癖をもちがちな文法学者の「内省」が生み出した幻影で，それが作業仮説としての「ニセの研究課題」もしくは「サマツな研究課題」を作り上げる役割を果たしてしまったのかもしれない，と反省してみる必要もありそうである．】

しかし，こうした資料の中にも，

(59) 是非，お話したいことがあるの．入らっしゃいよ，さァ．
　　　　　　　　　　　　　　　　　　　　　　　　　　　　（「自由学校」）

(60) 君の力で是非手に入れてほしいものがある．
　　　　　　　　　　　　　　　　　　　　　　　　（シナリオ華麗なる一族）

(61) 私はそれまでに，ぜひ一軒とま乞ひに行って来たいところがあるので，手廻しに少し早く起きたんですよ．
　　　　　　　　　　　　　　　　　　　　　　　　（鈴木三重吉「桑の実」）

など,「～こと／もの／ところ／ひと etc. がある」という形(以下「Nがある」式と呼ぶ)の「連体」の例なら11例ある．だが，この「Nがある」式の文の構造は,

　　(a)　私(ニ)は ‖ (ぜひ)行って来たい｜ところが ‖ ある．

のような，"存在構文"の構造ではなくて,

　　(b)　私は ‖ (ぜひ)｜行って来たいところがある．

という構造ではないかと思われる．つまり「Nがある」式の形式は,「合成述語（complex predicates）」に近づいたものであって,「ぜひ」が連体節に収まった例と見なすには無理があるのではないか，と思われる．そう思われる根拠は二つ指摘できる．

　一つは，いわゆるガノ変換ができないことである．

　　私は ｜　(ぜひ)お話したいことがある．
　　?私が ｝ (ぜひ)手に入れてほしいものがある．
　　*私の ｜　(ぜひ)あなたに紹介したい人がある．

もちろん,

　　私の(ぜひ)お話したいことは(が)，この点にある．

は可能だし,

　　私の(ぜひ)君の力で手に入れてほしいものが，ここにある．

も，おちつきはわるいが，不可能ではないかもしれない．しかしこれらは，問題の文とは明らかに意味が異なり，構造的にも異なる(a)型の存在構文である．さらに,「～人がある」の場合は,「[無情主体]―ある」と「[有情主体]―いる」との対立がからみ,

　　*私のあなたに紹介したい人が，ここにある(あります)．

という「存在構文」は，ちょっと言いがたい．

　　私は,(きょう)あなたに紹介したい人が あります．

という「準所有構文」と比較されたい．

　これが第二の根拠に関連するのだが,

　　私は，ぜひあなたに紹介したい人がある．

という，いわば「非人格」的用法を,「いる」に置きかえて,

3.5 単語の多義性・多機能性と その「やきつけられかた」

　　私は，ぜひあなたに紹介したい人がいる．
のように，半「人格」化することまでは，構造を変えずに可能かもしれないが，
　　*(私は)ぜひあなたに紹介したい人がいらっしゃいます．
と尊敬語化することは，意味・構造を((a)型に)変えずには不可能である．
「(私は)……たい人がある」の「人が」は，存在文の主語ではなく，「私は」を主語とする「準所有文」の補語である(参照：高橋太郎・屋久茂子1984)．

　なお，第一の根拠のガノ変換の例文で，「私が」に？をつけておいたが，これは，「私」が焦点ないし新情報となるような文脈では一応可能であろう．ただし，三尾砂のいう「転位の判断文」として，
　　・彼ではなくて，私が，(ぜひ)あなたに手に入れてほしいものがあるのです．
のように，文末は「～のです」の形になるだろうが．

　以上二つの現象は，「Nがある」式を「合成述語」に転化したものと断定する証拠としては，十分ではないのであるが，「ぜひ」が連体節に収まった証例とは言いがたいことの証拠には十分なるだろう．たしかなことは，「Nがある」式が「ぜひ」と比較的に共起しやすい特徴的な迂言的(periphrastic)形式だということである．

　ひとしく，形式的に「連体」とはいっても，おおざっぱに言って，
　　・ぜひ来てもらいたい田中君に連絡する．　　　〈純然たる補語〉
　　・ぜひ来てもらいたかった人が来ていない．　　〈逆接性をもつ主語〉
　　・田中君は，ぜひ来てほしい人です．　　　　　〈述語名詞〉
　　・ぜひ行きたい人は，手をあげなさい．　　　　〈条件句性をもった主題〉
　　・ぜひ会いたくなった時は，電話します．　　　〈条件句性をもった状況語〉
　　・ぜひたのみたい用がある．　　　　　　　　　〈Nがある式〉
のような例で，上から下へ行くにしたがって「被連体語」の実質体言性が弱まり，「ぜひ」の使用量は高まるのではないか，と推定される．ひとしく「連体」とは言っても，その関係する体言が，文全体の中でどんな役割＝機能をはたしているか——たとえば，主語か補語か状況語か述語か，またあるいは，逆接的か条件的か中立的か，など——にしたがって，その体言の「体言らしさ」も異なり，そこにかかる連体節の叙法性の強さ(三上章のいう「ムウ度」)も異なる

といえそうである.「ぜひ」の叙法性あるいは陳述的な性格の本格的な記述としては,おそらく,ここまで問わなければならないだろう.単純に文末述語を中心とした文の陳述的なタイプに従属しているわけではないのである.

　こうした複雑さをはらむ「連体」を,十把一絡げに副次叙法か否かのメルクマールの一つとした　先の3.4節(a)の記述は,やはり単純化のそしりをまぬかれない.そこでは,「ぜひ」は,それと呼応する接尾辞「-たい」等と同じ扱いを受けていたことになる.それがおかしいことは,国語研究所の『現代雑誌90種の用語用字』の調査資料で言える.

		総数	中立的名詞	述語名詞	条件的名詞	形式名詞	Nがある式	合　計
90種資料	たい	662	27(4.1)	11(1.7)	13(2.0)	38(5.7)	10(1.5)	99(15.0)
	ぜひ	37	0	0	0	0	3(8.1)	3(8.1)
副詞	ぜひ	119	0	0	0	1(0.8)	11(9.2)	12(10.1)

これは,どんな体言にかかる連体節の中に,どのくらい用いられているかを示す表である(カッコ内は％).これによって,「ぜひ」が「-たい」より叙法性が強いことが見てとれよう.またも三上(1953)のことばを借りれば「ムウドを硬化する作用」(p.309)を「ぜひ」にも認めなければならない.「ぜひ」がB段階的な副次叙法性をもつことは否定できないし,また否定する必要もないのだが,同時に,C・D段階的な基本叙法性が,かなりの程度にやきつけられている,と見なす必要もあるのである.この問題は,今後さらに,叙法副詞と述語の叙法性との通時的調査をふまえて検討されるべきであろう.歴史的存在である言語は,共時的な研究にあっても,いわば,どの方向に向いているかという「ベクトル」をも記述しなくてはならないと思われる.【より詳しい記述の例としては,工藤(1996)「どうしても考」を参照されたい.】

　なお,
　・どうぞ／どうか／ぜひ／なるべく,お立ち寄りください.
の四つはどうちがうか,その使い分けは？という日常的な疑問に対して,それぞれD段階,C段階,B段階,A段階という異なった段階の要素で,たとえば「なるべく」は
　・なるべくゆっくりと歩きながら,みんながはやく追いついてくれることを

心の中で願っていた．

といった「ながら」句におさまる用法もある，という指摘をすることは，程度副詞との隣接関係を物語るものとしては貴重だが，それだけでは，先の使い分けの疑問に対する答としては十分ではないだろう．「なるべく」も依頼文に用いられることが少なくないからこそ，上の疑問も出て来るのだということの確認が，文法研究においても，出発点であるとともに到達点の一部にならなければならないのである．

3.6 「下位叙法」の副詞(成分)について

「下位叙法」の副詞と仮称するものの語例は，前掲のリストにD類としてあげたが，この類については，いまだ分析が十分でない．その下位区分も便宜的なものにとどまる．

まず，実例をいくつかあげよう．
- (62) 実は当初予想していたよりかなり悪い状態で，正直なところ，当行としても困っているのです．　　　　　　（シナリオ華麗なる一族）
- (63) あんた，本当はお芝居じゃなくて，うちの座長が好きなんじゃない？
　　　　　　　　　　　　　　　　　　　　　　　　　（シナリオ旅の重さ）
- (64) 思えば，長い一月あまりだった．　　　　　（「自由学校」）
- (65) それは少年たちの心の悲劇を表現した悲しい詩である．いわば少年たちの訴えであり，告白である．　　　　　　　　（「人間の壁」）
- (66) 方法は容易に見付かるのである．現にアメリカにそのサンプルがあるではないか．　　　　　　　　　　　　　　（「厭がらせの年齢」）

これらは，述語部分だけでは表わしきれない，さまざまな文の叙法性を表わし分けるものである．とはいえ，まったく新たな叙法性をうみだすのではなく，述語によって基本的に定められた叙法の大枠——叙述文(≒平叙文)ないし確認要求文——の中で，その下位種としての種々ののべたてかた(すなわち「下位叙法」)を表わし分けるものである．

ここでいう「叙述」の叙法とは，願望や当為の副次叙法をも含む．下位叙法

の副詞は，一般に，

　　　*じつは｝｛君が行きなさい．
　　　*つまり｝｛一緒に行きましょう．

のように，〈命令・勧誘〉の叙法には用いられないが，

　　　じつは｝｛君が行くべき(なの)だ．／君が行かなくてはいけない(のだ)．
　　　つまり｝｛一緒に行きたいのです．／一緒に行ってほしいのです．

など，当為・必要や願望・希求の副次叙法を対象化して(「-のだ」と)"のべたてる"叙法には用いられる．これをも含んで〈叙述〉の叙法と言う．また，

　　　*じつは｝｛あなたはあした出席されますか？
　　　?つまり｝｛かれはほんとに来てくれるだろうか．

など，基本的・中立的な〈質問・疑問〉の叙法には用いられないが，

　　　じつは｝｛あなたはあした出席されるんでしょう？
　　　つまり｝｛かれも来てくれるんではありませんか？

のような，一定の答を予期しつつ，同意や確認を相手に求める「質問」文には用いられる．これを〈確認要求〉の叙法と呼んでおく．

　さて，このように下位叙法の副詞は，おおむね叙述ないし確認要求の述語としか共起しない，という叙法的共起制限をもつ．前節で私は，「共起」と「呼応」は並行する，と言った．また「呼応」はつきつめれば意味的関係だ，とも言った．ならば，この下位叙法副詞の共起制限も呼応ではないか，と問題にしてみる必要があろう．じっさい

　　・思えば，不幸な生涯でした．

では，過去の「回想」的な叙述法と，

　　・案の定，来なかった／来ていない．

では，過去・現在の「確認」的な叙述法と呼応している，と見ることもできるかもしれない．

　問題は，そうした叙法的意味が述語の形式の中にどこまでやきつけられていると見るか，にかかっている．それが「思えば」「案の定」などの副詞と共起する環境において，臨時的な，随意的(facultative)なものとしてあるのだとすれば，呼応ではない．副詞こそがその下位叙法性を決めているのだから．しか

3.6 「下位叙法」の副詞(成分)について——221

し，それが述語の意味としてもやきつけられていると見ることができるなら，呼応だということになる．だが，そう見るための形式的根拠があるだろうか．

「ことによると」という複合的な叙法副詞と，「-かもしれない」という複合的な叙法助動詞とは，おそらく，歴史的に相互に影響を与えながら，挿頭と脚結として，その形式と意味とを定着させてきたのだろう．「間違いなく」と「-にちがいない」など，形が似すぎていて，実際に共起することはまれだろうが，挿頭と脚結との相互関係を考えさせるものとして，象徴的なものではある．叙法副詞と述語の叙法形式とに，こうした相互作用があるのだとすれば，単純な割りきりはつつしまなければならない．じっさい，

・思えば，遠くへ来たもんだ．
・どうせ，負けるにきまっている．
・所詮，遊びにすぎない．

といったような共起の傾向がないわけではない．さらに，先に触れた「じつは」と「つまり」など，一般化して〈うちあけ〉と〈まとめ(はしょり)〉とアダ名しておいた類は，「-のだ」と共起する例が半数近い．この「用言＋ノダ」に，本来的な判断文述語である「体言＋ダ」をあわせて，〈説明〉の叙法を表わす形式と見なせるのなら，もはや呼応と言うべきかもしれない．「D下位叙法の副詞」は，「B認識的叙法の副詞」へと連続する，と考えられる．それにもかかわらず，B′とせずDとして一類をたてたのは，そうした形式の見出しがたい語が，少なくないからである．形式を見出さぬまま，述語に文の叙法性を読みこんでしまっては，誤まった述語絶対主義に陥って，すべては述語が表しているということになり，文の部分間の「相関関係」や「相互作用」を見落とし，構文関係に単純な「主従関係」しか見られなくなるからである．

以上，いくつかの叙法副詞の具体的な記述を通して，その記述方法について考えてきた．そのようにした理由は，副詞の体系的な分類が完成にはほど遠いからであった．叙法副詞は，述語の叙法性と「一対一」的な呼応をするものではなかった．とすれば当然，述語の叙法体系とは別の，副詞なりの体系があるはずである．3.2節(d)の「一覧」――分類とは言えぬ一覧は，残念ながらその独自性を十分には映し出せていないのである．今後の研究に期待すべきとこ

ろは大きい.
　残り少なくなった紙幅で，このほかの副詞と「文の陳述的なタイプ」との関係を，あらあら見ていくことにしよう．

3.7　その他の副詞と文の陳述的なタイプ

（a）評価副詞（成分）

次のように，
・<u>さいわい</u>あの人が来てくれた．
・<u>あいにく</u>主人は外出しております．
・<u>意外にも</u>女性が多く集まった．
・かれは，<u>感心に</u>よく働く．
・かれは，<u>親切にも</u>道をていねいに教えてくれた．

文頭または主題の直後に位置して「文の叙述内容に対する話し手の評価を表わす」語句を，文の**評価成分**と言うが，これらも，

　　＊<u>さいわい</u>君が来てくれ．．
　　＊<u>あいにく</u>外出しないで下さい．
　　＊ぼくたちも，<u>感心に</u>働きましょう．

などと，命令文や勧誘文に用いることはない．

　　君はあした，<u>あいにく</u>都合が悪いんだったっけね．
　　彼はあした，<u>さいわい</u>時間があいているんだね．

のように「念押し」的に確認を求める疑問文に用いられることはあっても，

　　？君はあした，<u>あいにく</u>都合が悪いですか．
　　？彼はあした，<u>さいわい</u>出席できますか．

などと，なんの「前提」も「含み」もなく質問するのは，やはり不自然であろう．

　このように，評価成分に陳述的なタイプと共起制限があるのは，評価を下すためには，その対象が実現している（さいわい晴れタ／テイル）か，少なくとも実現が予定されている（さいわい晴れソウダ）必要があるからだと考えられる．

つまり，評価という陳述性が，評価対象としてことがらの〈実現〉ないし〈予定〉を求めるために，未実現のことがらを要求する命令・勧誘や，未確認のことがらに対する中立的質問といった叙法となじまないのである．

下位叙法を含めた叙法副詞が，述語の叙法との間に，相似た性質どうしの「呼応」ないしは「相互規定」という相関関係をもつために共起制限が生じるのに対して，評価成分の場合は，いわばみずからの「住まう環境」を選ぶために共起制限が生じるのだ，といった違いがあるだろう．

ここでいう評価成分とは，機能的には「文の叙述内容に対する」もの，つまり対立するもの，独立するものであって，一次的には叙述内容を詳しくするものではない．次のように意味的には評価を表すといえるものでも，行為や出来事のあり方を限定するものは，ここでいう「評価成分」ではない．

　　太郎は　上手に　歌を歌った．
　　ご飯が　おいしく　炊けた．

これらは，文の叙述内容としての，行為(中)の様態や，出来事の(成立後の)状態を，価値の側面から限定するものであり，叙述内容の内部にあってそれを詳しくする(情態副詞に似た)修飾成分である．そのため，これらは，

　　太郎，上手に　歌を歌え／歌おうよ／歌ったか．
　　ご飯が　おいしく　炊けない／炊けたらなあ／炊けたか．

など，種々の叙法性をもつ文に自由に用いられ，「文の陳述的なタイプ」に基本的に制限がないのである．

また，「さいわい(に)」「感心に」の場合は，「さいわいにも」「感心にも」と「も」がついてもつかなくても，大した機能の違いはないが，「親切にも」の場合は「も」がつくかつかないかで大きな違いがでる．

　　太郎は，親切にも，地図を書いて道順を教えてくれた．
　　太郎は，地図を書いて，道順を親切に教えてくれた．

の場合では，主題の直後に位置する「親切にも」の方は，行為自体は限定しておらず，太郎の行為に対する評価用法と見られるわけだが，動詞の直前に位置する「親切に」の方は，「やさしく，ていねいに」といったような意味の方向にずれており，行為の様態を限定する修飾用法と見られる．そして，次のよう

に「親切にも」は命令文に用いられないが,「親切に」の方は用いられる.

*太郎,親切にも,地図を書いて道順を教えてあげなさい.

太郎,地図を書いて,道順を親切に教えてあげなさい.

【応用問題:「も」はつかないが,語順が主題の直後に位置し,読点のついた(話しことばでは,小休止のおかれた)場合,

太郎は,親切に,地図を書いて道順を教えてくれた.

のような例は,どう考えたらいいだろうか.「も」の果たす役割と,語順および読点や小休止の果たす役割と(さらに両者の関係と)について,いろいろと考えてみてください.】

ここで,評価成分の**代表的な型**と**代表的な語例**を一覧しておく.[　]に括った例は,境界事例として問題になる例である.

(a)　「-φ」形式:「-も」不要　評価用法のみ

コト: あいにく(と)　さいわい(に,にも,にして)　不幸にして(にも)

[あたら　めでたく]

運悪く　運よく　折悪しく　折よく　／　不運に　幸運に　[さすが]

[ちょうど　都合よく　いい按配に　いい具合に(動作修飾へ)]

珍しく　不思議に(と,や)　奇妙に　[妙に　変に(状態修飾へ)]

ヒト: かわいそうに　気の毒に　感心に　生意気に　物好きに　お節介に

(b)　「-も」形式

(b1)　形態が固定的なもの

奇しくも　いみじくも　はしなくも　ゆくりなくも　はからずも

[早くも(時へ)　／　辛くも　脆くも　心ならずも　(動作修飾へ)]

[よくも　曲がりなりにも　／　いやしくも　仮にも　(叙法副詞へ)]

(b2)　修飾用法が稀で,ほぼ評価用法専用　(「内容」の連用用法はある)

コト: 残念にも　惜しくも　不本意にも　無念にも　心外にも

ヒト: 奇特にも　卑怯にも　非常識にも　不覚にも　無能にも

(b3)　評価用法「-も」　⟺　修飾用法「-φ」　両用型

コト: うれしくも　悲しくも　なつかしくも　情けなくも　愉快にも

不当にも　空しくも　皮肉にも　／意外にも[案外(程度・叙法へ)]

3.7 その他の副詞と文の陳述的なタイプ──225

  ヒト：大胆にも　不用意にも　迂闊(うかつ)にも　親切にも　けなげにも　頑固にも
(c)　「-ことに(は)」
  形容詞：うれしいことに　悲しいことに　不思議なことに　気の毒なこと
     に
  動　詞：驚いたことに　困ったことに　馬鹿げたことに　ふざけたことに
(d)　「-もので」
  変なもので　妙なもので　正直なもので　意地の悪いもので
(e)　「-ながら」
  残念ながら　遺憾ながら　はばかりながら　失礼ながら　簡単ながら
  当然のことながら　不本意なことながら　ばかばかしいことながら
(f)　その他，前置き節・挿入句など
  恥かしい話ですが　まことに残念ですが　／　事もあろうに
  あに図らんや　果せるかな　悲しいかな　やんぬるかな

一覧の最後の，逆接ないし前置きの形の(e)と(f)は，次のように意志表示文や依頼文にも用いうる点で，(a)(b)(c)の代表的な評価成分と異なる．この点を捉えて，(e)と(f)を評価成分からはずし，「注釈成分」という別の部類とする考えもあり得るが，ここではこれ以上深入りしないことにする．

(e)　まことに残念ながら，
(f)　まことに残念ですが，
(b)　*まことに残念にも，
(c)　*まことに残念なことに， ｝お断わりします／断ってください．
(f)　あいにくですが，
(a)　*あいにく(と)，
(c)　*あいにくなことに，

最後に，品詞論的処理について一言するなら，形態的に固定している(b1)と，その形での用法が評価専用である(a)は，品詞としても「評価副詞」としてよいだろう．(b2)は「残念に思う」のような内容の連用用法を別扱いしてよければ，評価副詞に含ませうる．(b3)は，形容詞と扱うべきだろう．(c)〜(f)は，もちろん単語としての副詞ではない．

(b) 評価的な程度副詞

次のような程度副詞にも，同様の共起制限が認められるが，

　?<u>非常に</u>はやく走りなさい．

　*<u>たいぶ</u>たくさん作ってください．

　*<u>とても</u>ゆっくり歩きませんか．

　*<u>なかなか</u>じょうずに書こう．

これも，程度性の裏面に潜む評価性のためと考えられる．

(67) <u>もっと</u>正直に言ってみたまえ．　　　　　　　（「人間の壁」）

(68) こう良人を，何とかして理解し，何とかして<u>もっと</u>好きになろうと，努力もしてみたつもりだった．　　　　　　　（「人間の壁」）

(69) すみませんが，<u>もう少し</u>後にして頂けないでしょうか．

（「人間の壁」）

(70) <u>もう少し</u>ましなことを考えたらどう？（シナリオ津軽じょんがら節）

のような「累加性」の程度副詞は，命令や決意や勧誘の叙法にもよく用いられるし，

　・ボリュームを<u>ちょっと</u>大きくして下さい．

　・ジャケットの袖口を<u>すこし</u>短くしてみましょう．

のような，評価性が薄く数量性の濃い（量副詞に隣接する）程度副詞も，比較的自由である．

また，程度副詞の場合は，「累加性」のものなど一部を除いて，もともと〈静的〉な性質や状態を表す形容詞を限定するという基本性格のために，命令などの〈動的〉な陳述的なタイプとなじみにくい，という意味的な要因も関係しているだろう．ただ，そうした意味的要因だけなら，情態副詞を限定する用法に立って，

　・<u>けっこう</u>堂々と自分の意見を述べた．

のように，叙述文では言えるのに，

　*<u>けっこう</u>堂々と自分の意見を述べなさい．

のように，命令文で言えないのはなぜか，説明がつかないだろう．程度副詞の「程度」は，単なる〈状態量〉ではないのである．深入りできないが，程度副詞

は，一方で評価副詞に接し，他方で数量副詞や数量名詞（数詞）に接する，なかなか複雑な語群なのである．

（c）とりたて副詞

とりたて副詞の「文の陳述的なタイプ」との照応は，類全体として一定の性格をもつと言うよりは，個々の副詞の「とりたて」方に従って，相性のいい「陳述的なタイプ」がおおよそ決まっているという感じである．これは，基本的には「とりたて」が，文中の名詞句の取り上げ方を規定するという点で，述語を中核として定まる文の陳述的タイプから見れば，階層が一段下の，二次的な位置を占めるためかと考えられる．

(71) 私は何千万といる日本人のうちで，ただ貴方だけに，私の過去を物語りたいのです． （「こころ」）
(72) 彼は今単に一つの交渉を持つて来ただけの話であつた． （「闘牛」）
(73) どうやら彼は専らこの作業のため，こゝへ来てゐるらしい．
 （「野火」）
(74) 今回のことは，ひとえに家庭教師であった私の教育の至らなさでございます． （シナリオ華麗なる一族）

のように用いられる〈排他的限定〉の「ただ・単に・もっぱら・ひとえに」や

(75) この莫大なる力の源泉は，正に第五階級の知性の中にこそある．
 （渡辺彗「原子党宣言」）
(76) 貴女の犯罪の出発は正しく愛の欠乏から起きたものと判断します．
 （シナリオ約束）
(77) いま日本の教育に課せられている問題は，ほかでもなく，この土台の切り替えをふくんでいるのである．
 （笠信太郎「ものの見方について」）

のように用いられる〈選択指定〉の「まさに・まさしく・ほかでもなく」は，ほぼ叙述文専用と言っていいだろう．ただし，「ただ」と「もっぱら」は，

・いまはただ自分のことだけを考えていなさい．
・しばらくの間，もっぱら調査に従事していて下さい．

など，命令・依頼文にも使用可能かと思われる．

【「近代語データベース」によれば，「もっぱら」の場合は，全449例（もっぱら｜専ら）のうち，命令文に用いられたのは，

(78) マラルメ，ヴェルレエヌの名家これに観る処ありて，清新の機運を促成し，終に象徴を唱へ，自由詩形を説けり．訳者は今の日本詩壇に対て，専らこれに則れと云ふ者にあらず，素性の然らしむる処か，訳者の同情は寧ろ高踏派の上に在り，はたまたダンヌンチオ，オオバネルの詩に注げり．
（上田敏「訳詩集」）

(79) 「もっぱら，道三の領内の野を焼き，村を掠め，青田を刈れ．道三の軍が出てきたら，いっさい戦わずにさっさと城に逃げこめ」
（司馬遼太郎「国盗り物語」）

といった文語調のもののみであった．口語文体では，

(80) エリツィン氏は，ユーゴ問題はもっぱら政治的手段で国連などを通じて解決すべきだという．その声を強めるために必要なのは，遠回りではあっても，やはりロシアの政治的，経済的安定である．　　（朝日新聞・社説 1999.4）

という当為の副次叙法のものが1例あっただけである．】

(81) 「禁止」"verboten"は，ドイツの秩序を守るためのドイツ人得意の言葉で，それは特にナチスの天下では横行していた．
（「ものの見方について」）

(82) 人間の子供を教育するには，それだけの手数をかけなくてはならないのだ．殊に小学校の六年間は，人間の基礎をかたちづくる一番大切な期間である．　　（「人間の壁」）

(83) 謙作と石本とは以前からもよく知つてはいたが，取り分けその時から親しくするようになつた．　　（「暗夜行路」）

(84) 「鍋わり」と人人の呼んで居た渕は，わけても彼の気に入つて居た．
（「田園の憂鬱」）

(85) 私は元来動物好きで，就中犬は大好だから，………　　（「平凡」）

のように用いられる〈特立〉の「とくに・ことに・とりわけ・わけても・なかんずく」や，

(86) この作品を論じたのは，主にコンミュニズムに近い立場を持っている文芸批評家たちであつた．　　（伊藤整「火の鳥」）

(87) 重役陣や製作陣の御助力を得て，主として財政的な方面で力を注ぎたい，というような話を彼はした．　　　　　　　　（「火の鳥」）

のように用いられる〈おもだて〉の「おもに・主として」や，

(88) だから，骨董という代わりに，たとえば古美術などといってみるのだが，これは文字通り臭いものに蓋だ．　　　　（「私の人生観」）

のように用いられる〈例示〉の「たとえば」など，語句の取り上げ方とでもいった（文の二次的間接成分的な）用法のものは，命令文等にも比較的自由に用いられるだろう．

(89) 仕事は，才能よりむしろ忍耐力で進めて行くものでね．
　　　　　　　　　　　　　　　　　　　　　　（シナリオ砂の器）
(90) 学会の中心は，君は別だが，どちらかといえばぼくら経済人グループより，教育者のほうが多かった．　　　　（シナリオ人間革命）
(91) いっそ婉は，生涯を幽居に暮した方がよかったかもしれぬ．
　　　　　　　　　　　　　　　　　　　　　（シナリオ婉という女）

のように用いられる〈比較選択〉の「むしろ・どちらかといえば・いっそ」や，

(92) ばかに若くみえるね．少くともハワイあたりから帰つて来た手品師くらゐには踏めますぜ．　　　　（徳田秋声「あらくれ」）
(93) せめて母上だけには，米のお粥をあげたいが……
　　　　　　　　　　　　　　　　　　　　　（シナリオ婉という女）
(94) せいぜい牛相撲ぐらゐの時代なのだ，いまは．　　（「闘牛」）

のように用いられる〈見積り方〉の「少なくとも・せめて・せいぜい」など，他の語句や事態との比較・対比性の強いものも，動的な命令や願望の叙法にも用いられるだろう．というより「いっそ」と「せめて」の場合は，〈事態実現の期待〉とでもいった叙法性の文に限られ，単純な事実報告的な叙述文には用いられない．

それに対して，

(95) 自由党の名士だつて左程偉くもない．況や学校の先生なんぞは只の学者だ．　　　　　　　　　　　　　　　　　　　　（「平凡」）
(96) 告白——それは同じ新平民の先輩にすら躊躇したことで，まして社会

の人に自分の素性をさらけださうなどとは，今日迄思ひもよらなかつた思想なのである．　　　　　　　　　　　　　　　（「破戒」）

のように用いられて，類推的に〈価値の軽重〉を問う「いわんや，まして」や，

(97) わが国体の尊厳は，たかだかエチオピア国体の尊厳と同一レベルだということになる．　　　（武谷三男「革命期における思惟の基準」）

(98) たかが博打くらいで，そうそう長いことぶち込まれとってたまるかよ．
　　　　　　　　　　　　　　　　　　　　　（シナリオ旅の重さ）

のように用いられる〈評価〉的な　とりたての「たかだか・たかが」になると，先の（ことがらや行為に対する）評価副詞と同様に，命令等の叙法には用いられず，ほぼ叙述文専用である．

(d) その他の副詞

以上のほか，例えば〈過去〉を表す副詞や〈無意図〉を表す副詞が，

　　*かつて／さっき　出かけなさい．
　　*つい／ふと　いやなことは忘れてしまいなさい．

などと命令文に用いることはできないことは，もはや言わずもがなであろうか．これら，時の副詞や無意図性の副詞に，命令・依頼文等に用いられないという性格をもつものがあるのは，過去や現在の「確定性」や「無意図性」が，命令・依頼文等の叙法となじまないためであり，「文の陳述的なタイプ」との照応ということは，これらの副詞にとっては　二次的な（結果的な）ことがらに属すると見てよいと思われる．[cf. 宮島達夫（1983）]

だが，「もう」と「すでに」，「まだ」と「いまだ（に）」，「たまに」と「まれに」などの類義的な副詞が，

　　もう　　　　｝家に帰りなさい．
　　*すでに

　　まだ　　　　｝残っていなさい．
　　*いまだ（に）

　　たまには　　｝遊びに連れていってやれよ．
　　*まれには

$\left.\begin{array}{l}\text{すぐに／ただちに}\\ \text{*まもなく／じきに}\end{array}\right\}$ 行って下さい．

のように，命令文や依頼文に使えるものと使えないものとに分かれることは，どう考えたらいいであろうか．共通しているのは，言えない方の多くが文体的に文章語的であることだが，文章語が命令の叙法になじみにくいと言っていいかどうか．少なくともそれだけではあるまい．評価副詞と程度副詞のところで言ったような，確定事態に対する評価性とか，事態の動態性か静態性か，といったことも関係しているだろうか．あるいは，これらの副詞のもつ時間性——アスペクト性や相対的テンス性や動作様態（局面）性，あるいは頻度性や間隔性など——自体に，なにか違いがあるのであろうか．このあたり，テンス・アスペクト研究者に意見を聞きたいところである．

このあたりの問題は，他の研究の補強材料として，副詞を部分的に，いわば「つまみ食い」的に利用しているかぎりは，おそらくどうにもならないであろう．今後の，若い人たちの活躍に期待するところは，きわめて大きいと言いたい．

3.8 陳述副詞の品詞論上の位置

先に3.1節(a)(4)で見たように，副詞は一般に他品詞から転成したものが多いが，本章で重点的に触れてきた「陳述的」な副詞の場合，「じつは・本当は・要は／厳密には」とか「要するに・思うに・考えてみるに」とか「思えば／実を言えば・言ってみれば／どちらかと言えば／どうしても・なんといっても」とか「実のところ・早い話（が）／妙なもので」といった，形態上，単位性が問題になるものが，かなり多い．このことをめぐって三つのことを指摘して，本章のしめくくりとしたい．

まず確認しておきたいことは，これらは単位性に問題があるとはいえ，なんらかの程度に一語化ないし慣用句化［語彙化（lexicalization）］したものであるということである．それには，語形変化の退化，格支配・被修飾性の喪失，それに使用量といった形式的な裏付けが，それなりの程度に指摘できる．

＊実を言う．　　　＊実を言わない．　　　＊実を言え．
　　＊私がつくづく思えば，遠くへ来たもんだ．　cf. 今にして思えば
　　?非常に厳密には，これは副詞ではない．　cf. 非常に厳密に言えば
　第二に，これらが慣用句(的なもの)としてあるということは，裏を返せば，その母体として，もっと自由な組合せのものがあるということである．

(99)　僕は……まあ，結論から言いますと，いまの沢田先生の御提案には，急には賛成しかねると思うんです．　　　　　　　　　　（「人間の壁」）

(100)　極端ないい方ですが，日本の軍隊のなかに道徳はなかったと私は思います．　　　　　　　　　　　　　　　　　　　　　（「人間の壁」）

(101)　これは公文書であるから煩瑣なかわり詳細克明に事実を伝えているように見えるかも知れないが，よく読んでみると，これまで私が記したことと少しちがっている部分がある．どちらが誤りかというと，奇妙な話だが公式の死体検案記録の方が誤りなのであって，田淵義三郎自身がそのことを証言している．　　　　　　（「山本五十六」）

などの「前置き」的「注釈」的な従属節がその例だろう．下位叙法や評価の副詞とは，その無限の母体の中から，なんらかの必要があって，複合副詞へと凝結し，定着しつつあるものなのだろう．こうした，母体としての従属節と，凝結・定着としての副詞という関係は，このほか，

　　頼むから・お願いだから，悪いけど・よかったら

などが，「なんなら・できれば」ほどではないが慣用句的なものとして，行為系の叙法副詞「どうぞ」類へと連なり，

(102)　朦朧と硝子の面に映る自分の顔の赤さを撫で廻しながら，然し瀬川はまた言葉を続けて，「……全然冗談と云うわけでもないが……．もし四五日のうちに……勿論態々でなくってもいいんだが，ひょっとして信さんに遇いでもしたら，一遍話しといてくれないか．正月早々からあんまりだらしのない話だけれど，実際ここんとこ，ちょっと手詰ってるんだから……」　　　　　　　　　　（「多情仏心」）

(103)　「何しろ甲斐は利口な奴だからな．下手をして此方の不利を先方に握らすような事をしては大変だから，――然しどうしたら君の夜逃げ

が最も自然に見えるかな」　　　　　　　　（志賀直哉「赤西蠣太」）
(104) 「私が毎日々々店頭を散歩しているうちにとうとうこの霊異な音を三度ききました．三度目にどうあってもこれは買わなければならないと決心しました．仮令国のものから譴責されても，他県のものから軽蔑されても――よし鉄拳制裁の為めに絶息しても――まかり間違って退校の処分を受けても――，これぱかりは買わずにいられないと思いました」　　　　　　　　（夏目漱石「吾輩は猫である」）
などが，条件系の叙法副詞「もし」類に彩りを添えているだろう．

　こうして，陳述副詞は全体として，前置き的・注釈的な従属節を母体とする品詞だ，ということになるだろう．【川端善明は，副詞を「語的形態の中に句的体制をもつ」ものとする興味深い考えを説いているが，具体的には以上のような関係の中で，私なりにこの考えを理解することができる．】

　最後，第三点．陳述副詞が，他のことがら的な成分からは切り離された，独立語的，遊離語的な機能を果たすことは，すでに指摘されているところだが，いまそれに関連して，
(105)　この vision という言葉は面倒な言葉です．生理学的には視力という意味だし，常識的には夢幻という意味だが，〈下略〉
　　　　　　　　　　　　　　　　　　　　　　　　（「私の人生観」）
(106)　厳密には，これは病気ではない．　　　　　　（新聞記事）
の如く，助詞「は」を伴い，語順も文頭(節頭)に位置して独立化する，「観点～側面」の下位叙法副詞が，前掲の一覧の(27)にあったことを思い出していただきたい．この「生理学的には」「厳密には」などは，「観点」と見なせば叙法的だが，ことがらの「領域・側面」と見なせばことがら的――成分的には，状況語や側面語――だといった性格をもつ二側面的な存在である．それだけに，陳述副詞化の第一歩が，文構造的には，修飾語や状況語といったことがら成分の〈独立化〉[露 obosoblenie, 英 absolutization(?)]にあるのではないかと思わせる．

　ほとんど同じことが，先にも触れた，

	評価的	修飾的
親切にも：	行為評価	親切に（教える）　：評価的行為様態
意外にも：	事柄評価	意外に（大きい）　：状態評価〜評価的程度
奇妙にも：	事柄評価	奇妙に（気になる）：評価的現象様態

のような，「も」のありなしによって，評価成分になったり別の成分になったりする事例にも言えるし，また，

陳述的	状態〜数量・程度的
じっさい，………だ	実際に　調べてみる
たぶん，………だろう	多分に　おほめをいただく
格別，………でもない	格別に　愛着を示した
あまり，………ではない	あまりに………なので（すぎる）

のように，語尾「に」を消失して叙法副詞化するものも，同様の事例と言っていいだろう．

　こうして，陳述副詞の機能の一般化として，ことがら的な〈修飾語〉とは区別して，感動詞や接続詞とともに〈独立語〉とする考え方が出て来る．ただし，述語の陳述的なタイプとの照応を重視すれば〈陳述語〉を，一つの成分として，あるいは独立語の下位類として立てることになるだろう．

　そして，ことがら的な〈修飾語〉として働くいわゆる「情態副詞」の大半は，用言へ「（不完全）形容詞」として送り返すことになるのではないか．それは，「形容詞」の側の，〈性質〉や〈状態〉や〈様態〉といった〈静態〉性の「意味の体系性」にとっても，むしろ好ましいことではないだろうか．[cf. 西尾寅弥（1972）]　いよいよ「ハキダメ」からの逆襲が始まろうとしている．

　しかし，確実な結論を出すためには，さらなる検討がもちろん必要である．

［付記］　この第3章は，巻末の参考文献欄に示した工藤の旧稿のいくつかを，あるいは部分的に書き改め，あるいは　要約し，あるいは　書き足して，一般向けに　まとめなおしたものであることをお断りしておきます．

参考文献・資料一覧

第1章

安達太郎(1988):「日本語の問い返し疑問について」日本語学8巻8号
安達太郎(1998):「認識的意味とコト・モノの介在」『世界の日本語教育』8,国際交流基金日本語国際センター
安達太郎(1999):『日本語疑問文における判断の諸相』くろしお出版
井上優(1993):「発話における「タイミング考慮」と「矛盾考慮」──命令文・依頼文を中心に」『研究報告集』14,国立国語研究所
井上優・黄麗華(1996):「中国語と日本語の真偽疑問文」国語学194集
上野田鶴子(1972):「終助詞とその周辺」日本語教育17号
岡部寛(1994):「説明のモダリティ」日本学報13号,大阪大学文学部日本学科
奥田靖雄(1990):「説明(その1)」『ことばの科学4』(言語学研究会編)むぎ書房
奥田靖雄(1991):「説明(その2)」『ことばの科学5』(言語学研究会編)むぎ書房
尾上圭介(1979):「そこにすわる!」月刊言語8巻5号
神尾昭雄(1990):『情報のなわ張り理論』大修館書店
北原保雄(1981):『日本語助動詞の研究』大修館書店
金田一春彦(1958):「不変化助動詞の本質(上)(下)」国語国文22巻2,3号,京都大学
甲田直美(1994):「情報把握からみた日本語の接続詞」日本語学13巻10号
佐伯哲夫(1993):「ウとダロウの職能分化史」国語学174集
白川博之(1995):「タラ形・レバ形で言いさす文」広島大学日本語教育学科紀要5
田窪行則(1987):「統語情報と文脈情報」日本語学6巻5号
田野村忠温(1990a):「文における判断をめぐって」『アジアの諸言語と一般言語学』(崎山理・佐藤昭裕編)
田野村忠温(1990b):『現代日本語の文法1──「のだ」の意味と用法』和泉書院
田野村忠温(1991):「疑問文における肯定と否定」国語学164集
中右実(1994):『認知意味論の原理』大修館書店
長野ゆり(1995):「シロとシテミロ」『日本語類義表現の文法(下)』(宮島達夫・仁田義雄編)くろしお出版
仁田義雄・益岡隆志(編)(1989):『日本語のモダリティ』くろしお出版

仁田義雄(1991)：『日本語のモダリティと人称』ひつじ書房
野田春美(1997)：『「の(だ)」の機能』くろしお出版
野田尚史(1989)：「真性モダリティをもたない文」『日本語のモダリティ』(仁田義雄・益岡隆志編)くろしお出版
野田尚史(1998)：「「ていねいさ」からみた文章・談話の構造」国語学194集
芳賀綏(1954)：「"陳述"とは何もの?」国語国文23巻4号，京都大学
蓮沼昭子(1995)：「対話における確認行為」『複文の研究』(仁田義雄編)くろしお出版
藤田保幸(1983)：「従属句「〜カ(ドウカ)」の述部に対する関係構成」日本語学2巻2号
益岡隆志(1991)：『モダリティの文法』くろしお出版
益岡隆志(1999)：「命題との境界を求めて」月刊言語28巻16号
三上章(1953)：『現代語法序説』刀江書院
南不二男(1974)：『現代日本語の構造』大修館書店
三宅知宏(1993b)：「認識的モダリティにおける確信的判断について」語文61号，大阪大学国語国文学会
宮崎和人(1993)：「『〜ダロウ』の談話機能について」国語学175集
宮地裕(1979)：『新版 文論』明治書院
森山卓郎(1988)：『日本語動詞述語文の研究』明治書院
森山卓郎(1989a)：「応答と談話管理システム」阪大日本語研究1号，大阪大学文学部日本学科言語系
森山卓郎(1989b)：「認識のムードとその周辺」『日本語のモダリティ』(仁田義雄・益岡隆志編)くろしお出版
森山卓郎(1989c)：「文の意味とイントネーション」『講座日本語と日本語教育1 日本語要説』明治書院
森山卓郎(1990a)：「意志のモダリティについて」阪大日本語研究2号，大阪大学文学部日本学科言語系
森山卓郎(1990b)：「モダリティ」日本語学9巻10号
森山卓郎(1992a)：「文末思考動詞「思う」をめぐって——文の意味としての主観性・客観性」日本語学11巻3号
森山卓郎(1992b)：「日本語における推量をめぐって」言語研究101号
森山卓郎(1992c)：「疑問型情報受容文をめぐって」語文59号，大阪大学国語国文学会
森山卓郎(1995a)：「「伝聞」をめぐって」京都教育大学国文学会誌26号，京都教育大

学国文学会
森山卓郎(1995b):「並列述語構文考」『複文の研究(上)』(仁田義雄編)くろしお出版
森山卓郎(1995c):「ト思ウ，ハズダ，ニ違イナイ，ダロウ，副詞〜φ」『日本語類義表現の文法(上)』(宮島達夫・仁田義雄編)くろしお出版
森山卓郎(1996):「情動的感動詞考」語文65号，大阪大学国語国文学会
森山卓郎(1997a):「独り言をめぐって――思考の言語と伝達の言語」『日本語文法 体系と方法』(川端善明・仁田義雄編)ひつじ書房
森山卓郎(1997b):「日本語における事態選択の形式について」国語学188集
森山卓郎(1997c):「一語文とそのイントネーション」『文法と音声』(音声文法研究会)くろしお出版
森山卓郎(1998):「例示のデモと文末制約」『日本語科学』3，国書刊行会
森山卓郎(1999):「命令表現とそのイントネーション」『文法と音声Ⅱ』
山田孝雄(1908):『日本文法論』宝文館
渡辺実(1971):『国語構文論』塙書房

■用例出典
大岡昇平『レイテ戦記』中公文庫　辺見庸『自動起床装置』芥川賞全集，文芸春秋　丸谷才一『年の残り』芥川賞全集，文芸春秋　長谷健『あさくさの子供』芥川賞全集，文芸春秋　藤原智美『運転士』芥川賞全集，文芸春秋　さくらももこ『ちびまる子ちゃん』集英社

第2章
安達太郎(1999):『日本語疑問文における判断の諸相』くろしお出版
大鹿薫久(1993):「推量と「かもしれない」「にちがいない」」ことばとことのは10集，和泉書院
奥田靖雄(1984):「おしはかり(一)」日本語学3巻12号
奥田靖雄(1985):「おしはかり(二)」日本語学4巻2号
田野村忠温(1990):『現代日本語の文法Ⅰ――「のだ」の意味と用法』和泉書院
寺村秀夫(1984):『日本語のシンタクスと意味Ⅱ』くろしお出版
中右実(1994):『認知意味論の原理』大修館書店
中畠孝幸(1990):「不確かな判断――ラシイとヨウダ」三重大学日本語学文学1号
仁田義雄(1991):『日本語のモダリティと人称』ひつじ書房
仁田義雄(1992):「判断から発話・伝達へ――伝聞・婉曲の表現を中心に」日本語教

育77号
仁田義雄(1994):「〈疑い〉を表す形式の問いかけ的使用——「カナ」を中心にした覚書」現代日本語研究1号
仁田義雄(1997):「断定をめぐって」阪大日本語研究9号
野田春美(1997):『「の(だ)」の機能』くろしお出版
早津恵美子(1988):「「らしい」と「ようだ」」日本語学7巻4号
益岡隆志(1991):『モダリティの文法』くろしお出版
宮崎和人(1997):「判断のモダリティの体系と疑問化」岡山大学文学部紀要27号
三宅知宏(1992):「認識的モダリティにおける可能性判断について」待兼山論叢(日本学篇)26号
森山卓郎(1989):「認識のムードとその周辺」『日本語のモダリティ』くろしお出版
森山卓郎(1995):「ト思ウ,ハズダ,ニ違イナイ,ダロウ,副詞〜φ」『日本語類義表現の文法(上)』(宮島達夫・仁田義雄編)くろしお出版
Palmaer, F. R. (1979): *Modality and English Modals*, Longman

第3章

内田賢徳(1975):「形式副詞」国語国文44巻12号,京都大学
大槻文彦(1897):『広日本文典』大槻家蔵版
奥津敬一郎(1975):「程度の形式副詞」都大論究12号
川端善明(1964):「時の副詞(上)(下)」国語国文33巻11,12号,京都大学
川端善明(1983):「副詞の条件」『副用語の研究』明治書院
金田一京助(1941):『新国文法』武蔵野書院
金田一春彦(1953):「不変化助動詞の本質1・2」国語国文22巻2,3号,京都大学
工藤浩(1977):「限定副詞の機能」『国語学と国語史』明治書院
工藤浩(1982):「叙法副詞の意味と機能」国語研『研究報告集(3)』秀英出版
工藤浩(1983):「程度副詞をめぐって」『副用語の研究』明治書院
工藤浩(1985):「日本語の文の時間表現」言語生活 No.403
工藤浩(1989):「現代日本語の文の叙法性 序章」東京外国語大学論集39号
工藤浩(1996):「「どうしても」考」『日本語文法の諸問題』ひつじ書房
工藤浩(1997):「評価成分をめぐって」『日本語文法——体系と方法』ひつじ書房
河野六郎(1989):「日本語の特質」『言語学大辞典2』「日本語」の項,三省堂
杉山栄一(1956):「副詞の境界線」国語学24集
鈴木一彦(1959):「副詞の整理」国語と国文学36巻12号

鈴木重幸(1972):『日本語文法・形態論』むぎ書房
高橋太郎・屋久茂子(1984):「〈～が ある〉の用法」国語研『研究報告集(5)』秀英出版
時枝誠記(1941):『国語学原論』岩波書店
時枝誠記(1950):『日本文法 口語篇』岩波全書
西尾寅弥(1972):『形容詞の意味・用法の記述的研究』国語研報告44, 秀英出版
芳賀綏(1954):「"陳述"とは何もの？」国語国文23巻4号, 京都大学
橋本進吉(1929):「日本文法論」同1959『国文法体系論』所収, 岩波書店
橋本進吉(1935):「国語の形容動詞について」同1948『国語法研究』所収, 岩波書店
松下大三郎(1928):『改撰標準日本文法』中文館, 1974復刊, 勉誠社
三尾砂(1942):『話し言葉の文法 言葉遣篇』帝国教育会, 1995復刊, くろしお出版
三尾砂(1948):『国語法文章論』三省堂
三上章(1953):『現代語法序説』刀江書院, 1972増補復刊, くろしお出版
水谷静夫(1957):「日本語の品詞分類」『現代国語学Ⅱ』筑摩書房
南不二男(1964):「述語文の構造」国語研究18号, 国学院大学
南不二男(1967):「文の意味について 二三のおぼえがき」国語研究24号, 国学院大学
南不二男(1974):『現代日本語の構造』大修館
南不二男(1993):『現代日本語文法の輪郭』大修館
宮島達夫(1972):『動詞の意味・用法の記述的研究』国語研報告43, 秀英出版
宮島達夫(1983):「状態副詞と陳述」『副用語の研究』明治書院
森重敏(1959):『日本文法通論』風間書房
森重敏(1965):『日本文法——主語と述語』武蔵野書院
山田孝雄(1908):『日本文法論』宝文館
吉沢義則(1932):「所謂形容動詞に就いて」国語国文2巻1号, 京都大学
渡辺実(1949):「陳述副詞の機能」国語国文18巻1号, 京都大学
渡辺実(1953):「叙述と陳述——述語文節の構造——」国語学13/14輯(合併号)
渡辺実(1957):「品詞論の諸問題——副用語・付属語」『日本文法講座1』明治書院
渡辺実(1971):『国語構文論』塙書房
なお, 明治以前の文献については, 大部分 次に翻刻されている.
福井久蔵(編)『国語学大系』全10巻(復刻版 国書刊行会)のうち「語法総記」1・2, 「手爾波」1・2
東条義門『玉の緒繰分』は, 次に翻刻されている.

三木幸信(編)『義門研究資料集成(中)』風間書房
Bühler, Karl (1934, 1965²): *Sprachtheorie*. Gustav Fischer Verlag, Stuttgart. 脇阪豊他(訳),『言語理論(上・下)』クロノス, 1983-5.
Greenbaum, Sidney (1969): *Studies in English Adverbial Usage*. Longmans, London. 郡司利男・鈴木英一(監訳),『英語副詞の用法』研究社, 1983.
Halliday, M. A. K. (1970): "Functional Diversity in Language as seen from a Consideration of Modality and Mood in English" *Foundations of Language* 6.
Jakobson, Roman (1963): *Essais de linguistique générale*. 川本茂雄(監訳),『一般言語学』みすず書房, 1973.
Jespersen, Otto (1924): *The Philosophy of Grammar*. George Allen & Unwin, London. 半田一郎(訳),『文法の原理』岩波書店, 1958.
Lyons, John (1977): *Semantics*. Vol. 2. Cambridge University Press.
Mathesius, Vilém (1975): *A Functional Analysis of Present Day English on a General Linguistic Basis*. J. Vachk(ed.), Mouton, The Hague(チェコ語版は1961). 飯島周(訳),『機能言語学』桐原書店, 1981.
Panfilov, Vladmir Zinovevich (1971): *Vzaimootnoshenie jazyka i myshleniya*(言語と思惟との相互関係). Nauka, Moskva.
Panfilov, Vladmir Zinovevich (1977): "Kategorija modal'nosti i ejo rol' v konstituirovanii struktury predlozhenija i suzhenija"(叙法性のカテゴリーの, 文構造と判断構造との組み立てにおける役割」(『言語学の諸問題』'77-4)
Sweet, Henry (1891): *A New English Grammar*. Part I. Oxford University Press, London. 半田一吉(抄訳),『新英文法-序説』南雲堂, 1980.
TLP 2 (1966): *Travaux linguisitiques de Prague*. 2. Les problèmes du centre et de la périphérie du système de la langue. Academia, Prague.
Vinogradov, Viktor Vladimirovich (1950): "O kategorii modal'nosti i modal'nykh slavakh v russkom jazyke"(ロシア語の叙法性のカテゴリーと叙法(副)詞につい て). [『ロシア語文法 著作集』ナウカ社, モスクワ, 1975年に所収]
Vinogradov, Viktor Vladimirovich (1955): "Osnovnye voprosy sintaksisa predlozhenija"(文のシンタクス(構文論)における基本的な諸問題). [『ロシア語文法 著作集』ナウカ社, モスクワ, 1975年に所収]

参考文献・資料一覧――241

■資料一覧(国語研カードシステム)
　(詳しくは『国立国語研究所年報』16〜18,27を参照されたい)
Ⅰ　文学作品
国木田独歩 1898『武蔵野』　　　　　泉鏡花 1900『高野聖』
伊藤左千夫 1906『野菊の墓』　　　　島崎藤村 1906『破戒』
田山花袋 1907『蒲団』　　　　　　　二葉亭四迷 1907『平凡』
森鷗外 1913『阿部一族』　　　　　　有島武郎 1913『或る女』
鈴木三重吉 1913『桑の実』　　　　　夏目漱石 1914『こゝろ』
徳田秋声 1915『あらくれ』　　　　　芥川龍之介 1915『羅生門』
久保田万太郎 1917『末枯』　　　　　佐藤春夫 1918『田園の憂鬱』
菊地寛 1919『恩讐の彼方に』　　　　武者小路実篤 1919『友情』
志賀直哉 1921『暗夜行路』　　　　　長与善郎 1922『青銅の基督』
正宗白鳥 1923『生まざりしならば』　里見弴 1923『多情仏心』
宇野浩二 1923『子を貸し屋』　　　　宮本百合子 1926『伸子』
宮沢賢治 1927『銀河鉄道の夜』　　　小林多喜二 1929『蟹工船』
横光利一 1930『機械』　　　　　　　野上弥生子 1930『真知子』
永井荷風 1931『つゆのあとさき』　　谷崎潤一郎 1933『春琴抄』
尾崎一雄 1933『暢気眼鏡』　　　　　室生犀星 1934『あにいもうと』
佐多稲子 1936『くれない』　　　　　阿部知二 1936『冬の宿』
高見順 1936『故旧忘れ得べき』　　　川端康成 1937『雪国』
島木健作 1937『生活の探究』　　　　中山義秀 1938『厚物咲』
堀辰雄 1938『風立ちぬ』　　　　　　火野葦平 1938『麦と兵隊』
船橋聖一 1938『木石』　　　　　　　岡本かの子 1939『河明り』
太宰治 1939『富嶽百景』　　　　　　丹羽文雄 1947『厭がらせの年齢』
井上靖 1949『闘牛』　　　　　　　　伊藤整 1949『火の鳥』
獅子文六 1950『自由学校』　　　　　井伏鱒二 1950『本日休診』
大岡昇平 1951『野火』　　　　　　　野間宏 1952『真空地帯』
三島由紀夫 1954『潮騒』　　　　　　石原慎太郎 1955『太陽の季節』
円地文子 1957『女坂』　　　　　　　石川達三 1959『人間の壁』
Ⅱ　科学説明文・論説文など
小林秀雄 1934-51『私の人生観』
笠信太郎 1950『ものの見方について』
　(以下『現代日本思想大系25・科学の思想Ⅰ』から)

長岡半太郎 1936「総長就業と廃業」
武谷三男 1947「革命期における思惟の基準」
湯川秀樹 1948「物質世界の客観性について」
渡辺慧 1948「原子党宣言」
　　　（以下『現代の教養6・学問の前線』から）
石田英一郎 1965「抵抗の科学」
藤森栄一 1965「旧石器の狩人」

Ⅲ　映画シナリオ

　『年鑑代表シナリオ集』1971～74年版(ダヴィッド社)から以下の作品
1971: やさしい日本人　水俣——患者さんとその世界　婉という女　女生きてます
　　　八月の濡れた砂　遊び　男はつらいよ——寅次郎恋歌
1972: 約束　忍ぶ川　女囚七〇一号——さそり　旅の重さ
1973: 戒厳令　人間革命　時計は生きていた　狭山の黒い雨　津軽じょんがら節
　　　日本沈没
1974: 華麗なる一族　極私的エロス・恋歌1974　妹　わが道　砂の器　宵待草
　　　田園に死す

■近代語データベース(電子化資料)
以下のCD-ROM版所収作品をテクストファイル化したものである．
『CD-ROM版　新潮文庫の100冊』
『CD-ROM版　新潮文庫　明治の文豪』
『CD-ROM版　新潮文庫　大正の文豪』
　　　　　【以上三点に含まれる重複作品は調整ずみ】

『CD-ROM版　毎日新聞'95』(全紙面)
『CD-ROM版　朝日新聞——天声人語・社説('85～'89)』
その他，新聞社のサイトから主要紙面をダウンロードしたもの(1997～1999)

「青空文庫」のうち，上の新潮文庫版と重複しない作品
「日本文学(e-text)全集」【以上と重複しない作品】
その他，インターネット上からダウンロードしたもの
　　　　　【「青空文庫」以下三点は，統計外の補充資料として用いる】

『CD-ROM版 中学高校 国語教科書』
　【重複作品多し．統計外の補充資料として用いる】

索　引

あ 行

意見　27
意志形　67
疑い　93, 156

か 行

概言　94, 99
蓋然性判断　95, 130
確言　94, 99
確信　94, 111
確認　94, 97, 100
確認要求　123
格変化　164
挿頭　176, 221
価値判断的事態選択(形式)群　29, 39, 61
かならず　211
可能性把握　130
かもしれない　130, 186
感覚器官による直接的な捕捉　98, 100
感嘆文　53
願望要求　75
聞き手情報非依存型の疑問文　63
聞き手めあて　10
擬似的モダリティ形式　86
記述モデルの問題　10
擬声擬態語　167
きっと　210
既得情報　98, 104
基本叙法　8, 16, 185
疑問型情報受容文　56
疑問文　50
共起　209
形式名詞　32
形容動詞　167
現場命令　73

言表事態成立の非認化　88
語彙化　191, 231
行為提示　74
広義終助詞類　35
合成述語　216
呼応　195, 197, 209
呼応副詞　172

さ 行

ざるを得ない　42
事実　27
指示副詞　174
事態　4
事態扱い　32
事態制御類　20, 38
していただきたい　192
述語完備文　15
述語不完備文　15
準用形式　196
自用語(自用言)　165
畳語　167
状態把握様相　154
情態副詞　164, 166, 234
叙述副詞　172
助動詞の相互承接　6
叙法　181
　確認要求の―　220
叙法性　163, 181, 184
叙法副詞　179, 187
資料体　215
真正モダリティ(形式)　8, 97
遂行動詞　76
推量　94, 116, 203
推量表示(形式)群　29, 47, 61
推論の様態　92
するつもりだ　69

絶対的価値付与型　43
ぜひ　197
選択関係の仮説　10, 62
相当形式　196
属性副詞　172
(し)そうだ　154, 183

た 行

だろう　24, 64, 121, 123, 127, 183
徴候性判断　95, 139
陳述性　180
陳述副詞　164, 172, 179
程度副詞　164, 170, 226
丁寧形態　11
出来把握様相　154
ではないか　59
伝聞　87, 158
統覚作用　5
どうぞ　192
と思う　128
独立化　233
独立終止　16, 17
独立的な環境　12
とりたて副詞　227

な 行

なければならない　42
にちがいない　133
述べ立ての文　89

は 行

発話の様式　4
反語　53
判断形成過程　63
判定　88
　——のモダリティ　88, 93
必然性把握　133
評価成分　222
評価副詞　225
付加形式　28, 31
不完全形容詞　167, 170, 234

副詞　164
　——の副次的用法　175
　——への転成　174
　下位叙法の——　219
　推量的な——　203
　時の——　169, 230
　無意図性の——　230
副次叙法　186
副用語(副用言)　165
不変化助動詞　5
文の陳述的なタイプ　163
文の独立性　11
文末形態　27
べきだ　45
別選択許容型　46
別選択許容テスト　41, 43
方がいい　45

ま 行

みたいだ　152
矛盾選択テスト　41
ムード　4, 181, 187
無標叙法　18, 25
名詞の副詞用法　166
命題　4, 81
命令形　71
モダリティ　4, 81, 163, 181, 187
　疑いの——　93
　説明の——　89
　当為評価の——　83, 85
　認識の——　82
　発話・伝達の——　81
　判定の——　88, 93
　命題めあての——　81, 82

や・ら 行

誘導副詞　173
有標叙法　18
ようだ　142, 185
らしい　144, 149
論理的必然性　92

■岩波オンデマンドブックス■

日本語の文法3　モダリティ

2000年 6 月28日　第 1 刷発行
2002年12月16日　第 2 刷発行
2017年 1 月13日　オンデマンド版発行

著　者　森山卓郎　仁田義雄　工藤　浩

発行者　岡本　厚

発行所　株式会社 岩波書店
　　　　〒101-8002　東京都千代田区一ツ橋2-5-5
　　　　電話案内　03-5210-4000
　　　　http://www.iwanami.co.jp/

印刷／製本・法令印刷

© Takuro Moriyama, Yoshio Nitta, Hiroshi Kudo
2017
ISBN 978-4-00-730564-1　　Printed in Japan